不良资产投资：分析与策略

姜宝军◎著

中国金融出版社

责任编辑：亓　霞
责任校对：李俊英
责任印制：陈晓川

图书在版编目(CIP)数据

不良资产投资：分析与策略 / 姜宝军著. — 北京：中国金融出版社，
2020.11

ISBN 978-7-5220-0816-5

Ⅰ.① 不… Ⅱ.① 姜… Ⅲ.① 不良资产 — 资产管理 — 研究 — 中国
Ⅳ.① F832

中国版本图书馆CIP数据核字 (2020) 第176133号

不良资产投资：分析与策略
BULIANG ZICHAN TOUZI: FENXI YU CELUE

出版
发行　**中国金融出版社**

社址　北京市丰台区益泽路2号
市场开发部　(010) 66024766，63805472，63439533 (传真)
网 上 书 店　www.cfph.cn
　　　　　　(010) 66024766，63372837 (传真)
读者服务部　(010) 66070833，62568380
邮编　100071
经销　新华书店
印刷　河北松源印刷有限公司
尺寸　169毫米×239毫米
印张　20.25
字数　295千
版次　2020年11月第1版
印次　2024年7月第2次印刷
定价　78.00元
ISBN 978-7-5220-0816-5
如出现印装错误本社负责调换　联系电话 (010) 63263947

前　言

　　不良资产市场被誉为万亿元级投资"风口"，2020年这一市场迎来重大变化。

　　新冠肺炎疫情对经济金融的冲击正在逐步显现。2020年第一季度，我国国民生产总值出现6.8%的负增长，与之相随的是银行不良资产规模快速攀升。截至第一季度末，商业银行正常类贷款余额129.99万亿元，关注类贷款余额4.05万亿元；不良贷款余额2.61万亿元，不良贷款率达1.91%。截至8月末，银行业境内不良贷款余额3.6万亿元，不良贷款率达2.14%。①

　　在不良资产供给增加的同时，不良资产处置机构也迎来新的改变：2020年2月14日，国际另类投资领先机构橡树资本在北京注册成立全资子公司；3月5日，第五家全国性的金融资产管理公司——银河资产问世，一周后，蛰伏多年的汇达资产公司成为锦州银行的重组方；从2月末至3月末，中国银保监会批复五家金融资产投资公司可以在上海开展不以债转股为目的的股权投资业务。9月23日，传出工商银行与高盛在中国设立资产管理公司的消息。

　　2019年，美国桥水公司CEO达·瑞欧的巨著《债务危机》中文版出版，这个曾准确预测次贷危机的人一直告诫人们：当心危机！2020年，美国另类资产投资的领袖黑石集团董事长苏世民，向我们传递了他的经验与教训。

　　中国的不良资产市场在未来很长一段时间都将是投资市场的一个热点。

　　那么，如何投资不良资产？

　　需要了解不良资产市场的状况，把握市场参与者的特征，需要知道不良资产市场可投资的产品类别，如不良债权、不良股权、不良房地产、不良资产支持证券等；需要掌握不良资产投资分析的工具和方法，包括尽职调查、

---

① 数据来自中国银保监会官网。

估值定价、处置方式选择、资产营销等。但从投资角度看，最重要的是构建不良资产投资的思维框架，深刻把握不良资产区别于其他金融产品的特征，也就是不良资产投资收益和风险的特殊性，从而领悟不良资产投资的逻辑。

这正是本书的任务和目标。

谁是这本书潜在的读者？

这是我在写作之前就一直思考，在写作过程中也时常问自己的问题。为了找到答案，我也曾向一些可能成为读者的朋友提供了部分书稿，征求他们的意见和建议，一起讨论内容的取舍和行文的方式，按照这些建议进行修改和补充。本书潜在的读者有以下几类：

不良资产市场从业者。在中国金融行业版图中，不良资产行业虽不能与银行、证券、保险等主流金融行业相比，但也已成为参与者众多且具有重要影响力的金融行业。目前，不良资产市场已有5家全国性的金融资产管理公司（以下简称资产公司）、5家金融资产投资公司、57家地方资产公司，外资、民营资本正以各种方式进入不良资产市场。不良资产市场从业者大多来自银行、证券等金融机构及投资、法律、财务等相关领域，他们已经通晓原来从事的专业领域，亟须建立不良资产投资的知识架构。

不良资产市场参与者。不良资产市场的参与者众多，除上述资产公司等投资机构外，还有不良资产的供给者，包括银行、证券、信托、租赁等金融机构，以及陷入困境需要转让不良资产的各类实体企业。此外，还包括深度参与市场并提供专业服务的律师事务所、评估公司、会计师事务所、资产交易所等各类中介机构，提供信息、搜索、交易等技术服务的科技类公司，以及参与竞买资产的众多个人投资者。这些参与者需要了解不良资产市场的状况及运作过程，以便更好地把握自己的市场角色，在积极参与市场的过程中获得发展。

金融专业学生。不良资产市场的份额虽然无法与信贷市场和证券市场相提并论，但其复杂性却远胜这些市场。从产品方面看，信贷市场、证券市场、房地产市场等均是不良资产的基础市场，不良资产市场的产品种类囊括了几乎所有金融产品。从金融工具看，不良资产处置需要综合运用债权投资、股权投资、资产证券化、信托等多种金融工具。对想从事这一行业的在校生而言，不仅需要系统学习金融专业的课程，还需要掌握不良资产投资的基本知识。不良资产投资的综合性和复杂性是对金融知识、投资理论综合性应用的检验，本书内容正适合金融专业有此类需求的学生阅读。

其他对不良资产市场感兴趣的人士，相信他们都可从中获益。

这本书有什么特点？

不良资产市场视角。研究不良资产收购处置，大多数的著作及论述都是以资产公司为既定视角，因为资产公司是中国不良资产市场的开创者和培育者，不良资产收购处置是资产公司的主要业务。但当不良资产市场发育到一定程度后，继续这样看问题就会有局限性，需要站在一个更广阔的视角，将不良资产市场放在整个金融市场和金融体系中，分析其金融功能，观察市场参与者的行为特征，分析市场的结构、特点及趋势。从不良资产市场角度看，资产公司只是一类市场参与者，正如商业银行也只是信贷市场的一类参与者一样。

投资者视角。本书从投资者视角观察研究不良资产市场，系统阐述不良资产投资的理论、方法和技术，研究不良资产市场结构，分析不良资产产品的风险收益特征，为投资者分析判断和投资决策提供帮助。不良资产投资者事实上是天然的价值投资者，他们在资产价格低于其内在价值时买入并持有不良资产，解决问题资产或困境企业的流动性困难，综合运用投资银行手段实施重组或者重整，等待价值修复提升后再出售，从而实现资产价值的跃迁。这样做的宏观意义就是提高了整个社会资源的使用效率和效益，防范和化解了金融风险。

系统全面的入门书。这本书是一本入门书，提供了分析研究不良资产的一个基础性框架和实务操作指引。从基本概念和理论出发，介绍不良资产市场的状况，不良资产投资的收益与风险，不良资产投资产品的特点与投资要点，不良资产投资的技术方法与投资策略，试图涵盖不良资产投资的主要领域。入门并不意味着简单，相信不论是初学者，还是行业内的资深专家，都能在其中发现一些带来启发的原创思路和观点。

如何使用这本书？

考虑到篇幅因素，本书叙述比较简约，许多理论问题存而不论，操作实务点到为止，案例简述过程及要点，因此在使用本书时需要注意以下几个方面。

关于理论研究。不良资产问题是经济金融理论研究中一个重要的课题，美国20世纪30年代爆发的大危机已过去近90年了，研究论著依然层出不穷。不良资产领域需要深度研究，既要在宏观层面揭示不良资产及其演变对经济金融的影响，也要在微观层面分析不良资产收购处置的理论与方法，指导市场参与者在更好地服务实体经济的同时获得良好的回报。

关于实务操作。本书重点介绍不良资产投资分析的理论和不良资产收购处置的操作实务，总结归纳不良资产投资运作的常识和日常操作要点，但不是不良资产投资的"武功大全"。读者需要在掌握本书的基础知识和基本操作流程后，深入研究相关法律规章及监管规定，深度学习操作规程方面的文件，掌握相关的表单和文件格式，并在实践中不断积累经验。

关于案例。本书的案例重点突出了要说明问题的部分，需要深入全面研讨案例的读者可以参考已出版的专门案例。但若要深入体会案例的精髓，需要查看案例的全部文件，并向亲历者求证求教。当然，最好是自己作出最佳案例！

不良资产投资是一个非常有吸引力也十分艰辛的投资领域，需要更多的投资者关注和开拓。希望本书能为不良资产市场的参与者带来一个可供批判的框架，也欢迎各位读者批评指正。

目　录

第1章　不良资产及成因

投资不良资产有三个要素：第一是公司不明智的信贷，第二是无法偿还债务的公司出现，第三是可靠的债务重组体制和法律机制。

——橡树资本总裁　霍华德·马克斯

本章从不良资产的定义出发，分析不良资产的特征，归纳不良资产形成的原因。

什么是不良资产

不良资产有许多不同的名称和表述，如不良贷款、不良债权、受压资产、问题资产、有毒资产、遗留资产等。为了更好地理解不良资产，我们从不良贷款的概念开始，逐步探讨金融不良资产、非金融不良资产的概念，最后从更一般意义上概括不良资产的概念及特征。

不良贷款

不良贷款的分类和定义有两个不同但又相互联系的视角：金融监管和会计核算。

金融监管视角

金融监管部门认定不良贷款分类的标准是能否履约还款。1996年中国人民银行颁布的《贷款通则》规定，不良贷款包括逾期贷款、呆滞贷款和呆账贷款。贷款合同约定到期（含展期后到期）未归还即为逾期贷款，逾期超过规定年限以上仍未归还的贷款，就可归入呆滞贷款。国际货币基金组织2004年发布的《财务稳健性指标编制指南》提供了判断不良贷款的三个标准：利息或本金的支付逾期90天或以上；等于或超过90天的利息支付已经资本化、再融资或通过协议延迟支付；逾期尚未超过90天但有足够的理由怀疑企业不能足额支付，如企业已申请破产。其认定不良资产的标准仍是不能按约定期限还款，但强调了时间因素或违约事实，即逾期90天或进入破产程序。

1998年中国人民银行发布《贷款风险分类指导原则（试行）》（银发〔1998〕151号），参照国际上大多数国家通行的做法，将贷款按风险程度分为五类，其中，次级、可疑和损失类贷款称为不良贷款。中国银监会2007年对该指引进行了修订，具体的分类和定义见表1.1。

表 1.1　　　　　　　　　　　　贷款风险分类标准

风险分类	定　义
正常	指借款人能够履行合同，没有足够理由怀疑贷款本息不能按时足额偿还的贷款
关注	指尽管借款人目前有能力偿还贷款本息，但存在一些可能对偿还本息产生不利影响因素的贷款
次级	指借款人的还款能力出现明显问题，完全依靠其正常营业收入无法足额偿还贷款本息，即使执行担保，也可能会造成一定损失的贷款
可疑	指借款人无法足额偿还贷款本息，即使执行担保，也肯定要造成较大损失的贷款
损失	指在采取所有可能的措施或一切必要的法律程序之后，本息仍然无法收回，或只能收回极少部分的贷款

资料来源：中国银监会《贷款风险分类指引》（银监发〔2007〕54号）。

上述贷款分类定义在实施中暴露出一些明显的不足，如分类标准不清晰、缺乏量化指标。2016年7月，巴塞尔委员会发布《问题资产的审慎处理要求——不良资产风险暴露的定义和容忍度指引（征求意见稿）》，该指引强调逾期天数的重要性，当贷款出现以下情形时，将被认定为不良贷款：出现逾期90天以上的重大风险；银行认定除非采取追索措施，借款人可能无法全额偿还对银行的债务，或债务人对于银行的实质性信贷债务逾期90天以上；出现国际会计准则规定的损失情形；有证据证明不变卖抵押物便无法全额还款（不论过期多少天）的贷款。2018年6月，中国银保监会也要求商业银行将逾期90天以上的贷款作为不良贷款，至少纳入次级贷款。

会计核算视角

从财务会计核算方面看，需要计量贷款资产的价值，确认贷款产生的利息收入，因此会计准则关注的重点是资产减值和收益确认。财政部1993年颁布的《金融保险企业财务制度》，将逾期（含展期后）半年以上的放款作为逾期放款，其中逾期（含展期后）三年以上的放款，作为催收放款管理。在资产减值上，建立呆账准备金制度，按年初贷款余额的1%实行差额提取，用来核销呆账贷款本金。在收益确认上，催收放款不能应用权责发生制计提应收利息，而改用收付实现制，即应收利息不再计入当期损益，实际收到的利息计入当期损益。

2006年财政部发布的《企业会计准则第22号——金融工具确认和计量》规定，金融资产计提减值需要提供客观证据，即金融资产初始确认后实际发生的、对该金融资产的预计未来现金流量有影响，且企业能够对该影响进行可靠计量的事项，共列举了九个项目。这一要求与当时的国际会计准则类似，即强调以实际发生的交易或事项进行会计确认、计量和报告，只有出现可以确认减值的客观事项，如违约、市场重大变化等，才应将贷款认定为不良贷款并计提减值准备，也就是按"已发生损失法"确认计量金融资产。

国际金融危机后，国际会计准则理事会与美国财务会计准则委员会都认为当时已发生损失法计提减值损失不能够很好地适用于金融危机的场景。国际会计准则理事会2014年7月发布《国际财务报告准则第9号——金融工具》，引入预期信贷损失的会计处理规则，将认定信贷损失的标准由"已发生损失法"修订为"预期损失法"。根据新准则，计提减值准备将以贷款预期发生损失为标准。

财政部2017年3月对22号准则进行了修订。当对金融资产预期未来现金流量具有不利影响的一项或多项事件发生时，认定该金融资产为已发生信用减值的金融资产，以下面六项"可观察信息"为证据：

（1）发行方或债务人发生重大财务困难；

（2）债务人违反合同，如偿付利息或本金违约或逾期；

（3）债权人出于与债务人财务困难有关的经济或合同考虑，给予债务人在任何其他情况下都不会作出的让步；

（4）债务人很可能破产或进行其他财务重组；

（5）发行方或债务人财务困难导致该金融资产的活跃市场消失；

（6）以大幅折扣购买或源生一项金融资产，该折扣反映了发生信用损失的事实。

计提减值准备"以预期信用损失为基础"，预期信用损失是指以发生违约的风险为权重的金融工具信用损失的加权平均值。

监管规则以是否能够及时足额还款作为认定不良资产的基础，加入了逾期期限和会计准则认定损失的情形，新会计准则以预期损失作为计提减值准备的依据，会计准则中判断已发生信用减值金融资产的条件与监管规则中贷款风险分类办法认定不良贷款的标准已非常类似，逐步趋于一致。

金融不良资产

金融不良资产的概念

金融不良资产开始称为不良金融资产。2005年11月，银监会、财政部发布《不良金融资产处置尽职指引》（银监发〔2005〕72号），将不良金融资产定义为银行业金融机构和资产公司经营中形成、通过购买或其他方式取得的不良信贷资产和非信贷资产，如不良债权、股权和实物类资产等。其中银行业金融机构指政策性银行和商业银行，该办法明确规定银监会批准的其他金融机构可参照执行。2012年1月财政部、银监会发布《金融企业不良资产批量转让管理办法》（财金〔2012〕6号），提出金融企业不良资产的概念，本书简称为金融不良资产，与非金融不良资产相对应。

金融不良资产的认定标准

按照五级分类的基本原则，各类金融机构均制定了相应的分类办法：商业银行不良贷款依据《贷款风险分类指引》（2007年）认定，农村商业银行、农村合作银行、农村信用社的表内外信贷资产依据《农村合作金融机构信贷资产风险分类指引》（2006年）认定，信托公司、金融租赁公司、汽车金融公司等依据《非银行金融机构资产风险分类指导原则（试行）》（2004年）认定，针对小企业和个体经营户的经营性贷款依据《小企业贷款风险分类办法（试行）》（2007年）认定。这些办法虽考虑到各类金融机构间的差异性，但在认定资产范围、标准要求方面存在着明显差异，不利于从整体上判断和把握银行业的金融风险。2019年4月30日，中国银保监会发布《商业银行金融资产风险分类暂行办法（征求意见稿）》，将风险分类方法适用机构扩大到银行业监督管理机构监管的所有金融机构，将资产分类对象拓展到承担信用风险的全部表内外资产，将信用减值与资产风险分类紧密结合，将逾期期限作为客观性和可操作性指标纳入分类，建立了统一的银行业金融机构不良资产认定标准。其风险分类标准的情况见表1.2。

表 1.2 　　　　　　　　　　　　金融资产风险分类标准

金融资产风险分类	偿付标准	减值标准	时间标准
正常	债务人能够履行合同，没有客观证据表明本金、利息或收益不能按时足额偿付	未出现信用减值迹象	本金、利息或收益未逾期
关注	虽然存在一些可能对履行合同产生不利影响的因素，但债务人目前有能力偿付本金、利息或收益	未发生信用减值	本金、利息或收益逾期
次级	债务人依靠其正常收入无法足额偿付本金、利息或收益	已经发生信用减值	本金、利息或收益逾期（含展期后）超过90天
可疑	债务人已经无法足额偿付本金、利息或收益	已显著信用减值，金融资产减值40%以上	逾期（含展期后）超过270天
损失	在采取所有可能的措施后，只能收回极少部分金融资产	金融资产减值80%以上	逾期（含展期后）超过360天

资料来源：根据中国银保监会发布的《商业银行金融资产风险分类暂行办法（征求意见稿）》整理。

次级、可疑、损失类金融资产即属于金融不良资产。

非金融不良资产

非金融类企业也有不良资产方面的问题，一般与非经营资产、闲置资产、无效资产、待处理资产损失、问题资产等相联系。计划经济时代，国有企业都有非经营资产，即不直接参加或服务于生产经营的资产，包括未房改的职工宿舍、食堂、浴室、幼儿园、学校、招待所等纯福利设施，在股份制改造时需要剥离。无效资产指企业中不能参与生产经营、不能对企业盈利能力作出贡献的非经营资产及闲置资产等。低效资产指资产的经济效益低于正常资产的预期收益率，且没有战略协同价值的资产。闲置资产指已停用一年以上，且不需要使用的，或者是已被新购置具有同类用途资产替代的资产。

分析非金融不良资产的概念，可从股东考核、会计准则、金融监管三个视角展开。

股东考核视角

不良资产意味着存在资产损失，股东权益就会受损，因此股东考核企业业绩时需要剔除不良资产因素。2000年2月，财政部下发《国有资本保值增值结果计算与确认办法》，将不良资产比率作为国有资本保值增值结果的分析指标之一。2004年8月国务院国资委公布《企业国有资本保值增值结果确认暂行办法》，将不良资产比率作为企业国有资本保值增值的修正指标，该办法将不良资产定义为：企业尚未处理的资产净损失和潜亏（资金）挂账，以及按财务会计制度规定应提未提资产减值准备的各类有问题资产预计损失金额。对未执行《企业会计制度》的企业，如果经营期内不良资产增加造成企业不良资产比率上升，在核算国有资本保值增值率时要进行扣减修正；对已执行《企业会计制度》的企业，经营期内对有问题资产未按财务会计制度计提资产减值准备，在核算国有资本保值增值率时进行扣除修正。从财务会计角度对不良资产和问题资产进行认定，即是否存在资产价值的损失，而资产损失额通过财务会计核算中应计提的资产减值来确认。

会计准则视角

会计准则关注资产的分类、计量和确认，并没有不良资产的概念，但在计量并确认资产可能发生的损失时，事实上将资产分为两类：正常资产和发生减值的资产。《企业会计准则第8号——资产减值》规定，资产减值指资产的可收回金额低于其账面价值。表明资产可能发生减值的迹象有：

（1）资产的市价当期大幅度下跌，其跌幅明显高于因时间的推移或者正常使用而预计的下跌。

（2）企业经营所处的经济、技术或者法律等环境以及资产所处的市场在当期或者将在近期发生重大变化，从而对企业产生不利影响。

（3）市场利率或者其他市场投资报酬率在当期已经提高，从而影响企业计算资产预计未来现金流量现值的折现率，导致资产可收回金额大幅度降低。

（4）有证据表明资产已经陈旧过时或者其实体已经损坏。

（5）资产已经或者将被闲置、终止使用或者计划提前处置。

（6）企业内部报告的证据表明资产的经济绩效已经低于或者将低于预

期，如资产所创造的净现金流量或者实现的营业利润（或者亏损）远远低于（或者高于）预计金额等。

（7）其他表明资产可能已经发生减值的迹象。

归纳这些判断减值的条件，其核心有两条，资产价值贬损和经济效益下降，这恰恰是认定不良资产的重要标志。资产价值贬损包括市价大幅下跌、可回收金额下降、经济性贬损或实体性损坏；经济效益下降包括闲置、经济绩效低于预期、环境的重大不利影响。

金融监管视角

2010年信达公司完成股份制改造，当时商业银行不良资产率很低，为了鼓励资产公司发展，改制方案批准信达公司试点非金融不良资产业务。2015年财政部、中国银监会发布《金融资产管理公司开展非金融机构不良资产业务管理办法》（财金〔2015〕56号），先定义了非金融机构，指除中国银监会、中国证监会、中国保监会监管的各类金融机构之外的境内企业法人、事业单位、社会团体或其他组织。非金融机构不良资产，简称非金融不良资产，指非金融机构所有，但不能为其带来经济利益，或带来的经济利益低于账面价值，已经发生价值贬损的资产（包括债权类不良资产、股权类不良资产、实物类不良资产），以及各类金融机构作为中间人受托管理其他法人或自然人财产形成的不良资产等其他经监管部门认可的不良资产。这个定义强调非金融不良资产必须是事实损失资产。不能带来经济利益，意味着资产处于闲置或者无效状态；带来的经济利益低于账面价值，表明其公允价值或市场价值已低于账面价值，需要计提资产减值，而已经发生价值贬损，说明导致资产价值贬损的事项已经发生，资产价值损失可以确认和计量。另外该定义强调所有权概念，必须为非金融机构所有，因此金融机构受托管理的资产，虽然其管理权在金融机构，列示在金融机构作为表外资产，但由于其所有权可能是非金融机构，因此应作为非金融不良资产。如银行理财产品中的债权投资等。需说明的是，这是监管机构对资产公司开展非金融不良资产业务的定义，其目的在于规范业务发展，防止资产公司扩大业务范围，以开展非金融不良资产业务的名义从事类融资业务。

不良资产

贷款属于债权资产，不能按约定还本付息的贷款称为不良贷款，推而广之，承担信用风险的债权资产，若不能按期还本付息，预期会产生损失，就形成不良债权资产，如债券市场的违约债券，企业不能按预期收回的应收账款等。同样，如果股权资产、实物资产、无形资产等出现价值贬损，也就形成不良股权资产、不良实物资产，不良无形资产等。这是从资产形态看不良资产。如果从产生不良资产的机构来看，可分为金融机构产生的不良资产和非金融机构产生的不良资产。金融机构可分为商业银行和非银行金融机构。金融机构产生的不良资产按其权属可分两部分，一部分是金融机构拥有或控制的反映在资产负债表中的不良贷款，也即金融不良资产；另一部分是金融机构受托管理的所有权为第三方的资产，反映在金融机构资产负债表外，由于其所有权为非金融企业，属于非金融不良资产。不良资产的分类见图1.1。

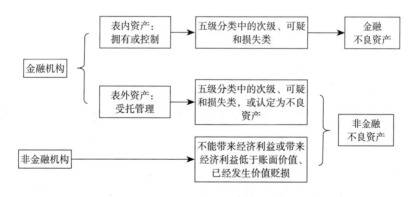

图 1.1　不良资产分类示意

定义不良资产要从资产的本质出发。《企业会计准则》对资产的定义是，"企业过去的交易或者事项形成的、由企业拥有或者控制的、预期会给企业带来经济利益的资源"。这一定义揭示了资产的本质：一是资产蕴藏着未来的经济利益，未来经济利益一般能带来现金的流入或者有助于经济利益的流入。例如，银行发放贷款，预期未来能收回本金和利息；企业应收账款作为商业信用工具，有助于企业产品或服务的销售。二是资产作为一种资源，能够提供价值或服务于价值创造过程。例如，生产设备等固定资产，直接投入价值创造过程；通过长期投资控制原材料供应企业，既能取得股息收入，又能保障自身生产经营及价值创造过程的稳定。

如果一项资产不能满足资产的本质要求，也就是预期不能带来经济利益，已经发生价值的贬损，或者不能提供价值或服务于价值创造过程，就可称其为不良资产。理解这一概念，需要从以下方面把握：

（1）预期不能带来经济利益，指每项资产都有其预期的经济利益要求，达不到预期的经济利益是构成不良资产产生的必要条件。例如，商业银行发放贷款，其预期的经济利益是按约定的期限还本付息，如果发生违约，不能按期还息，甚至归还本金也具有不确定性，这个贷款就符合不良资产的必要条件，但还不充分。

（2）已经发生价值的贬损是成为不良资产的充分条件。例如，违约贷款虽已逾期，但若借款人只是暂时的流动性问题，其还款能力没有问题，抵押物或担保人的保障比较充足，预期不会发生损失，也就是贷款资产价值没有贬值，仍不能认定为不良资产；只有当借款人的还款能力出现明显问题，完全依靠其正常营业收入无法足额偿还贷款本息，即使执行担保，也可能会造成一定损失的这个价值贬损的充分条件满足时，才可确认其为不良资产。

（3）判断资产价值贬损要从价值创造和实现的整个进程来分析。从价值创造视角看，不良资产不能带来未来的经济利益，如不能实现现金流量的增加；从价值计量视角看，不良资产的市价或可变现净值或公允价值低于账面价值或成本；从价值实现视角看，不良资产未来流入现金的折现值或可回收金额低于账面价值，或者资产有强烈的变现需求，但受市场限制需要付出较大折扣才能变现。

（4）不能提供价值或服务于价值创造过程，指的是不良资产丧失了资产作为经济资源的本质属性，意味着资产不能产生经济效益，或者产出的经济效益低下，甚至不能覆盖成本，形成亏损。例如，加工企业的生产设备，其价值在于作为生产资料支持企业产品加工并最终体现在销售收入上，由于市场变化和技术进步，其使用因需要更新而淘汰，成为不良物权资产。

【专栏 1.1　如何正确理解不良资产的概念】

正确理解不良资产的概念需要把握以下四个方面：

一是不良资产的相对性。不良资产是与正常资产相对应的概念，相对于正常资产，不良资产不能带来预期经济利益。

二是不良资产的动态性。正常贷款随着经济下行，企业经营环境恶化可能变成关注贷款，并不断迁徙为次级贷款，甚至最终成为损失贷款；相反，随着外部经济环境的回暖，企业经营状况可能得到改善，企业经营得到好转或经过重组恢复正常经营，不良资产可能转变为正常资产。

三是不良资产的主体性。认定一项资产是否为不良资产是从资产最初的持有人角度出发的，如商业银行的不良贷款。如果受让者以合理的价格收购到不良资产，对受让者来说，不良资产就是有极大增值潜力的优质资产。

四是不良资产的传染性。银行资产负债和实体企业资产负债是关联的，实体企业之间的资产负债也相互关联，因此某一实体企业资产因不能产生效益形成不良，就影响其归还银行贷款，形成银行贷款不良；贷款不良后银行会收紧其信用政策，催收违约贷款，又加剧企业流动性匮乏；企业流动性匮乏又影响其对其他企业债务的偿付，相关企业应收账款形成不良。可见，不良资产具有传染性，会在企业和银行之间及企业之间形成不良债务的"传染链"。

不良资产概念的扩展

如果不局限于资产，从资产向资产持有人或资产对应的债务承担者延伸，就会追索到产生不良资产的机构问题，如问题金融机构、问题企业或困境企业、僵尸企业、问题项目等，这也是不良资产相关的课题。而围绕不良资产和问题机构开展的投资，如另类投资、特殊机遇投资等，与广义不良资产投资紧密相关。

问题金融机构救助

目前，国内监管规则方面对问题金融机构并无明确的定义，美国联邦存款保险公司对问题银行的定义是，"目前或未来可能立即发生财务困难，并可能需要财务援助的银行。"一般而言，受违规经营、治理失范、管理不善、重大突发事件等影响，导致金融机构出现资产质量恶化、资本充足率大幅下降、流动性缺乏、盈利下降甚至严重亏损等情形时，如不及时更正或干预，可能面临破产或清算的金融机构，可归入问题金融机构。从财务的视角看，如果问题金融机构接近或处于无流动性清偿能力时，已经出现或将要发生无法清偿到期债务，可称为技术性违约；如果达到无资本清偿能力时，即净资产等于或小于零，称为技术性破产。问题金融机构需要由专门的机构实施救助，并处置相关的不良资产。常用的方法有：

（1）引入战略投资者。引入战略投资者首先是补充资本，其次是实施重组工作。如近期的锦州银行引入建银投资、信达投资等战略投资者，就是借助它们重组和处置不良资产的技术和经验实施重组。

（2）接管。一般是对出现严重风险或严重违规的金融机构，由监管机构宣布接管，被接管机构的股东大会、董事会、监事会停止履行职责，由监管机构派驻的接管组行使被接管机构经营管理权。接管后，需清理资产负债并实施重组，资产公司可以接受委托，为接管组提供专业的资产重组及处置服务。

（3）重组。通过资产剥离、清算、股权转让等方式对问题金融机构实施重组。重组中需要剥离不良资产，资产公司可以通过收购不良资产、提供重组方案等方式参与金融机构的重组。

（4）破产清算。通过破产程序清算问题金融机构，一般较少采用，典型的案例是海南发展银行。资产公司可以接受委托，托管需要破产清算的问题金融机构，并通过破产重整实现再生。

问题企业

一般将不能按期偿还债务已处于债务违约状态的企业称为问题企业，广义上也可将经营周转出现流动性困难的公司归入问题企业。一般来说，问题企业多具有以下特征：

（1）财务状况异常。主要是出现流动性问题并且再融资困难，流动性问题包括资不抵债、收不抵支、连续亏损占用资金、资产负债率明显高于行业平均水平、无法满足业务经营的资金需求、收购资产交易无法按期支付价款、资金链断裂无法清偿到期应付款项等状况；再融资困难主要是难以通过向银行申请贷款、发行债券、增发股票、要求股东增资等渠道满足资金需求，或者债权人提前要求追偿未到期的债务等。

（2）信用状况异常。主要包括债券、票据、应付账款等债务不能按期偿付；贷款五级分类为后三类；已经法院裁定进入破产程序，成立债委会；已经发布债券兑付存在不确定公告；企业主体或债项评级被评级机构向下调整或发布负面展望；企业公开市场债券收益率大幅波动，隐含到期收益率远超正常水平等。

（3）经营情况异常。主要是受外部环境及内部管理因素影响，出现阶段性经营困难，包括行业周期性波动或结构性调整导致的经营困难，产品结构、技术及市场需求变化引起的生产停滞，因环境保护不达标导致的停产，因投资规模过大、产能严重过剩导致的业绩严重下滑甚至出现重大亏损，因转型导致现有主营业务持续萎缩等。

（4）机构管理失效。包括无法召开股东会，无法作出有效的股东会决议，董事会形同虚设无法发挥制衡作用，大股东占用上市公司资金，内部管理机制失灵，市场价值或公允评估值长期低于净资产，审计师出具非标准审计意见等。

（5）重大不利事件。包括公司或子公司涉及重大诉讼，实际控制人重大违约，核心资产被查封、资金被冻结，股票质押触及平仓线，已经申请破产重整或清算、涉及债务及担保危机、受到重大行政处罚等。

问题企业有时也称为困境企业。2018年1月，国家发改委等七部委发布《关于市场化银行债权转股权实施中有关具体政策问题的通知》（发改财金〔2018〕152号）规定，以实施债转股为目的，金融机构的正常类、次级类贷款也可纳入可债转股资产范围，也可将这类资产转让给拟用其实施债转股的其他金融机构。这事实上将负债率过高、经营有风险的困境企业也纳入债转股对象。

僵尸企业

困境企业遭受的大多是暂时的流动性困难，而僵尸企业则是占用土地、资金、劳动力等资源，却无法创造相应的效益，且很难关闭退出的企业。僵尸企业是经济学家彼得·科伊创造的概念，指那些无望恢复生气，但由于获得放贷者或政府的支持而免予倒闭的负债企业。僵尸企业一般是不符合国家能耗、环保、质量、安全等标准，持续亏损3年以上且不符合结构调整方向的企业，主要存在于生产能力严重过剩的工业企业，如钢铁、电解铝、造纸等行业。对僵尸企业处置的主要办法是关停并转、剥离重组。

问题项目

有时候不良资产的承载主体是问题项目，如房地产项目、政府和社会资本合作项目等。这就需要将不良资产延伸到问题项目，对问题项目实施综合处置，将问题项目作为一个整体进行运作，才能化解相关的风险。

另类投资和另类资产

从市场投资者角度看，还有一个较通用的概念，即另类投资或另类资产。传统公开市场交易的权益资产、固定收益类资产和货币类资产以外的投资即另类投资，另类投资形成的资产即另类资产，包括私募股权、房地产投资、对冲基金、大宗商品、基础设施、风险投资、艺术品和收藏品等。

特殊机遇投资

特殊机遇投资指投资于受特殊因素影响导致的信用风险、市场风险、流动性风险较大，或有紧急变现需求，价值被明显低估，有较大的升值潜力的资产。特殊机遇投资强调特殊的投资机会，包括时间和价格两个方面。一般在经济下行期，或在某一市场处于底部时，或受特殊事件冲击导致某一类资产（或某单一资产）价格出现较大幅度的下跌，价格已远低于其内在价值，从而形成良好的投资机会。一般也将不良资产投资归于特殊机遇投资。

不良资产的特征

不良资产区别于正常资产，有以下方面的特征，见图1.2。

图 1.2 不良资产的特征

存量性

存量与增量相对应，从不良资产交易看，存量性指不良资产必须是已经存在的资产，是权利明确的资产。存量性强调不良资产交易的真实性和洁净性。从社会融资总量视角看，银行、证券、保险、信托等金融机构主要是运用债权类或股权类融资工具，通过发放贷款、发行债券、发行股票等方式为实体经济融资，会增加社会融资总量，是以增量方式来配置金融资源。而在不良资产市场上，如资产公司收购处置金融机构的不良资产，是对金融机构已存在的无法发挥资产效益的沉淀资产进行盘活，其交易不增加社会融资总量。盘活存量资产可以优化经济结构，提升资产的配置效率和使用效率，直接面对出现问题的实体企业。"盘活存量"是资产公司区别于其他金融机构的独特功能，也是资产公司立足于金融体系的根本。

非正常性

非正常性指不良资产在安全性、流动性和盈利性方面是有问题的，因此也称为问题资产。从安全性看，不良资产是不能按约定或预期实现未来经济利益的资产，如债权资产不能按期还本付息或者已发生违约；股权资产不能带来经济利益，或者带来的经济利益低于账面价值或投资成本；物权资产的价值已经发生贬损。从流动性看，不良资产是流动性较差的资产，如贷款已逾期、债券已违约的情形，逾期超过90天的贷款就作为不良资产；或者变现能力很差，无法与权利要求的期限及金额匹配；或者强制变现将发生大幅度价值贬损。从盈利性看，不良资产是低效资产，是预期收益不能抵偿成本的资产，或者预期收益率低于无风险利率的资产。

非标准性

不良资产交易的标的，如信贷资产、应收账款等都不是在银行间市场和证券交易所市场交易的债权资产和股权资产，是典型的非标准资产。即使是收购处置银行间市场和证券交易所市场的债券或股票，一般也是违约债或ST类股票。由于不良资产的非标准性，在欧美国家视其为特殊资产，归属于另类资产。尽管也可以将不良资产证券化，但其基础资产仍是非标准化的。非标准性带来一个问题就是不良资产交易的个性强，较难形成标准的交易模式，需要通过典型案例的学习来体会和总结，在处置方式选择、估值定价、交易结构设计等方面需要经验的积累。

次品性

不良资产交易双方存在严重的信息不对称，是典型的次品市场。不良资产交易卖方比买方掌握更多的资产质量信息，买方较难作出价值判断而不愿出高价，因此卖方的信息披露和买方的尽职调查就非常重要。这是卖方展示价值掩盖瑕疵的过程，也是买方发现价值、寻找瑕疵的过程。一方面，次品性意味着卖方必须以较大的折扣出让资产，如建设银行、中国银行第二次剥离时可疑类贷款的中标价约为本金的30%，而资产公司政策性处置收尾时损失类资产包的转让价格最低大约为本金的1%。另一方面，次品性也意味着购买者有较大的盈利想象空间，但从次品中淘宝，需要投行的慧眼，需要经过深度的尽职调查发现价值，并具有整合资源的能力，才能最终实现价值。

【专栏1.2 不良资产与柠檬效应】

柠檬（lemon），在美国指"残次品"。二手车交易就是最常见的柠檬市场，喜新厌旧的车友应该很熟悉。

然而，分析解释司空见惯的柠檬市场的奥秘却产生了一个诺贝尔经济学奖得主。

美国经济学家阿卡洛夫在认真研究二手车市场后，于1970年发表论文《柠檬市场：质量的不确定性和市场机制》，这是信息经济学的经典文献，也奠定了他在经济学领域的地位。

在柠檬市场，以二手车为例，卖方作为车主，对自己汽车的性能很清楚，但买方却恰好相反，只能从直观和试驾来判断。买方和卖方掌握的关于汽车质量的信息差异很大，显然卖方具有信息优势，买方则处于"劣势"地位。

阿卡洛夫认为，在一个缺乏有效规制的市场，买卖双方的这种信息不对称会产生一个严重的后果，就是逆向选择。好的商品会慢慢遭到淘汰，而劣等品则充斥市场，导致了市场低效率，甚至会使得市场失灵。这一现象普遍存在，如在货币市场上就有格雷欣法则，劣币驱逐良币。

这与不良资产有什么关系？

因为不良资产也是次品，具有柠檬市场的特征。金融不良资产交易的核心问题依然是解决信息不对称：债务企业比商业银行拥有更多关于自身资产负债状况及偿债方面的信息，作为卖方转让不良贷款的商业银行比买方资产公司掌握更多的资产质量信息，资产公司又比其他投资者掌握更多信息。

按照逆向选择的观点，银行会优先出让质量最差的资产，这将导致不良资产市场走向萎缩，但现实是这一市场异常的"火爆"，为什么？

在中国不良资产市场上，经过近20年的发展，已经建立了一系列规制和机制，用于较为有效地解决交易中的信息不对称问题，从而使这一市场取得了长足发展。

一是信息披露机制。在不良资产市场，卖方需要对拟转让资产的信息提前进行披露，并提供相关的档案资料，接受买方尽职调查。卖方一般会展示资产的亮点，如良好的抵押品；买方需要睁大眼睛看抵押品有没有瑕疵。在不良资产证券化产品发起销售的过程中，有明确的、详细的披露规范，其目的就是让购买产品的投资者看到更多的关于资产收益和风险的信息，解决信息不对称问题。

二是信誉机制。如果只做一次交易，卖方有更大的动机掩盖资产瑕疵的信息，甚至进行欺骗。但不良资产一手交易的卖方商业银行需要不断转让不良资产，与对手资产公司进行多次重复博弈，这时信誉机制就会发生作用。如果一家银行用虚假信息让买方受损，损害了自己的市场信誉，那么以后就很难再有人购买其不良资产了。因此，卖方为了重复交易，会维护自身的市场信誉。

三是激励机制。由于不良资产的定价是一个复杂的问题，卖方也担忧贱卖，如果卖方能够分享不良资产处置的超额收益，则这一交易将能更有效地进行。所以，近年商业银行与资产公司通过建立合资公司、设立基金、设计买入反委托等方式，用复杂的交易结构实施资产转让，其核心是引入对卖方的激励机制，让商业银行能分享超额收益，减少可能低价出让的遗憾，愿意转让质量较好的资产。但监管的要求是不良资产转让必须真实、洁净，这些通过合作、合资、买入反委托等不能实现资产及风险全部转移的不良资产处置方式已属于禁止的范围。但在不良资产证券化产品中就充分考虑了激励机制，一方面要求发行证券化产品的商业银行持有一定比例的次级权益，这样发行银行可以在不良资产池的回收现金兑付优先级权益后，通过持有的次级权益获得额外的回报；另一方面商业银行对超额回收部分还可按一定比例进行奖励。

四是中间商机制。研究表明，中间商采用随机定价机制从卖方收购商品，能够有效缓解柠檬效应，提高市场商品的平均质量。在二手车市场，经营二手车的公司就充当了这个中间商角色。从某种意义上讲，资产公司作为不良资产的一级批发商，事实上承担着中间商的职能，对提升不良资产市场效率发挥着不可替代的作用。

五是质量保障机制和认证机制。在目前的二手车市场上，这一机制运用得非常好。瓜子二手车直卖网就是通过专业的鉴定和检测，为二手车质量提供认证，并提供质量保障，目前已成长为中国最大的二手车直卖平台。而在不良资产交易方面，这两个机制的建立十分困难，不良资产作为金融产品，认定贷款质量标准采用的五级分类法，许多指标是定性的，主要依赖主观判断，完全不像汽车那样有明确的技术标准。在不良资产证券化产品交易中，要求两家评估公司和一家评级公司提供资产估值，相当于为证券化产品提供信用背书，即用评估和评级公司的信誉提供保障。对不良资产的处置方面也要求聘请一家资产公司作为顾问提供技术支持。这些措施都是在为不良资产证券化产品交易提供保障机制。

正因为这些机制的不断建设和完善，不良资产市场在化解金融风险领域发挥着独特功能，成为整个金融市场的重要组成部分。

多形态性

不良资产几乎包括了常见的主要资产形态，债权、股权和物权，甚至无形资产。不良债权主要包括不良贷款、违约债券、期限较长的应收账款等债权形式的不良资产。不良股权主要包括被ST[①]的上市公司股票、"爆仓"的上市公司质押股票、市场价值低于投资成本的股权等。不良物权包括房产、机

---

① ST 是 Special Treatment 的缩写，即特别处理。

器设备等，也可以是企业拥有的无法发挥效能的处于闲置状态的物权，如空置楼宇、淘汰的旧设备等。更广泛意义上的不良资产也可以包括各类有瑕疵的无形资产，如商誉、专利权、商标权、著作权、土地使用权、特许权等。

周期性

受宏观经济周期波动和企业经营生命周期等因素影响，不良资产具有明显的逆周期性。在经济下行期，企业经营困难，企业间的应收账款周转缓慢，银行不良贷款率攀升，经济体系中的不良资产增加；当经济回暖时，企业资金周转加快，银行不良贷款率下降，不良资产减少；不良资产的数量与经济周期呈逆向变动的状况，就是不良资产的逆周期性特征。不良资产的周期性要求收购处置不良资产必须进行逆周期运作，在经济下行期收购不良资产，实施不良资产的重组和重整，待经济回暖、价值修复后处置不良资产。

规制性

对接受金融监管的商业银行和资产公司等参与者而言，不良资产的认定、交易、处置都有明确的监管要求。商业银行不良资产的认定需严格遵守《贷款风险分类指引（试行）》，商业银行转让不良贷款需符合中国银保监会关于批量转让的规定，资产公司收购处置不良资产要接受中国银保监会的监管，外商投资企业参与不良资产处置在外汇交易和参与范围方面需要接受商务部和国家外汇局的核准，不良资产业务具有极强的规制性。但对非挂牌类的投资者而言，并没有监管的要求，需要遵守相关的法律法规。

不良资产的成因

不良资产的产生是一个复杂的经济金融问题，可以从宏观和微观两个层面来分析。

宏观层面

从宏观层面分析，不良资产产生的主要原因有经济周期波动、经济体制转轨和产业结构变迁等。

周期性经济金融危机

由于经济金融周期波动，在经济扩张或上行阶段投放的大量贷款和投资，受外部因素冲击进入经济衰退或下行阶段时，贷款因债务人违约，投资因不能实现退出就会形成不良资产。例如，近年受外贸增速下降影响，我国东南沿海外贸企业不良资产快速增加。特别当发生经济金融危机时，危机会通过债务链、资金链、供应链等从部分企业向整个金融体系和经济体传染和蔓延，从而形成大量的不良资产，如亚洲金融危机和美国次贷危机，最终会影响整个经济的增长和金融体系的稳定。

【专栏 1.3 亚洲金融危机中的不良资产问题】

不良资产犹如感冒时发热一样，是经济金融危机的表象。亚洲金融危机时期不良资产问题非常突出，从中可以窥视金融危机与不良资产市场的关系。

亚洲金融危机时期，主要经济体不良资产及损失情况见表1.3。

表 1.3　　　　亚洲主要经济体危机时期不良资产及损失情况表

经济体	系统性金融危机开始年份	不良贷款占总贷款比例 /%	危机期间实际的国民生产总值增长率 /%	估算的产出损失占国民生产总值的比率 /%
中国	1998	20	7.6	36.8
日本	1997	35	−2.0	17.6
印度尼西亚	1997	32.5	−13.1	67.9
马来西亚	1997	30	−7.4	50
韩国	1997	35	−6.9	50.1
泰国	1997	33	−10.5	97.7
菲律宾	1997	20	−0.6	—
中国香港	1997	5.3	−5.5	—

资料来源：沈联涛. 十年轮回——从亚洲到全球的金融危机［M］. 上海：上海远东出版社，2009.

亚洲金融危机爆发后，相关经济体出现股市市值缩水、不良资产高企、银行倒闭、房价下跌、货币贬值等现象。

印度尼西亚：股市市值缩水76%，问题严重的几家银行不良贷款占总贷款的70%。国际货币基金组织要求其26家资不抵债银行中的16家关闭，有154家银行至少经历了一次挤兑事件，最后印度尼西亚政府不得不接收银行系统85%的资产。

马来西亚：股市市值减少2130亿美元，占总市值的70%；截至1999年底，不良资产240亿美元，占贷款总额的19.7%

韩国：截至1997年11月，短期外债889亿美元，可动用外汇储备73亿美元，过度外债形成流动性危机，韩元贬值50%，股市损失市值972亿美元，占总市值的70%。30家大财团中5家的坏账已经占到韩国商业银行全部资本的2/3。

泰国：1997—1998年危机爆发，泰铢贬值50%，股市重挫70%，房地产价格下跌50%，银行不良资产比例最高时达47%，金额达652亿美元，58家银行被勒令暂停业务。

经济体制转轨

在计划经济体制中，信贷承担财政职能，银行也不是独立的经济主体，存在预算软约束问题，银行信贷投向一些经营效率低下的国有企业。当经济体制向市场化转型时，很多国有企业因不能适应市场需要关停并转，银行的大量信贷资产就变成不良资产，如波兰和中国等国家在经济体制转型时国有企业形成了大量不良资产。据估计，这些不良资产大约一半是因政府政策性因素导致的，主要是政府干预和不良决策、宏观调控和产业政策等。对这些不良资产的处置往往需要与体制转型相结合，如将债务转为股本，对企业实施股份制改造。或者实施政策性破产兼并，通过清算让旧的经济主体退出市场。

产业变迁

科技进步等因素引致产业变迁，导致原有传统产业的资产功能落后甚至被淘汰，资产价值发生巨大的贬损，形成不良资产，相关企业的债务亦走向不良。产业变迁引致的不良资产大多具有行业性的特点，可能导致某一行业除个别龙头企业外的大多数企业形成巨额不良资产，如数码相机对胶片行业冲击造成的不良资产。

技术进步

由于技术更新，新技术淘汰原有工艺，导致设备、厂房、运输工具等实物资产出现价值贬损。例如，随着环保要求的提升和技术的进步，近年钢铁、煤炭行业部分技术落后的过剩产能需要淘汰，形成行业性的不良资产。

微观层面

微观层面可从金融机构和企业两个方面来分析。

金融机构因素

从金融机构看，贷款或投资出现不良资产的主要因素有以下几点。

一是顺周期信贷政策。商业银行的信贷政策依赖于企业信用评估和抵押品价值，企业信用状况与企业净值及资产负债表状况密切相关，这样的信贷政策具有明显的顺周期特征。当经济上行时，企业净值增加及抵押品价格上涨改善了银行信贷的投放环境，银行对未来预期乐观，放宽信贷审批，增加贷款投放，引起信贷市场流动性过剩。当经济下行时，抵押资产价格下跌、企业现金流减少、盈利预期下降，信用风险增大，银行信贷的投放环境变差，银行严格贷款条件，减少贷款发放，企业很难通过借新还旧实现再融资，履约还款能力进一步下降，导致贷款违约率明显增加，银行不良资产率呈现上升。

二是股权投资的从众效应。在股权投资权领域存在较严重的从众效应，一旦出现一个新的投资领域，投资者就会一哄而上，盲目效仿先行者的投资，结果导致这一领域投资回报率大幅下降，出现资本严重过剩现象，出现大量不良股权。例如，共享单车行业在短时间内大量投资，严重过剩，大量股权投资血本无归。

三是管理不善。从金融机构管理方面看，产生不良资产的主要因素有金融机构同质化竞争，过度依赖房地产和政府基建项目，过分强调担保措施，忽视项目本身产生现金流的能力，形成较为集中的风险领域。具体风险管理层面，金融机构未确定明确的风险偏好政策、风险管控体系不到位、风险控制措施未落实等也是形成资产风险的重要原因。由于风险偏好政策不明确，银行在投向方面跟市场走，未严格实施客户筛选，未从源头杜绝不良客户。贷款前尽职调查方面，关注流程到位、注意资料齐全，却往往不细致、不深入，缺乏对贷款对象行业属性及特征的把握。贷款决策方面，流于形式要件，不关注贷款客户未来现金流量质量，注重抵（质）押率，对客户业务经营的现金回款能力重视不够。贷后管理方面，对企业所在行业运营熟悉度不够，局限于事后财务报告的分析，对企业出现短期的流动性风险及经营风险缺乏应对的策略，响应也限于停止贷款、诉讼保全、处置抵押品等措施，缺乏实施重组、重整的策略及手段，从而错过救助企业的最佳时机。随着贷款对象经营状况的逐步恶化，银行信用风险加大，资产风险分类不断下迁。

四是道德风险。商业银行信贷管理中的道德风险，既有不作为、疏于管理形成的风险，也有主观故意违反职业操守形成的风险。不作为形成的风险，主要指贷款检查流于形式，忽视对借款人经营情况及时全面的跟踪了解，未能及时发现和有效处置已经出现的风险苗头，导致贷款无法按期收回，形成不良贷款。违反职业操守形成的风险，主要指不严格执行贷款准入条件和限制性条件要求，不认真审查贷款申请资料，隐瞒事实真相，甚至帮助债务人弄虚作假。

企业因素

从企业角度看，形成资产贬值、无法偿还到期债务、股权价值贬损的原因主要有以下几方面。

一是经营恶化。企业战略措施不当，内部管理不力，导致成本上升、顾客流失、产品竞争力下降，形成营业收入下降，现金流严重短缺，最终出现流动性困难，偿债能力下降。

二是财务恶化。企业投资增长过快导致资产负债率过高，或者拥有大量表外负债，如担保，或遭受侵权索赔等形成大量或有负债，或运用债务工具不当产生衍生债务，过高的财务杠杆在经营不达预期或者市场环境发生变化时，企业将无法偿还到期债务，债权银行贷款形成不良资产。

三是再融资障碍。企业融资大多采用借新还旧的模式，在金融市场收紧时，无法取得新债务时，导致原有债务违约；即便是上市公司或大公司，如果依赖发行新股或者发行新债券融资，在流动性储备不足时仍会导致旧债务违约。中小企业缺乏资本市场融资通道，融资方式少、风险高，在信贷市场收缩或趋紧时，银行抽贷，企业就会陷入流动性困境。

四是公司治理不善。公司治理不规范，大股东通过资金占用、非公允的关联交易、虚假信息披露及操纵盈余等对企业进行侵占，导致营运资金周转困难。公司治理中股东大会、董事会及监事会制约机制失衡，如发生一股独大的股东大会，无法制约大股东行为，监事会形同虚设，过强的经理层形成内部人控制等情形时，就容易发生财务欺诈、财务舞弊、腐败及虚假财务信息等事件，从而导致公司股权价值下跌，企业外部融资条件恶化，影响债务的按期偿还。

五是外部事件冲击。当企业内部存在上述问题时，企业的经营就非常脆弱，当遇到外部不利事件冲击，如市场需求变化、信贷市场收紧、被债务人诉讼等事件发生时，企业就会从短期的流动性问题逐步陷入财务困境，进而出现整体性经营困境，最后公司治理矛盾大爆发，企业经营停滞，甚至被迫进入破产重整。

六是逆向选择。债务企业及其法人代表、主要股东和高级管理者缺乏诚信，采用违规甚至违法的方式提供虚假资料恶意骗贷，转移贷款用途，将企业资金挪作他用甚至个人侵占，影响企业的资金周转，导致企业流动性匮乏，迫使企业债务到期后无法履约，形成不良资产。

第 2 章　不良资产市场的产生和发展

历史会重演。

——修昔底德（古希腊）《历史》

不良资产市场作为金融市场一个独特的细分领域，是伴随着经济金融危机产生的，也随着经济金融危机的演变而发展。本章以不良资产市场中最重要的机构——资产公司的产生及演变为线索，归纳总结不良资产市场的特征。

不良资产市场的产生及特征

不良资产早已有之，不良资产的零星交易也随之出现。专门处置金融业不良资产机构的出现，标志着不良资产已成为一个特殊的市场领域。

不良资产处置机构的设立及运作

1989年8月，为应对储贷机构危机，美国组建了重组信托公司，集中管理和处置面临倒闭的储贷机构。这是不良资产专业化处置的先驱。1992年，波兰设立工业发展署和不良资产处理部，处理经济转型过程中银行的不良资产。1993年匈牙利也设立了类似的国有资产管理公司。瑞典为应对银行危机，1992—1993年设立了两家资产管理公司，分别收购处置约塔银行和北欧银行的不良资产。为应对亚洲金融危机的冲击，1997年，韩国以原产业开发银行的"成业公社"为基础改组设立韩国资产管理公司；1998年，马来西亚设立马来西亚资产管理公司、银行重组机构、企业债务重组委员会。1999年，日本存款保险公司设立整理回收机构。2003年，印度由三家银行发起设立印度资产重组有限公司。这些机构的使命就是管理处置金融机构的不良资产，对问题金融机构及问题实体企业进行重组，阻止金融风险的蔓延，防范金融体系的系统性风险。

在这些不良资产处置机构中，笔者按发达经济体、新兴经济体及转型经济体选择了六家机构进行比较，具体见表2.1、表2.2。

表 2.1　　　　　　　不良资产处置机构的国际比较（美国、日本、瑞典）

项目	美国	日本	瑞典
机构设立	1989 年，设立重组信托公司	1991 年，由整理回收银行与住宅金融债权管理公司合并成立整理回收机构（RCC）	1992 年，设立 Securum 对接北欧银行；1993 年，设立 Retriva，对接约塔银行
设立背景	受美国房价下降影响，以房地产融资为主要业务的美国储蓄贷款机构发生危机	资产泡沫破灭，银行不良资产率达 15%~20%，影响金融体系安全	房地产泡沫破灭，银行不良资产比率高，出现危机
相关法规	1989 年，《金融机构改革、复兴和实施法案》	《有关金融机构再生的紧急措施法》（《金融再生法》）	《巩固金融系统法案》
设立目标	一方面，尽可能降低重组成本，提高资产收益；另一方面，保障社会公平，对市场影响最小，将房屋出售给中低收入人群	管理、清收、处置 7 家住宅金融机构和其他倒闭金融机构债权，收购和处置金融机构不良资产，购买金融机构股份	化解银行危机
监管机构	开始由美国联邦存款保险公司设监管委员会，1992 年，改为储贷存款人保护委员会		瑞典银行援助局和金融监督委员会监督援助过程
资金来源	美国财政部注资 188 亿美元；财政提供损失基金 1051 亿美元；联邦家庭贷款银行注资 12 亿美元；设立重组融资公司；证券化融资等	日本存款保险公司全额出资 2120 亿日元；日本银行必要时提供流动性支持	政府投入；资产直接转移
处置方式	拍卖与密封投标；出售；资产承包；资产证券化；构建合伙企业等	通过注资、担保、咨询等方式促进企业再生；财务重组、购买债权、投资；资产证券化；打包、竞标转让等	资产评估；分类处置；改善房屋状态，提升价值等
运作情况	处置 747 家问题储贷机构，处理问题资产 4025 亿美元，约占 1989 年储贷机构资产的 23.2%，资产回收率约为 40%	截至 2010 年 3 月，累计回收现金 9.54 亿日元，接近收购成本，促进 630 家私营企业再生	通过资产处置，促进银行化解风险后实现快速发展，政府实际投入 350 亿瑞典克朗，持股北欧联合银行 19.9%，按市值加分红计算，已收回投资
存续情况	1995 年关闭	持续存在并不断深化，2003 年设立产业再生机构，2007 年解散，2008 年国际金融危机后，成立企业再生支援机构	1995 年，Retriva 并入 Securum，从收购处置不良资产转型为投资银行
经验教训	立法先行，及时处置；融资非常重要；处置方式创新	处置不良资产与企业再生结合；发挥市场与政府两方面作用	快速行动；合理分摊成本；市场化处置，与房地产公司结合

表 2.2　　　　不良资产处置机构的国际比较（韩国、马来西亚、波兰）

项目	韩国	马来西亚	波兰
机构设立	1997 年，由原韩国产业开发银行的"成业公社"改组设立韩国资产管理公司	1998 年，设立马来西亚资产管理公司、银行重组机构、企业债务重组委员会	1992 年，设立波兰工业发展署和不良资产处理部
设立背景	亚洲金融危机，韩国银行业不良资产率较高	亚洲金融危机，马来西亚银行不良贷款率达 28%	经济结构转型带来严重的经济衰退，1992 年，银行不良资产率达 28%
相关法规	《资产公司法案》	《Danahara 法》《国家土地法典增补法》	"国有企业与银行重组计划"
设立目标	接收和处置韩国银行和企业的不良资产，并作为永久性的不良资产处置机构	资产管理公司通过市场化方式清算商业银行不良资产，银行重组机构通过追加资本调整问题机构资本金，企业债务重组委员会为银行和企业提供协商解决方案的机会，确定转让不良资产的范围及价格	处置不良资产，避免银行业危机
监管机构	金融监督委员会	政府监管部门	
资金来源	资本金中，财政资金占比 42.8%；不良资产收购处置设立基金运作	政府注资，政府担保债券，证券化	财政拨款和发行债券
处置方式	协议出售，资产重组，诉讼，证券化，招标、拍卖，分包	分类处置，重点处置大额不良资产，企业重组	9 家国有银行分别设立不良资产处理部，接管处置不良资产
运作情况	2000 年，韩国资产管理公司收购 89 万亿韩元不良资产，处置 46 万亿韩元，回收现金 21 万亿韩元，回收率为 46%。不良债权整理基金方面，2001 年，规模达 166 亿美元，资产回收率为 107%	2001 年，全部处置完毕，资产回收率为 58%，高于核定的 49.8%	对少数符合条件可以重组、社会和政治影响太大的困难国有企业，将其银行债务转到了工业发展署，由该机构负责处理
存续情况	危机后，转型为在全球范围开展综合金融业务的机构	2005 年 12 月，完成使命后母公司关闭，子公司保留管理剩余资产	完成使命后关闭
经验教训	独特的垄断地位及政府强有力的支持；业务转型及开拓；不良资产整理基金采用封闭运作模式	法律赋予独立性及特别权力，如接管借款人公司；重视重组	政府统筹安排，有重点重组，银行内设"坏银行"有利于资产处置

　　从表2.1、表2.2中可以看到，有些资产管理公司完成使命后就关闭了，也有些实现了转型，韩国资产管理公司就是一个成功转型的案例。

【专栏 2.1 韩国资产管理公司成功转型】

韩国资产管理公司的前身为韩国产业开发银行的成业公社,该公社成立于1962年,1966年开办金融机构不良资产债权整理业务。1997年亚洲金融危机后,成业公社设立不良债权整理基金并扩大其业务范围,改组为以处置不良债权为主业的韩国资产管理公司。其股权结构中,政府持股比例达82.6%,韩国政策金融公社持股8.1%,17家金融机构持股9.3%。

韩国资产管理公司以不良资产整理业务为主,开拓了一系列资产管理业务,成功转型为服务于政府公共管理的名副其实的国家资产管理公司。

一是分账经营的不良债权收购业务。1997年,韩国资产管理公司设立了不良债权整理基金,总额21573百万韩元,其资金来源为:金融机构占2.7%,韩国政策金融公社占2.3%,其余95%通过发行5年期利率为5%~15%的债券获得。截至2010年3月底,不良债权整理基金已收购债权111400百万韩元,受让额39200百万韩元;已处置债权87800百万韩元,回收额为43600百万韩元。其处置方式主要有国际招标、发行ABS、债权转让、法院拍卖、直接回收、债务重组和资产重组等。比较典型的案例是重组大宇集团,通过债转股持有大宇集团的股份,直接参与集团重组,通过破产清算、资产转让等方式退出缺乏竞争力的行业并实现削减债务,集中资源发展造船等行业,取得显著成效。

二是建立电子资产处理系统。韩国资产管理公司通过网络交易处理政府等公共机构的财产,成功确立了其作为国家公共机构的地位。韩国资产管理公司从2002年开始建设电子资产处理系统,该系统后取得企划财政部和行政安全部的指定,成为韩国唯一国家公认的信息处理系统。电子资产处理系统将公共机构需要处置的资产发布在网络上,并通过专门的服务电话提供对资产的咨询,受理网上的报价,在指定交易日通过开标确定价格和受让人,并办理相关资产交割。由于其公开性好、成本低,有利于提高公共机构的效率,为一般民众参与提供了便利,提升了公民对政府的信赖度。

三是设立信用恢复基金。1997年亚洲金融危机后,合法的金融机构加强风险管理,贷款发放侧重于高信用人群,而低收入阶层和金融弱势群体只能从地下金融市场取得高息贷款,引发了诸多社会问题。从社会整体福利角度出发,韩国资产管理公司建立信用支援系统,出资5000万韩元设立了信用恢复基金。信用恢复基金通过信用担保等手段,从金融公司取得低息贷款归还金融弱势群体贷户的高息贷款,信用恢复基金与金融弱势群体订立债务重组和分期偿还计划，恢复金融弱势群体的信用。截至2010年末，已有约50万人获得信用恢复基金的咨询服务，18万金融弱势群体通过该基金获得6300亿韩元的支援，取得明显的社会效果。这一业务具有社会救助的性质。

四是租税整理业务。这项业务主要是对税务机关查封的欠税人资产进行公开的市场交易，出售查封资产，并将出售收入交付给租税债权人及其他债权人进行清算。1984年韩国资产管理公司开办此项业务，开始是国税，并于1987年拓展到地税，又于1990年增加了公共财政支出相关的查封财产，后来此项业务的代理已纳入韩国国税征收法，韩国资产管理公司成为法定的代理人。出售财产时收取出售金额2.8%的手续费，如出售资产或业务代理后，欠税人或第三者交纳税金时，收取纳税额0.5%的手续费，由于税务机构要求取消业务时，收取取消金额0.5%的手续费。2004—2010年，韩国资产管理公司通过租税整理业务已回收2.3兆亿韩元，该业务已成为韩国资产管理公司稳定的业务收入来源。

五是国有财产管理业务。韩国的国有财产主要分为行政财产和一般财产，韩国资产管理公司主要管理、处置、开发企划财政部委托指定的一般财产，截至2010年末，其管理着韩国政府22.6万处国有土地和429类有价证券，经营9个国有土地委托开发项目。它可以用先进的GIS系统监控韩国国土的使用状况，发现非法占用时甚至直接有处罚权。

不良资产市场的主要特征

归纳总结国际上设立资产公司处置不良资产、化解金融危机的经验，不良资产市场主要有以下特征。

一是不良资产市场形成的条件是经济金融危机。在东欧主要是经济转型引发的或潜在的经济金融危机，发达经济体主要是金融机构及金融市场的危机，亚洲国家则主要受1997年亚洲金融危机影响。由于爆发经济金融危机，金融体系主要是商业银行产生了大量的不良资产，这些不良资产如不能有效处置，将危及整个银行体系甚至金融体系的安全，因此必须快速、有效地将不良资产从正常的信贷市场剥离，转移到不良资产市场，设立专门的机构来收持并处置。

二是不良资产处置由政府主导。不良资产市场的主要参与者，也就是各种类型的资产处置机构，大多是政府以法规的形式或以政府主导的方式设立或建立的。处置机构的资金主要来自政府注资或政府担保下的市场融资，处置机构的业务范围由政府确定，政府承担处置资产的损失或提供最终的解决方案。

三是专业机构是不良资产接收处置的主体。虽然各国设立专门机构的名称各异，但其核心作用基本相同。一方面，通过这个机构接收问题机构的不良资产，甚至托管或接管问题金融机构，隔离金融体系特别是商业银行的风险；另一方面，运用专业化的手段处置不良资产，实现资产价值最大化，降低政府化解经济金融危机的成本。

四是运作模式和处置方式多样化。从实践看，各国运作不良资产有多种模式，主要可划分为两类：集中处置模式和自主处置模式。集中处置模式是将不良资产剥离，把"好银行"和"坏银行"分开，在银行之外设立专门的不良资产处置机构，将不良资产从原金融机构剥离交由专门机构管理处置，如美国重组信托公司、韩国资产管理公司等，在发生危机时一般采用此种方式。自主处置模式是在原问题金融企业内新设一个部门，如资产保全部，实施处置是在银行内部区分"好银行"和"坏银行"，金融机构在日常经营中产生的少量不良资产一般选择此种方式。在处置方式方面，均实施多样化的方法，大致分为四类：第一类是资产转让，将资产组包或者单户通过招标、拍卖、协议等方式出售；第二类是债务重组，包括资产重组、债务重组、企业重组、追加投资等，使企业重新恢复活力，从而盘活资源；第三类是债务追偿，通过催收、仲裁、诉讼、破产等手段向债务人及担保人进行追索，处置抵押或质押资产；第四类是创新类金融工具，如不良资产证券化、不良资产基金、收益权转让、合作经营等。

五是不良资产市场需要独特的监管框架。各国一般都将不良资产市场纳入现有的金融监管框架，把它作为一种特殊的金融业务或者金融市场进行监管；同时考虑到不良资产市场具有一定的政策性，不少国家对其给予专门的监管，特别是规定资产剥离的范围、不良资产定价的方式，对不良资产处置给予特别的授权。

六是不良资产市场的功能作用明显。专门设立的不良资产处置机构运作效果较好，在危机时期大量接收不良资产，防止了金融风险的扩散，阻止了资产价格的下降，通过专业有效的运作，不良资产处置的现金回收率超过预期，大大降低了处置风险的成本，为促进经济结构调整发挥了重要作用。

次贷危机以来欧美国家不良资产市场的新变化

次贷危机后欧美国家不良资产处置状况

2007年美国发生次贷危机，出现了大量的不良资产和问题机构，之后欧洲也陷入债务危机，美国、欧洲快速行动，采取了一系列措施处置不良资产，救助出现困境的商业银行及实体企业，有效恢复了市场的稳定。这些国家不良资产处置市场状况见表2.3、表2.4。

表 2.3　次贷危机后不良资产市场状况的国际比较（美国、英国、德国）

项目	美国	英国	德国
处置模式	2008 年，推出不良资产救助计划，拟用 7000 亿美元购买和担保问题资产；救助问题金融企业和重要的实体企业；投资、减税、降息	提出救助方案，向银行提供注资、融资和担保；设立坏账银行并将银行国有化；对外转让不良资产	设立金融稳定基金，出台"坏银行"计划，通过注资，成立专门机构处置不良资产
处置背景	由房地产泡沫及次级贷款引发的金融市场危机，2007—2010 年，美国银行破产数量从 3 个增加到 157 个，不良贷款率从 3% 增加到 5.46%，企业债券违约率从 1% 增加至 10.74%	欧洲债务危机，银行业不良资产高企	欧洲债务危机
相关法规	《紧急经济稳定法案》	《2009 银行法》，建立银行救助机制；银行业救助方案	
运作情况	问题资产救助计划总支出 4229 亿美元。接受救助的行业中，银行业占比 59%，汽车行业占比 19%，其余为保险、信用市场和住房市场	向银行注资 500 亿英镑，提供 2000 亿英镑短期贷款，为 2500 亿英镑债券提供担保；设立坏账银行，银行国有化；出售不良资产，仅 2015 年就达 600 亿英镑	金融稳定基金规模达 5000 亿欧元；坏银行计划 2000 亿欧元，收购坏银行不良资产；向大银行进行注资

表 2.4　次贷危机后不良资产市场状况的国际比较（爱尔兰、西班牙、意大利）

项目	爱尔兰	西班牙	意大利
处置模式	2009 年，政府发起设立爱尔兰国家资产管理局，私人部门参股	2012 年，设立西班牙资产管理公司，私人部门持股 51%，政府部门持股 49%	行动迟缓，直到 2017 年才着手出售银行不良资产，政府主导制定救助方案
处置背景	欧洲债务危机，房地产泡沫破灭	欧洲债务危机，房地产泡沫破灭，金融机构在房地产业的坏账资产达 1800 亿欧元	政局动荡，主权债务危机，经济增速缓慢，2015 年，不良资产率达 19.81%，银行深陷危机
相关法规	银行业重组法令	西班牙和欧盟达成 1000 亿欧元银行业救助协议的条件之一	欧盟《银行复苏和清算指令》要求，政府救助前，股东和债权人先内部纾困，承担银行总债务的 8%
运作情况	截至 2014 年，收购不良贷款 318 亿欧元，其中 58% 通过转让处置	截至 2014 年，收购 1066 亿欧元不良贷款，受让止赎物业和无法追讨的住宅建筑商贷款，平均账面价值折扣率为 46%，没收抵押资产的平均折扣率为 63%，主要通过转让方式处置	会计准则不利于银行处置核销不良资产，税收政策没有优惠，法制建设不利于资产处置和重组，不良资产市场容量不足、机制不健全，内部纾困无法实施，直到 2017 年，意大利裕信银行才启动出售 177 亿欧元不良贷款交易

欧美国家不良资产市场的新变化

归纳总结这些国家不良资产处置的新情况，与危机之前比较，不良资产市场呈现出一些新变化。

一是从资产处置转向机构救助。美国次贷危机发生后，监管当局认为收购不良资产对恢复金融稳定的作用有限且耗资巨大，转而开始救助危机机构，重点是银行和核心企业。在问题银行救助方面，重点是资产 1000 亿美元以上的银行；在核心企业救助方面，主要是通用汽车、克莱斯勒、联合金融、美国国际集团、房利美和房地美等对市场有巨大影响的公司。德国对德国商业银行和海波房地产控股银行注资 520 亿欧元；英国向银行业注资 500 亿英镑，提供 2500 亿英镑短期融资，并对 2500 亿英镑债券提供担保。相对于购买不良资产而言，救助问题机构特别是系统重要性金融机构及重点行业的核心企业，相当于抓住了"牛鼻子"，效果非常明显，不仅快速稳定了市场，而且需要的资金量也相对有限。

二是集中处置与分散处置并重。在正常情况下，对金融和非金融机构来说，不良资产是以一定概率出现的，但在经济金融危机时期，不良资产会大规模暴露。因此，在处置策略上就需要针对这两种情况进行不同的安排，对集中暴露处于危机状态的银行需要集中处置，对存续银行出现的不良资产则进行日常的分散处置。这方面德国和英国最为典型。2010年欧债危机后，德国设立5000亿欧元的金融稳定基金，并在此基础上出台了2000亿欧元的"坏银行"计划，接收银行的不良资产并进行专门的集中处置；而英国仅在2015年就处置银行不良资产430亿英镑。对能正常经营的银行，则通过各种方式进行分散处置，一方面，通过在内部构建专门的清收中心来处置，如银行专门设立特殊资产管理事业部处置不良资产；另一方面，发挥不良资产市场的作用，将不良资产出售给各类投资者，如2020年2月，德意志银行将510亿美元的不良资产转让给高盛。

三是传统转让与处置创新并存。次贷危机及欧洲债务危机发生后，各国既坚持传统的不良资产收购处置方式，又不断创新。英国、德国、爱尔兰、西班牙均采用了传统方式，设立专门的资产管理公司，但引入了私人机构投资者。如爱尔兰设立的金融资产管理局，政府持股49%，其他股份由三家大银行各占17%；西班牙则由私人部门控股，占55%，政府部门占45%。英国则创新性地引入保险机制，出台"资产保护计划"，政府收取一定的保险费用，并提供相应担保，当参与银行发生资产损失超过"首笔损失"金额时，财政部将提供保护，将损失控制在一定范围。意大利政府设立不良资产救助基金，提供政府担保计划，帮助问题银行补充资本，处置不良资产。

四是政府主导与市场机制紧密结合。面对全球性金融危机的冲击，各国政策都及时介入，发布各种救助计划，如美国推出不良资产救助计划，出台《紧急经济稳定法案》；德国设立金融稳定基金。由于政策出台及时快速，并由政府主导危机救助，在稳定市场方面起到了重要作用。此外，充分利用市场机制提高救助效率，如通过政府担保提高市场融资的额度，通过注入资本获得优先股，主导问题机构的重组，并在重组后通过资本市场退出。

五是财政政策与货币政策配套运作。危机救助中向问题机构注资和收购不良资产，一方面，投入的资金有很大一部分将变成实际的支付，具有财政性，同时问题机构的解困需要减轻其税收负担；另一方面，所需资金量大，需要中央银行提供金融工具从市场融资，可能还需要财政提供保障。这就需要财政政策与货币政策的配套运作。2007年次贷危机后，美国政府实施的不良资产救助计划中，授予财政部7000亿美元的资金额度，用于购买和担保问题资产或重要资产。财政政策方面，美国实施了7870亿美元的投资和减税计划，其中减税额占35%。货币政策方面，美联储为刺激投资，连续降息，并通过购买3000亿美元国债及资产支持证券增加市场流动性。正是财政政策与货币政策的配套协同运作，美国金融市场较快恢复稳定，经济也呈现复苏。

六是出现从救助成本支付变为重组盈利的案例。由于市场化的运作，很多被市场严重低估的问题公司股权，在市场恢复正常后，价值上涨，持有者实现的收益甚至超过了救助支出，实现盈利。在20世纪90年代瑞典银行危机救助过程中，瑞典通过注资获得商业银行股权，最终退出时实现盈余。美国在实施不良资产救助计划中，在救助中取得问题商业银行及汽车公司的股权，在价值恢复后退出。截至2014年3月，美国问题资产救助计划实际支出4229亿美元，回收4360亿美元，略有盈余。爱尔兰的国家资产管理局由于房价回升，处置速度比预期快了2年，最终也实现盈利。当然，这些获利的救助属于个案，大多数救助计划最终还是需要付出成本。

【专栏 2.2　美国的问题资产救助计划】

问题资产救助计划是美国政府在次贷危机中为拯救当时陷入困境的系统重要性机构所采取的一项重要计划。

2008年10月，为救助处于危机中的金融机构，恢复金融市场稳定，美国国会通过《紧急经济稳定法案》，出台"问题资产救助计划"。其主要内容是，授予美国财政部7000亿美元资金额度，用于购买和担保金融机构问题资产，资产的范围包括问题资产以及财政部认为对于稳定经济必不可少的其他资产，适用对象则是在美国经济金融运行中作用重要的机构，且这些机构须证明其未来的增长将使纳税人受益。2010年通过的《多德—弗兰克法案》将资金总规模降至4750亿美元，具体实施包括一系列资产购买和救助。

一是资本购买项目，主要是对美国48个州的707家金融机构进行资本金援助，金额共计2050亿美元。财政部通过注资，可获得银行的优先股或可以购买普通股的认股权证，该项目没有规定金融机构赎回资金的成本，但金融机构必须要偿还资金并按年率5%支付股息。

二是监管资本评估项目，即对金融机构进行"压力测试"，以恢复其在金融市场的融资能力。从2009年5月至2010年10月，经过"压力测试"的银行从市场上共获得1500亿美元的资金。

三是目标投资项目，主要是对市场有重大影响的金融机构提供额外或新的资金，如美国银行和花旗银行分别获得200亿美元的投资资助，但需按年利率8%给予财政部分配红利。

四是资产担保项目，由美国财政部、美联储和美国联邦存款保险公司设立，主要目的是为具有系统性重大影响的金融机构所持有的资产进行担保，防止潜在风险向金融体系传递，增加投资人对金融机构和金融市场的信心。

五是社区发展资本倡议，该项目通过设立专项基金，为社区中低收入者、少数民族提供融资服务。有84家金融机构共获得5.7亿美元的资金援助。

六是定期资产支持证券贷款工具，主要是为了恢复在金融危机发生后已经停顿的资产支持证券市场。

七是公私投资项目，主要是收购"有毒"资产，如收购住房抵押贷款支持证券或商业房地产抵押贷款支持证券。

八是小企业债券购买项目，主要由财政部出资在二级市场购买小企业债券，使用15亿美元后终止。

九是汽车产业融资项目，即从不良资产救助计划中抽出资金救助重点汽车公司。开始是临时贷款，后政府以股东身份参与其重建，其中通用获得500亿美元的支持，克莱斯勒获得140亿美元的支持，相关的汽车金融公司获得170亿美元的支持。

十是国际集团投资项目，主要是防止国际集团倒闭将导致灾难性的后果。2008年9月，纽约储备银行依据"稳定法案"向国际集团提供850亿美元的信贷，换取国际集团优先股股票。同年11月，美联储和财政部联合宣布采取"一揽子行动"，拯救陷入恶化的国际集团的资产负债表，先后向国际集团注入各种类型资金近1800亿美元。

十一是住房救援计划。2009年2月，美国政府宣布了"住房拥有者可承受性和稳定计划"，该计划的核心原则是让购房者避免拖欠房贷，能保留自己的房屋。

问题资产救助计划实施的总体结果好于预期，2012年10月数据显示，问题资产救助计划总支出4310亿美元。接受救助的行业中，银行业占比为59%，汽车行业占比为19%，其余为保险、信用市场和住房市场。被救助机构盈利能力改善后，偿还了大部分问题资产救助计划资金，并为财政部带来了一定回报，对稳定美国经济、防止进一步衰退发挥了重要作用。

中国不良资产市场的产生和发展

1999年为应对亚洲金融危机的冲击，借鉴其他国家的经验，中国成立了信达、华融、长城、东方资产管理公司，标志着中国不良资产处置行业的诞生，也意味着中国不良资产市场的产生。中国不良资产市场的演变经历了三个阶段。

不良资产市场产生：政策性不良资产处置

2000年11月，国务院颁布《金融资产管理公司条例》，该条例并未使用不良资产的概念，将资产公司的经营范围界定为"管理处置因收购国有银行不良贷款形成的资产"。按当时的剥离政策，仅限于国有银行的呆滞贷款和呆账贷款。虽然逾期贷款在商业银行也属不良资产，但不属于当时剥离的范围。因此，当时的不良资产市场仅限于国有银行在规定额度和范围内剥离的"两呆"贷款。第一次剥离情况见表2.5。剥离的资金来源中，发行专项债券8200亿元，其中，华融公司3130亿元，信达公司3470亿元，东方1600亿元；其余为人民银行再贷款。

表 2.5　　　　　　　　第一次剥离不良贷款情况表

单位：亿元

剥离银行	华融	信达	长城	东方	合计
工商银行	4077				4077
建设银行		2730			2730
农业银行			3458		3458
中国银行				2674	2674
国家开发银行		1000			1000
特批		214		138	352
合计	4077	3944	3458	2812	14291

数据来源：中央财经大学中国银行业研究中心报告。

2002年，银行实施贷款质量五级分类管理，银行不良资产的范围就变成了次级类贷款、可疑类贷款和损失类贷款。2004—2005年，国有银行上市前实施了二次剥离，剥离的范围包括可疑类贷款和损失类贷款。

2004年，建设银行和中国银行进行了财务重组和股份制改造，其中的可疑类资产2787亿元整包由四家资产公司通过竞标方式收购，信达公司中标。其后，信达公司向东方公司转让建设银行可疑类贷款1289亿元。此次剥离已不同于政策性剥离，以竞标价格30%转移资产，但资金仍由中央银行再贷款提供。这次剥离建设银行和中国银行的损失类贷款仍对口剥离给信达公司和东方公司。2004年6月，交通银行改制时，将414亿元可疑类贷款以账面价值50%的价格出售给信达公司，218亿元损失类贷款委托信达公司处置。

2005年，工商银行实施改制，采用招标办法剥离不良资产，可疑类资产4590亿元，按区域分为35个包，由四家资产公司逐包竞标收购；其中，长城公司中标2570亿元，华融公司中标226亿元，东方公司中标1213亿元，信达公司中标581亿元。工商银行的损失类贷款仍对口剥离给华融公司。

2009年，农业银行上市时不良资产8157亿元，由财政部与农业银行共同设立并管理的基金经营，委托农业银行组建专门机构处置。

至此，国有商业银行完成第二次资产剥离，基本情况见表2.6。

表 2.6 第二次剥离不良资产情况表

单位：亿元

剥离银行	资产类别	华融	信达	长城	东方	共管基金	合计
中国银行	可疑类		1498				2922
	损失类				1424		
建设银行	可疑类				1289		1858
	损失类		569				
工商银行	可疑类	226	581	2570	1213		7050
	损失类	2460					
农业银行	可疑类					2173	8157
	损失类					5495	
	非信贷资产					489	
小计		2686	3280	2570	3926	8157	20619

资料来源：中国银监会网站、相关银行年报。

第二次剥离的不良资产处置虽然采用了招标等商业化的方式，但交易价格的确定仍受政策性因素影响。在处置方面，资产公司运用了如拍卖、交易所交易、招标、竞价等市场化手段，培育了一大批不良资产的投资者，催生了法律、评估、交易等中介服务市场。这为不良资产收购处置从政策性向商业化过渡奠定了基础。

不良资产市场发育：资产公司商业化收购处置

2004年，《财政部关于印发金融资产管理公司有关业务风险管理办法的通知》（财金〔2004〕40号）下发，明确了资产公司未来业务发展的方向，即商业化收购、不良资产追加投资和委托代理业务。资产公司从此摆脱了政策性束缚，开始向商业化经营机构转型，不良资产市场也迎来新的发展契机。

2005年11月，《不良金融资产处置尽职指引》（银监发〔2005〕72号）发布，不良资产的范围已从银行不良贷款扩大到银行业金融机构和资产公司的不良信贷资产和非信贷资产，资产形态也增加了不良债权、不良股权和实物类资产等。

2012年1月，财政部、银监会发布《金融企业不良资产批量转让管理办法》（财金〔2012〕6号），将不良资产的范围从银行业金融机构扩大至所有银监会监管的金融机构，即包括中国境内依法设立的国有及国有控股商业银行、政策性银行、信托投资公司、财务公司、城市信用社、农村信用社，以及银监会依法监管的其他国有及国有控股金融企业。该办法同时规定了金融机构与资产公司在金融不良资产交易中批量转让的要求，即10户/项以上不良资产即可组包。这一规定增加了金融不良资产供给的范围，不良资产市场交易金额不断扩大。

这一规定事实上将不良资产市场划分为一级市场和二级市场，从金融机构向四大资产公司和地方资产公司的转让是一级市场，从资产公司向其他投资者的转让属于二级市场。

不良资产市场全面发展：市场要素和机制不断完善

自2012年开始，伴随着经济的下行，金融机构的不良资产率开始出现增长趋势，不良资产市场也获得较快的发展。主要体现在三个方面：

一是不良资产内涵和外延的拓展。2010年6月，信达公司完成股份制改造，按照批复的改制方案，允许其扩大收购不良资产的范围，试点收购非金融机构的不良资产。2015年6月，财政部与银监会联合印发《金融资产管理公司开展非金融机构不良资产业务管理办法》（财金〔2015〕56号），标志着资产公司可以收购处置非金融机构的不良资产，不良资产的基础资产市场从信贷市场拓展到企业资产市场（如应收账款市场），资产公司探索开发了附重组条件的不良资产收购等业务产品，不良资产的市场范围得到有效拓展。

二是不良资产处置机构的扩展。一方面，资产公司通过改制成为真正意义上的市场主体，摆脱了政策性的限制；另一方面，不良资产收购处置市场逐步放开。2013年，允许各省设立一家地方资产公司，2016年允许再设一家，地方资产公司快速扩展，至2019年末已设立57家。此外，2016年10月，中国银监会将不良资产组包的要求调整为3户/项，进一步扩大了不良资产的交易。

2016年，为推进市场化、法治化债转股业务，允许商业银行发起设立金融资产投资公司。截至2018年末，已设立5家金融资产投资公司，注册资本合计540亿元。

同时，各类资金纷纷进入不良资产市场。截至2018年6月末，仅在中国证券投资基金业协会完成备案的不良资产投资基金有130只，涉及私募管理人48家。

外资也以各种形式进入不良资产市场，如橡树资本、龙星基金、高盛等与资产公司合作参与不良资产处置。2020年1月，中美贸易协议中也将金融资产管理（不良债务）服务作为其中的条款，"中国应允许美国金融服务供应商申请资产管理公司许可证，该许可证将允许它们从省级许可证开始直接从中资银行获取不良贷款"。2020年2月14日，橡树资本北京投资管理公司注册设立。

三是不良资产市场创新。在处置工具方面，推出不良资产支持证券和债转股。2003年，试点不良资产证券化；2013年，重启不良资产证券化试点，目前市场规模不断增长。信贷资产证券化市场，2019年不良资产重组证券化产品发行规模为144亿元，年末累计规模为722亿元，存量规模为190亿元。企业资产证券化市场，2019年应收账款支持证券发行1127亿元，年末累计规模为4275亿元，存量规模为2758亿元。

第一轮政策性剥离时为约580户企业实施债转股，金额为4050亿元。2016年10月，启动市场化债转股，截至2019年6月末，市场化债转股签约金额达2.4万亿元；截至2019年末，市场化债转股投资金额为1.4万亿元。在处置模式方面，积极探索基金、收益权转让、合作处置等处置模式。在不良资产交易方面，除传统拍卖、竞价、招标等方式外，资产交易所、互联网交易等高效手段的份额逐步提升。

【专栏2.3　资产公司政策性资产处置的成绩单】

资产公司政策性处置的效果是一个饱受争议的问题，一些人认为资产公司付出巨大努力，成效显著；另一些人则认为资产公司贱卖了国有资产，效果不尽如人意。

那么资产公司资产处置的成效究竟如何？

根据中国银监会公布的数据，我国四大资产公司截至2006年末政策性资产处置回收情况见表2.7。

表 2.7　　　　　　政策性资产处置回收情况表

项目	华融	信达	长城	东方	合计
接收资产/亿元	4077	3944	3458	2812	14291
处置资产/亿元	3017	2559	3191	2025	10793
回收现金/亿元	576	630	334	327	1867
核定现金回收率目标/%	17.84	18.52	7.93	12.27	14.08
实际现金回收率/%	19.1	24.6	10.5	16.15	17.3
现金费用率/%	6.51	5.41	13.46	8.86	

资料来源：张士学. 转型时期的特殊金融安排——中国金融资产管理公司运行实践的新制度经济学分析［M］. 北京：经济科学出版社，2007：14~15. 经过分析调整，数据截至2006年末。

　　如果从考核目标看，四家公司都较好地完成了财政部核定的现金回收率目标。但由于不良资产的估值是一个极其复杂的难题，很难用事前确定的回收目标来准确评价处置效率。回收率高低的判断问题就转化为目标制定的合适性问题，完成目标并不意味着处置效率高，也可能是因为目标定得太低。

　　要评价处置效率，可能需要寻找新的坐标。国际比较研究也是一个视角，如美国信托重组公司最终回收率大约为55%，似乎比我国资产公司高，但两者处置资产的状况是截然不同的，可比性不大。美国重组信托公司是整体收购全部贷款，账面价值4650亿美元，其中，正常贷款3150亿美元，不良资产1500亿美元，主要是住房抵押贷款，手续完备，设定房产抵押的贷款占比高达92%，有比较发达完善的金融市场。而我国政策性剥离的资产包括呆账贷款、呆滞贷款，抵押率很低，很多贷款还纳入国家的政策性破产计划，几乎是零受偿率；贷款中80%缺乏有效的抵押担保，而且手续不完善，处置中的司法环境支持度明显不足。由于基础资产质量的不同，资产回收率显然不可比。

第3章 不良资产市场的结构与功能

经验显示，市场自己会说话，市场永远是对的，凡是轻视市场能力的人，终究会吃亏的。

——威廉·欧奈尔

与其他金融市场一样，不良资产市场也有其供应者与需求者。所不同的是，不良资产市场是一个派生市场，其发展依赖于产生不良资产的基础资产市场。本章从不良资产市场的基础资产市场的结构与状况出发，为分析不良资产市场规模和趋势提供一个框架；分析不良资产市场的参与主体，对不良资产市场进行分类，运用金融功能观的理论研究不良资产市场独特的金融功能。

不良资产市场的基础资产市场

不良资产由正常资产演变而来，分析不良资产市场的状况及趋势必须以不良资产市场赖以存在的各类资产市场为基础。

信贷市场

中国的金融体系以直接融资为主，信贷市场是最大的资产市场。从供给主体区分，信贷市场包括银行贷款市场、融资租赁市场、消费信贷市场、非正式信贷市场等。

（1）银行贷款市场。截至2019年末，商业银行正常贷款余额127.2万亿元，其中正常类贷款123.4万亿元，关注类贷款3.8万亿元。[①]

（2）融资租赁市场。《2019年中国融资租赁业发展报告》显示，截至2019年末，融资租赁公司12130家，融资租赁合同余额为6.6万亿元。

（3）消费信贷市场。《2019年中国消费金融年度报告》显示，2019年9月末，消费贷款规模为13.34万亿元。

（4）非正式信贷市场。主要指以小额贷款公司、典当行、担保公司、P2P网贷等主体形成的非正式信贷市场，其交易产品的本质是承担信用风险

---

① 中国银保监会官网。

的债权类资产。《2019年中国网络借贷行业年报》显示，2019年网贷行业成交量为0.96万亿元，截至2019年12月末，网贷行业贷款余额为0.49万亿元。截至2019年6月末，全国共有小额贷款公司7797家，贷款余额为0.92万亿元。

应收账款市场

截至2019年9月末，规模以上工业企业应收票据及应收账款余额为17.46万亿元[①]，呈缓慢增长趋势。应收账款反映企业间的信用关系，是影响企业资金周转的重要因素。2007年《物权法》颁布的同时，《应收账款质押登记办法》正式实施，为基于应收账款的融资提供了法律保障。目前，应收账款融资主要有应收账款质押融资、应收账款保理融资和应收账款资产证券化等。资产公司可以通过收购处置应收账款或基于应收账款实施实质性重组，这是非金融不良资产的重要来源。

资产管理市场

作为受托管理资产的机构，资产处置机构受托代理投资者持有资产，这是非金融不良资产的重要来源。截至2019年6月末，银行理财产品规模约为26.92亿元（含保本理财产品），信托公司受托资产规模为22.53万亿元，证券公司资产管理规模为12.03万亿元，公募基金资产为13.41万亿元。

债券市场

Wind统计显示，截至2019年末，债券余额为96.96万亿元，其中违约债务为1101亿元。违约债券的情况见图3.1。

---

① 国家统计局官网。

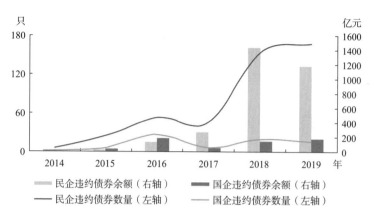

图 3.1　违约债券的数量及规模

（资料来源：中国金融新闻网）

股权市场

从资本市场看，截至2019年末，A股上市公司3777家，市场价值为59.29万亿元；港股上市公司2449家，市场价值为38.17万亿港元。从债转股市场看，截至2019年6月末，债转股签约意向规模为2.4万亿元；截至2019年12月末，实现投资1.4万亿元。从全国中小企业股权转让系统看，截至2020年6月30日，挂牌公司总计9047家，总股本5446.31亿股。从私募股权市场看，2020年2月末，中国私募股权基金认缴规模为14.25万亿元，股权市场上的不良股权资产是待开拓的蓝海。[①]

房地产市场

2019年全国房地产开发投资13.2万亿元，随着房地产调控政策的深入实施，中小房地产企业的住宅、商场、写字楼等各种类型的物业，都可能因流动性困难、价值贬损形成巨大的不良物权市场。房价过快上涨容易刺破泡沫，而房价过快下跌则可能危害个人、房地产企业及房贷比例较高的银行。上市房地产企业的年报显示，目前我国房地产企业的整体毛利率为20%~30%，平均资产负债率在80%左右，面临较大的偿债压力，极易形成问

---

① 数据来自万得资讯、中国人民银行官网、全国中小企业股权转让系统官网、中国基金业协会官网。

题房地产企业，因此房地产企业的并购也是不良资产投资的重要领域。

机器设备市场

除债权中的抵押品和质押品（主要是房屋建筑物和土地使用权）抵债外，金融资产处置机构很少介入实物资产的收购处置。截至2019年末，规模以上工业企业资产总计119.14万亿元，其中机器设备等物权资产金额巨大，伴随传统企业的结构转型升级会形成巨大的不良机器设备市场，这是一个待开发的新市场。

对外投资市场

随着我国经济的全球化和人民币的国际化，中国企业对外投资快速增长。商务部、国家统计局、国家外汇局发布的《2018年中国对外投资统计公报》披露，截至2018年末，中国2.7万家境内投资者在国（境）外共设立对外直接投资企业4.3万家，分布于全球188个国家和地区，我国境外企业资产已达6.6万亿美元，对外直接投资存量达1.98万亿美元。这些资产中的不良资产，也需要专业的不良资产处置服务。

不良资产市场的参与者

不良资产市场的主要参与者包括供应者、需求者、服务商、中介服务机构等，呈现多层次、多元化的竞争格局。具体见图3.2。

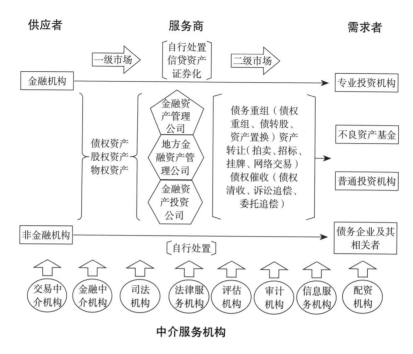

图 3.2　不良资产市场参与者

不良资产的供应者

供应者的一般含义是经济学中的"厂商"，不良资产市场的供应者仅限定为不良资产的"生产者"，即不良资产基础资产市场上各类资产的持有者，包括各类金融机构及非金融机构。资产公司作为不良资产服务商，其自身投融资业务产生的不良资产在对外转让时才作为不良资产供应者，因此分析中不将其归入供应者。

商业银行

分析商业银行不良资产的供应量需要考虑两个方面的因素：一是商业银行处置不良资产可供选择的方式，对外转让只是其中一种方式；二是商业银行在综合权衡不良资产消化能力和处置能力后，确定对外转让的数量。

商业银行处置不良资产的主要方式：一是核销，适用于损失类贷款，在符合严格的条件后，用提取的贷款损失准备核销。二是重组，即通过修改债务条款盘活资产，由于不能通过重组调整贷款分类，减让债务的条件设定比较严格，适用的情形较少。三是清收，通过催收、诉讼、处置抵押品等方式回收现金，或以物抵债获得实物资产。四是对外转让，可以单户转让，也可组成资产包批量转让。五是创新方式，包括证券化、债转股、收益权转让、合作处置等。目前清收、核销和批量转让是最主要的处置方式。在这些处置方式中，能够大量、高效处置不良资产的方式主要有批量转让和不良资产证券化，这两种方式的优缺点见表3.1。

表 3.1　　　　　　　　　　　批量转让和不良资产证券化比较

	不良资产证券化	批量转让
适用范围	大多数不良资产，但需要分散，需要现金流的期限搭配	除个人贷款外均可，已核销的损失类贷款也可
商业银行在交易中的地位	主动	相对被动
交易数量	受市场资金吸纳能力影响	受资产公司收购能力影响，制约收购能力的因素有资产公司的资本金数量、不良资产风险权重系数、资金筹集方式及成本等
交易中的角色	多重角色，发起人、资产服务商、次级权益持有人	单一角色，卖方
收益	出售优先和次级权益款、资产服务费、超额回收奖励、可能的次级权益收益	转让款
透明度	高，信息披露较详细，发行前的披露及发行后的定期和不定期披露	一般，主要是对四大资产公司及地方资产公司
标准化程度	标准化要求，众多参与者提供专业服务	非标准化，各家银行要求有差异
交易成本	高，尽职调查、评估、评级、销售、资金管理、信托、披露等费用项目较多	低，只有前期尽职调查费用及少量公告费用
投资者要求	一般为机构投资者，次级需要专业投资者如资产公司	只能是四大资产公司和地方资产公司

商业银行在不良资产总量及不良资产监管比率约束下，在自身消化和处置不良资产后，才对外转让。以2019年的数据为例分析：一是商业银行不良资产总量。截至2019年末，商业银行不良贷款余额为2.41万亿元，不良贷款率为1.86%，呈现总量持续增长但增速放缓的趋势。判断不良资产总量变化趋势，重点分析宏观经济状况及关注类贷款向下迁移等因素。二是商业

银行的消化能力。影响商业银行不良资产消化能力的因素主要有盈利能力和核销能力。商业银行盈利能力强，就可以多核销不良资产，2019年商业银行累计实现净利润2万亿元，平均资本利润率为10.96%，具有较强的盈利能力；核销能力也受贷款损失准备数额及监管要求限制，截至2019年末，商业银行贷款损失准备为4.5万亿元，拨备覆盖率为186.08%，远高于监管要求的120%~150%，应该说具有较强的核销能力。2017年、2018年商业银行分别核销不良贷款7290亿元、9880亿元。三是处置能力。商业银行可以采用债转股、证券化等多种方式，通过内设资产保全部门对不良贷款进行清收和处理。处置能力受经营策略、组织设置及人员布局影响。2018年，商业银行处置不良资产近1万亿元，证券化0.9万亿元（包括正常资产）。2019年商业银行处置不良资产2.3万亿元，其中向市场批量转让的不良资产为0.42万亿元[①]。

在商业银行的不良资产中，除不良贷款外，还要关注债券投资、同业资产、承兑汇票、担保、信用证、贷款承诺、理财等表外资产中的不良资产。

非银行金融机构

非银行金融机构主要有融资租赁公司、信托公司、证券公司、保险公司、财务公司、基金公司、消费金融公司等。这些金融机构自有资金形成的各类股权或债权资产属于金融不良资产，其受托管理的股权及债权类资产则是非金融不良资产的重要来源。

融资租赁公司。2019年末，融资租赁公司不良资产率约为1%，按此估计不良资产总量约0.6万亿元。目前，融资租赁不良资产对外转让还是一个有待开发的市场领域。[②]

信托公司。正常情况下，信托资产的权利属于委托人，产生不良资产及相关损失在信托公司没有过失的情况下，由信托资产的委托人或权利人承担，只有信托公司自有资金投资项目产生不良资产才需要处置，这部分项目不良资产率比较低，通过转让方式向市场提供的不良资产很少。2019年末，68家信托公司受托资产为21.6万亿元，风险项目1547个，规模为5770亿元，

---

① 根据中国银保监会官网数据分析整理。
② 数据来自《2019中国融资租赁业发展报告》。

信托资产风险率为2.67%。[①]

证券公司。证券公司的资产管理业务及融资业务也存在风险，如在股票质押融资、融资融券业务中，当股票下跌发生爆仓、质押股权的价值低于融资本息时，就会产生不良资产，这是需要关注的一个新领域。

消费金融公司。消费金融公司不良资产的供应规模，一方面受其资产规模及不良率的影响，另一方面受非金融机构处置能力、习惯及资产服务商业务拓展能力的影响。由于非金融机构的不良资产比较零散，其资产类型有债权和股权及其组合等形式，其权属不如银行不良贷款那样简单清晰，因此交易相对复杂，这些机构很少采用对外转让处置不良资产的方式。消费金融公司是一个零散但快速增长的不良资产供应者，对资产公司而言，这也是需要开拓的细分市场。

【专栏3.1　融资租赁公司不良资产处置】

融资租赁是将融资和融物相结合的融资方式，本质上是承担信用风险的信贷业务。当融资租赁客户经营出现困难，发生流动性问题，无法按约定偿还出租人租金时，租赁合同项下的资产就形成不良资产。

租赁合同项下的资产包括融资租赁资产和应收租金，融资租赁资产指出租人为融资租赁购入设备的成本，应收租金指按照融资租赁合同承租人需要按期支付的租金。在法律关系上，出租人在租赁合同中享有对租赁资产的所有权和对应收租金的债权。这是融资租赁不良资产不同于银行贷款的特点，在处置时就有两种选择：追索债权和处置物权。

追索债权即通过催收、诉讼等方式主张实现租金体现的债权，包括未付租金、逾期利息、违约金、实现债权的费用等，一般对市场需求小的非通用资产或难以单独交付的资产，如专用设备、专用材料等，优先选择追债。

处置物权即要求解除租赁合同，处置租赁资产实现回收，若未能完全实现回收，可以就未实现的差额主张损害赔偿请求权，一般对价值较高、市场需要旺盛的通用性资产，如土地、房产、车辆等，优先选择追物。当然，在处置方式选择上，常规的催收、诉讼、对外转让等方式均可采用，还可选择处置租赁物、厂家或经销商回购设备、保险赔偿等与物权处置结合的方式。

[①]　数据来自中国信托业协会官网。

非金融机构

非金融机构可以划分为两类：一类是没有金融监管机构颁发的牌照，但从事借贷业务的机构，如担保公司、典当行、网络借贷等；另一类是普通的工商企业及个人。

第一类非金融机构不良资产的特点是金额小、户数多、风险大、个人客户比重高。随着网络借贷风险的暴露，资产公司开始介入这一领域，主要是直接与机构合作，收储资产、受托进行清理清算。例如，东方公司2018年9月与信融财富公司签约，协议金额2000万元，进入网络借贷的风险处置领域。

第二类工商企业的不良资产主要是企业生产经营中提供货物、服务等往来形成的应收账款，闲置的固定资产等。其不良资产种类多，产业背景多样，资产权属关系不明晰，因此收购处置难度较大。目前，资产公司主要开发了基于企业应收账款的业务，如附重组条件的不良资产收购业务，其他类型的资产如实物资产的收购处置、破产企业的托管清算等业务开展较少。截至2018年10月末，中国市场企业个数达3435万户，需要追偿清收的商业性不良资产市场巨大，由于合同约定不规范，追偿难度较大，需要专业的投资公司开拓此类业务。

不良资产的需求者

不良资产的需求者或者买受人可以分为两类：一类是最终需求者，就是最终为不良资产付出现金或相应资产价值的机构或个人，其特征是为处置而购买，是被动的受让者；另一类是交易需求者，是通过参与不良资产的买卖获取相关利益的机构或个人，其特征是为卖而买，是主动的参与者。根据交易的频率可将这类需求者分为两类：不良资产服务商，指以不良资产为主要业务的机构，经常参与市场交易，不良资产交易频率较高，或既买又卖，如资产公司、专业投资公司等。这些公司是不良资产市场的"金融中介"机构，作为市场最重要的参与者将在后面单独分析；不良资产零星交易者，指不以经营为目的，而是为了自用或自处需求，偶尔参与购买不良资产交易，如参与资产竞拍的企业或个人。为方便起见，本节分析以债权资产为例。

不良资产买受人

不良债权的最终需求者是债务人，债务企业或个人是债权类不良资产交易成本及相关费用最终的承担者。这里的债务人指直接的承债主体，包括借款主体、抵押人、担保人等。不良资产形成时，也正是债务人流动性最差的时期，由于经营不善、资产变现困难或由于价值被严重低估不愿意变现，企业无法偿还到期债务，导致债权资产形成不良。对于有一定偿债能力的债务人，在有折让或变更借款条件减缓偿债压力的情况下，与债权人达成债务重组协议是解决不良资产问题的首要方式，债务人事实是处置不良债权最急迫的需求者。但债权人与债务人往往较难达成重组交易，从债务人看，流动性严重不足又有赖账心理；从债权人（商业银行）看，不能实施减让，重组手段有限，却迫于不良贷款率的指标考核需要快速出表。

不良贷款从商业银行剥离到资产公司之后，债务企业事实上获得了一个非常重要的缓冲期，资产公司针对困境债务企业的资产收持及处置策略可能帮助其渡过难关。从资产公司角度看，针对有暂时性流动性困难的债务企业，可以实施债务重组，改变债务条件如延长期限、债务减让等，有效延缓债务企业的流动性压力，改善其资产负债表，进而改善运营状况，化解债务企业的经营风险，特别是破产关闭的风险，在经济环境不佳时帮债务企业渡过难关，待经济上行市场恢复时，债务企业经营好转、现金流量增加，就可以归还修改债务条件后的贷款。从债务企业角度看，可以通过资产或其他权利抵偿债务，如将房产或设备等抵偿债务，在缩小规模或缩减经营范围之后能够存续，也就获得新的发展机会。如果债务企业的股东用其持有的股权抵偿债务，或实施债权转股权，债务企业事实上也是不良资产对价的最终承担者。如果债务企业不能还款，不良资产持有者依法要求债务企业破产，用债务企业破产财产清偿债务后，对债务企业实施清算，债务企业及其股东是最终的承担者或购买人。上述分析表明，不良资产处置过程中的对价均由债务企业承担。

不良资产的债务人存在侥幸心理，总想少还或者采用各种方式逃债，其实债务人应该认清最终承担者这个事实，所有中间购买者都有获利目的，转手次数越多，意味着交易成本越大，债务人最终付出的成本也越多。

不良资产零星交易需求者

不良资产的魅力在于，同一资产在不同所有者手中由于用途不同，其价值会有差异，因此不良资产就具有交易性。不良资产的零星交易需求者包括债务相关的利害关系人、债务相关资产的需求者、拟重组方、特殊投资人等。

债务企业的利害关系人包括股东、实际控制人、担保人等。债务企业的股东可能通过关联交易侵占债务企业的利益，如无偿占用债务企业的资金，表现为债务企业的应收股东的其他应收款，如股东用折扣购买债务企业的不良债权，要求债务企业按账面价值抵偿应收股东的其他应收款实现对冲。类似的利害关系人还有债务人的实际控制人、关联企业、上下游企业等资产、债务或权益的相关方，以债务对冲或资产偿付为目的购买不良资产。在资产公司政策性不良资产处置时期，有些地方政府或主管部门购买当地企业的不良资产包，其实也是利害关系人，最终为不良资产埋单的仍是债务人。

债务相关资产的需求者，一般不良资产（如商业银行不良贷款）大都设定有抵（质）押权利，用土地使用权、房产、设备、股权等作为抵（质）押品，不少投资者正是对这些抵（质）押品有需求而购买不良债权。

拟重组方，实施重组往往需要一个切入点，通过购买债务企业的不良债权成为企业的债权人，就可以申请债务企业破产重整，取得企业的经营权、破产财产或股权，从而为重组创造条件。

特殊投资人，指以市场上价值被严重低估的特殊不良资产项目为投资标的的个人或机构投资者，他们或是拥有信息优势，或是有特殊的社会资源，或是有特殊的商业目的，或是有特别的整合能力，或者具有特殊的利益关系等。

不良资产服务商

资产公司、地方资产公司、金融资产投资公司、各类专业的投资机构在不良资产市场上提供专业的不良资产服务，特点是既买又卖，或者为了卖而买。

资产公司

截至2019年末，四大资产公司资产总额4.95万亿元，净资产0.54万亿元，累计处置不良资产近10万亿元，是不良资产市场最重要的参与者，具有多方面优势：一是功能优势，作为批发商，拥有多元金融牌照，经营范围广泛，具有较强的市场地位。二是规模优势，资产公司拥有资本规模大，在不良资产存量市场占据较大份额，在增量市场拥有竞争优势，如2018年商业银行对外公开转让的4500亿元资产包中，四大资产公司收购3385亿元，占75.2%，在收购及融资方面具有较强优势。三是品牌优势，作为市场的先行者，资产公司是不良资产市场的领先者和领导者，在客户认知方面享有独特优势。四是经营优势，资产公司在多年不良资产经营处置过程中积累了丰富的处置经验，在专业人才、资产定价、资本运作、客户资源、处置技术等方面拥有核心竞争优势，具有较强的创新能力。

资产公司也有其劣势：一是监管较严，财政部、中国银保监会对资产公司按类银行机构实施监管，在资本监管方面的标准甚至与系统重要金融机构接近，而不良资产二级市场上的投资者几乎不受监管。由于资本来源受限，较严格的资本监管影响资产公司的收购能力。二是机制僵硬，虽然资产公司完成股份制改造，信达公司和华融公司已成为上市公司，但在激励机制、用人机制方面仍比较僵硬，受高管限薪、工资总额受控等因素影响，缺乏不良资产经营所需要的灵活性激励机制。三是运作效率较低，作为中央金融企业，资产公司管理实施分级授权，运作流程较长，效率不如民企和外资。

表 3.2 资产公司基本情况表

单位：亿元

	华融	信达	东方	长城	合计
资产总额	17050	15132	11316	6010	49508
净资产总额	1636	1884	1304	620	5443
利润总额	109.7	195.5	118.4	21.3	444.9
不良资产业务规模	5518	3854	3060	2703	15135

资料来源：根据各资产公司2019年年报数据分析整理。

【专栏 3.2　中国银河和汇达资产】

2020年3月，中国银保监会批复同意建投中信资产管理有限责任公司（以下简称建投中信）转型为金融资产管理公司，更名为中国银河资产管理有限责任公司（以下简称中国银河）。建投中信注册资本19亿元，中央汇金持股比例70%，中信证券持股30%，原是为处置华夏证券非证券类资产专门设立的。建投中信由中国建银投资有限责任公司（以下简称中国建投）管理。中国建投是2004年建设银行改制时，根据国务院决定并经中国银监会批准设立的，中央汇金投资有限责任公司（以下简称中央汇金）是中国建投的唯一股东，注册资本206.92亿元人民币。中国建投承继了原中国建设银行的非商业银行类资产、负债和权益，承担了原中国建设银行的政策性业务和非商业银行股权投资等业务。2015年5月，中央汇金将所持建投中信股权委托给中国银河进行管理。建投中信委托中国银河金融控股集团（以下简称银河金控）管理。

汇达资产，即汇达资产托管有限责任公司，是经财政部和中国银保监会批准的国有独资非银行金融机构，接受委托管理和处置中央银行特定的不良资产，其前身是1998年成立的光大资产，主要清收人民银行在广东、海南的不良贷款。2005年8月，光大资产变更为汇达资产，名义上由信达资产公司持股90%，信达资产公司全资子公司——中润发展持股10%。主要任务是处置人民银行的历史不良贷款和新增再贷款中的不良资产。

地方资产公司

从2012年中国银监会《金融企业不良资产批量转让管理办法》发布以来，业务快速增长。《中国地方资产管理行业白皮书（2018）》显示，截至2018年末，已设立的地方资产公司53家，已披露数据的40家地方资产公司的资产总额为5600亿元，收购不良资产投入资金1424亿元，收购不良资产账面价值3279亿元，处置不良资产1611亿元，营业收入324亿元。自成立至2018年末，地方资产公司收购不良资产累计投入资金4467亿元，收购不良资产账面价值110701亿元。

地方资产公司的主要优势：一是功能优势，在不良资产市场与四大资产公司一样具有批发商地位，可以直接收购处置金融机构的不良资产。在地方政府支持下，不少地方资产公司实施多元化战略，投资收购金融牌照，拥有综合金融服务功能。二是区位优势，与地方政府关系密切，易取得当地政府优惠政策，更熟悉当地司法环境、债务企业信息及产业信息，更有利于化解地方债务风险。三是客户和资源优势，与当地企业关系密切，特别是与地方国有企业同属一个国资委管理，具有天然的客户优势。四是管理优势，地方资产公司决策流程短，效率高于资产公司，经营方式比较灵活，更适应区域性强的中小银行及当地企业的不良资产收购处置。

地方资产公司的主要劣势：一是地方资产公司法律地位和功能有限，可以从事不良资产收购处置业务，但在处置方式和地域方面受限制。由于不是金融机构，地方资产公司没有金融许可证，在融资等方面受限。此外，地方资产公司法律主体资格不够明确，在诉讼、执行及债权转让主体及权利变更方面司法解释未明确，导致实施中差异很大，影响业务拓展。二是受资金和资本约束。地方资产公司资本较少，融资渠道主要依靠银行借款，可以通过金融市场融资，但发债难度大、融资成本略高。三是处置经验和专业人才相对不足。地方资产公司大多由省一级国资委的投资平台整合或投资设立，业务经验主要是产业投资，不良资产处置、并购重组经验不足。四是大部分地方资产公司由地方国资平台或国有企业主导，部分地方资产公司由民营资本主导，日常经营由省金融办或金融监管局监管，地方色彩浓厚，经营机制差异较大，经营状况参差不齐。

金融资产投资公司

2018年6月，中国银保监会发布《金融资产投资公司管理办法（试行）》，截至2019年10月末，五家大型银行均已设立金融资产投资公司，注册资本金合计540亿元。除中银金融资产投资未公布数据外，其他四家2018年末资产总额为1296亿元。兴业银行、平安银行、广州农商银行拟设立金融资产投资公司。

金融资产投资公司的主要经营优势：一是专业优势。主要从事债转股及配套支持业务，包括债转股及其相关的债权收购处置、投资及募资等，属于专业化的债转股相关业务公司。二是背景优势。金融资产投资公司一般由境内商业银行作为主要股东发起设立，易取得债转股业务资源。三是资本优势，注册资本最低限额为100亿元，且为一次性实缴货币资本。四是融资优势。金融资产投资公司除享有与资产公司同等的融资渠道，除发行金融债券、债券回购、同业拆借、同业借款等方式之外，还可以运用私募资产管理产品向合格投资者募资，允许银行理财资金用于债转股。五是业务运作优势。从转股处置方式看，拥有"宜转股则转，不宜转则处置"的选择权；可以采用"先收债后转股"方式，以债转股为目的收购，银行对企业的债权如合适则实施债转股，如未能转股则对债权进行重组、转让和处置。从业务拓展看，可以债转股为目的投资企业股权；可从事与债转股业务相关的财务顾问和咨询业务；可以对自营资金和募集资金进行必要的投资管理，自营资金还可以开展存放同业、拆放同业、购买国债或其他固定收益类证券等业务。

金融资产投资公司的主要劣势：一是双重目标矛盾。金融资产投资公司的主要任务是开展债转股业务，但债转股业务中的股权投资回报周期长、不确定性大，存在短期股东回报与长期发展目标的矛盾。二是双重公司治理困境。一方面，从金融资产投资公司自身治理层面看，如果商业银行控股或控制，应实施并表监管，金融资产投资公司很难实现将风险与控股银行完全隔离的要求，关联交易和内部交易问题也将成为监管的难题；如果商业银行不作为控股股东，金融资产投资公司就没有优质债权资源优势。另一方面，金融资产投资公司作为债转股企业的股东，虽然享有股东的权利，可以参与转股企业的治理安排，但因为不是控股股东，在现实中如果转股企业是中央企业或地方国有企业，金融资产投资公司的股东权利很难得到真正的保障。三是信贷思维制约。银行主导会使金融资产投资公司管理层和股东层带有较强的信贷思维，而债转股业务需要投行思维。四是激励机制和人才问题。债转股业务运作周期长、不确定性大，需要匹配相应的长期激励安排；需要熟悉金融、财务、证券、法律等复合型人才，特别急需尽职调查、估值定价、交易方案设计、股权管理、公司治理等方面的专业人才。五是资本资金约束。金融资产投资公司的资本充足率、杠杆率和财务杠杆率水平参照资产公司资本管理相关规定执行，转股金额将受资本制约，其市场化融资成本相对较高。需要债转股的企业一般资产负债率高、盈利能力差，其转股后的分红派息水平需要覆盖融资成本后还能给金融资产投资公司带来合理的投资回报，这将制约债转股对象的选择。

保险机构

保险资金期限长，坚持价值投资理念，是不良资产市场重要的资金提供方。保险资金投资不良资产的方式主要有：一是投资资管、信托等金融机构发行的不良资产支持证券；二是投资不良资产私募股权投资基金，一般是作为有限合伙人；三是投资入股资产公司或地方资产管理公司，如中再保险投资长城公司，中国平安参与深圳招商平安资产公司；四是参与市场化债转股项目投资；五是直接投资不良资产包或单体项目。

不良资产社会资本投资机构

不良资产社会资本投资机构主要指以不良资产投资为主要业务和活动的机构，包括不良资产投资基金、产业投资机构、不良资产投资公司等，其与资产公司最大的区别在于不需要银监会的牌照，不参与金融不良资产一级市场的交易，也称为非持牌资产管理公司。

不良资产基金。在美国称为"秃鹫基金"，是专注于市场上特殊机遇投资的私募基金，主要投资杠杆并购融资、困境资产、困境企业、垃圾债等，较知名的有橡树资本、KKR、黑石、华平、高盛、阿波罗等，近年均与中国的资产公司合作，通过设立基金的方式进入中国市场。这些机构经验丰富、专业能力强、资本实力雄厚。国内从事不良资产投资的基金数量不少，根据不完全统计，截至2018年6月30日，在中国证券投资基金业协会完成备案的不良资产投资基金共130只，涉及私募管理人48家[1]。

产业资本投资公司。一些产业资本集团也设立经营不良业务的子公司，如中国诚通作为国资委的中央企业经营处置平台，对中央企业的非主业资产进行重组、重整和清算，发起设立中国国有企业结构调整基金；华润集团设立华润资产管理公司；海德股份设立海德资产管理公司，成为第一家转型专门从事不良资产业务的上市公司，并成功取得西藏地方资产公司牌照；新

---

[1]　参见 http://www.zichanjie.com/article/647827.html。

疆吉艾科技也设立资产管理公司，从事不良资产业务。还有一些产业投资机构，从产业整合和资源获取角度介入不良资产市场，如融创公司介入不良房地产并购市场，以较低的成本取得土地和项目资源。

民营资本投资公司。专门设立从事不良资产收购处置业务，这类公司数量较多，有代表性的如广州鑫海海岸投资公司、上海文盛资产管理公司、东方前海资产管理公司。这些投资公司规模较小、数量多，不受监管约束、机制灵活，是不良资产市场最活跃的力量。

中介机构

交易服务类机构

商业银行和资产公司转让不良资产需要公开披露信息，一般的资产转让需要交易撮合。目前服务不良资产交易的机构主要有银行间市场、金融资产交易所、拍卖行、网络平台等。银行间市场提供不良资产证券化产品的交易。金融资产交易所提供不良资产的挂牌及交易服务，全国共设立有天津、北京、深圳前海、陆家嘴等11个政府批准的金融资产交易所。拍卖行可以提供不良资产的公开竞价拍卖。网络平台由互联网企业构建，通过网络拍卖达成不良资产交易；最高人民法院将淘宝网、京东网、人民法院诉讼资产网、公拍网、中国拍卖协会网纳入司法拍卖网络服务名单库。

金融中介服务机构

不良资产证券化及不良资产基金等产品设立过程中需要金融中介服务，包括资产托管、资金管理、产品承销等。资产托管机构，一般指不良资产证券化产品中按照规定或约定接受委托管理，监督资产运作的机构，一般由信托公司担任。信托公司一般以受托人角色参与不良资产交易，主要功能是风险隔离和财产转移。事实上信托公司也以更多的角色参与不良资产市场，包括资金提供者、地方资产公司股东、次级产品的认购者、投资顾问等。资金管理机构主要是收集和按约定分配不良资产证券化或基金项目中的资金，一般由商业银行承担。承销商一般由商业银行或证券公司承担，主要任务是不良资产支持证券的发行和销售。

司法机构

不良资产收购处置过程中的法律关系比一般金融交易更为复杂，涉及诉讼、仲裁、执行等程序，需要人民法院、仲裁委员会等解决权利责任争议，保障不良资产参与各方的权利。

法律服务机构

不良资产收购处置需要多方面的法律服务，尽职调查中需要出具法律意见书，诉讼中需要律师代理，交易合同的签订需要律师出具意见。法律服务还包括申请仲裁、申请财产保全、申请执行、申请变更、查找财产线索等。一般由律师事务所提供法律服务。

资产处置服务机构

资产处置服务机构指专门从事包括尽职调查、代理诉讼、催收、代理清收、重组方案设计、回收变现等不良资产处置服务的专业机构，既有提供全面服务的机构，也有专注某一个领域（如尽职调查服务）的机构。对较大的资产包特别是跨地区的资产包，一般规模较大的处置机构会将资产包中的外地资产委托给当地的资产处置服务机构，这样能更好地保全资产、降低成本。而在专业性较强的不良资产细分市场，如房地产领域，由于商业地产、住宅、写字楼、工业用地运作的差异很大，需要熟悉地方相关政策、有人脉资源的本地专业团队提供服务。

估值服务机构

不良资产交易过程中买卖双方都需要确定资产价格，司法拍卖需要确定底价，这些需要估值服务机构出具评估报告或咨询意见。这类机构主要有资产评估公司、房地产估价事务所、咨询公司等，需要专业的资质。

审计服务机构

财务数据的梳理、关联交易的清理、资产线索的挖掘、隐藏债务的寻找、并购重组时点财务状况的确认，需要审计服务机构（会计师事务所）出具审计意见。

税务服务机构

处置过程中涉及大量的税收问题，需要税务服务机构（税务事务所）提供建议。

信息服务机构

信息服务机构主要指提供不良资产收购处置相关信息的机构，这些信息包括不良资产状况、债务人、资产交易、信用记录、诉讼、执行、拍卖、破产清算等。大多数机构专注于某一个或某几个方面。

配资机构

一些投资者自己并不直接从事不良资产收购处置，而是为资产处置机构提供资金服务，资产处置机构如不良资产私募基金设立分层基金，资产处置机构持有劣后级权益，配资机构提供资金，一般投资优先级，获得固定回报。

【专栏 3.3　不良资产市场中的金融科技】

金融科技企业运用互联网、大数据等技术手段参与不良资产市场，目前已有400多家公司从事与不良资产经营处置相关的业务和服务。

信息服务。一是信息发布，利用互联网在信息和流量方面的优势，通过网站、微信公众号、微博等发布不良资产信息，提高信息浏览、查阅、分析的效率。二是信息提供，利用电子商务的交易数据，通过互联网技术归集资产处置相关的数据，包括债务信息、资产信息、工商信息、涉诉信息等，向不良资产收购处置的投资者提供数据和信息服务。信息服务典型代表如蚂蚁信用提供征信数据服务；搜赖网采集资产公司的债务数据、政府网站的财产数据、工商数据、法院诉讼信息、重要城市房地产评估数据，服务于投资者的尽职调查和定价。三是提供财产线索，通过具体信息查找债务人新增或者隐匿的财产，提高处置效率，为借贷企业或者清收公司提供债务人财产数据。

交易服务。主要是构建各类交易服务平台，由资产持有方（卖方）发布不良资产信息，投资人（买方）注册，法律、评估等中介入驻，平台提供类似于拍卖的竞价交易平台，实现不良资产所有者与竞买人之间的信息匹配，撮合不良资产交易。当前这些平台主要有阿里拍卖（金融资产）、京东网络拍卖等互联网电商的交易平台，各金融资产交易所的不良资产网络交易大厅，以及一些小型科技公司提供的专门领域的撮合交易服务。网络平台交易突破了不良资产信息传播的时空限制，公开化程度高，竞价体系灵活、效率高，有利于更好发现价值。

催收服务。主要是针对消费金融及P2P网络贷款形成的小额分散的债权提供催收和法律服务，主要有三种形式：一是构建连接不良资产的持有人（委托人）和催收机构的平台。资产持有人一般有中小金融机构、消费金融机构、P2P、小贷公司等，催收机构主要有专门的催收公司、律师事务所等。平台利用大数据和云计算技术对这两类机构进行匹配，为不良资产找到合适的催收方，平台提供居间服务。二是专业的催收平台，除采用常规的电话、短信、人工等方式进行催收外，还通过网络化、智能化的手段为客户画像，进行精准催收。三是构建不良资产法律服务平台，提供催收服务和不良资产法律援助，如资产360、青苔债管家等。

资金服务。主要为不良资产交易提供资金匹配，通过网络平台为不良资产交易筹集资金，如众筹投资类的分金社等。一般通过线上众筹、分红、线下购置并处置不良资产，最后分配收益，实质提供的是以不良资产为基础的理财产品，属于资产管理业务。

不良资产市场金融科技企业的典型代表见表3.3。

表 3.3　　　　　　　　金融科技公司典型代表

公司	主要业务	特点
阿里	提供不良资产处置的信息发布及网络拍卖平台	银行、资产公司、法院、投资者众多，流量大、客户多
资产360	不良资产催收、处置服务平台	利用网络平台，实现资产处置机构（专业催缴服务公司、资产管理公司、律师事务所与资产持有者）的对接，主要服务消费金融公司等中小金融机构
搜赖网	依靠不良资产数据，提供尽职调查和财产线索服务	通过收集财产数据、工商数据、司法信息、房产评估数据，服务尽职调查

不良资产市场的分类

金融不良资产市场和非金融不良资产市场

这是按监管规定进行的划分，金融不良资产市场的产品主要是银行、证券、保险等金融机构的表内资产；非金融不良资产市场的产品主要是非金融企业的不良资产，以及金融机构的表外资产，如商业银行理财产品、商业银行委托贷款、信托公司的信托贷款等。

一级市场和二级市场

这主要是从市场交易方式来划分，且主要针对金融不良资产市场。一级市场，也称批发市场或者收购市场，银行及非银行金融机构作为出让方，资产公司、地方资产公司及金融资产投资公司作为受让方，通过出售和委托处置等方式转让不良资产。二级市场，也称零售市场或处置市场，指从一级市场获得不良资产的资产公司及金融资产投资公司作为卖方，将不良资产对外转让所形成的市场，买方包括债务人及其关联关系人、债务相关联资产的需求者及各类投资人。

国内市场和国际市场

从国别来看，不良资产市场可划分为国内市场和国际市场。中国的不良资产对于资产公司来说是国内市场，对于外资基金来说就是国际市场。中国不良资产市场在引进外资方面成效明显，2001年11月，华融公司通过国际招标以摩根士丹利、雷曼等组成的投标团转让资产包，账面价值108亿元，至2005年，外资机构共收购了账面价值约500亿元人民币的不良资产。

不良资产派生品市场

不良资产派生品市场指以不良资产为基础资产创设的派生或衍生产品交

易形成的市场，目前这一市场交易的产品主要有不良资产支持证券、不良资产收益权产品、不良资产基金份额等。

不良资产的特殊市场：债转股市场

资产公司成立之后，第一次资产剥离时，债转股是政策性业务，债转股的对象仅限于大中型国有企业，需要国家发改委审核，转股金额也需审批。在资产处置过程中，资产公司积极探索商业化自主债转股。2016年10月，为了降低企业杠杆率，开始推进新一轮市场化、法治化债转股。债转股市场是一个特殊的市场，从资产类别看，正常贷款和关注类贷款也可以纳入转股的范围；从债务主体看，将问题企业纳入不良资产范围，按整户进行处置。

不良资产服务市场

依托不良资产收购处置，产生了提供尽职调查、价值评估、审计、法律、交易、营销等功能的服务市场，也有不少金融科技类公司为不良资产市场提供信息、搜索、网络交易、资金匹配等服务。

不良资产市场的金融功能

金融功能观

经济运转的核心是交换，一方面是实体经济的产品与服务的交换，以及与此相应的生产、流通、分配和消费；另一方面是达成实体经济交易的价值交换，也就是金融，即跨时间、跨空间的价值交换。金融交易是依托并服务于产品与服务的交易，金融工具不能满足实体经济的交易需求，就需要金融深化和金融创新，如近年第三方支付及金融科技领域的创新就是适应网络经济发展的需要发展起来的。但脱离实体经济的金融交易则会加大经济运行的成本，并累积金融风险，如理财领域的多层嵌套交易，增加了交易环节，提高了融资成本，因此，讨论金融功能必须基于服务实体经济这一核心展开。

金融的基本功能是信用中介。美国学者罗伯特·默顿和兹维·博迪认为，金融功能比金融机构更加稳定，金融机构的功能比其组织结构更为重要，因此要从金融体系的视角来研究金融功能。他们将金融的功能概括为六个方面：跨时空的资源转移、管理风险、清算和支付结算、资源归结和分割股份、提供价格信息、提供激励安排。我国学者白钦先、谭庆华将金融功能界定为四个层次：基础功能，即服务功能和中介功能；核心功能，即资源配置；扩展功能，即经济调节和风险规避；衍生功能，即风险交易、信息传递、公司治理、消费引导、区域协调和财务再分配。金融功能的四个层次既是从基本功能不断拓展的逻辑展开，也是金融功能不断演进完善的历史过程。

金融功能是整个金融体系包括金融市场和金融机构功能的抽象和概括。从微观层面，金融功能的核心是为商品与服务交易提供工具，包括支付、清算、中介、风险控制等。以二手房交易为例，定金支付需要支付功能，贷款融资需要中介功能，防范交易风险需要担保功能。随着产品与服务交易的复杂化，金融从中介功能衍生出许多新功能。从宏观层面看，金融交易通过价值的交换实现了资源配置、调节经济、财富分配功能，如贷款分配资金，股票市场引导长期资本的配置。

金融功能的发挥需要通过金融市场来实现，每一个市场都有其独特的职能，如期货市场具有风险控制和价格发现功能，期权市场具有激励功能等。当然，不良资产市场也有其独特的金融功能。金融功能的拓展和衍生依赖于金融机构的创新，受法规及监管约束，金融机构的功能往往是法定的，但作为金融市场活跃的主体，为更好地满足顾客的金融需求，会不断创新金融功能。例如，阿里将支付功能与信用担保功能结合起来创造的支付宝，能更好地服务于网络交易。与此类似，资产公司基于不良资产经营的需要，不断创新处置手段和方法，正是形成不良资产市场特有功能的基础。

不良资产市场的金融功能

从服务实体经济角度看，金融功能的发挥通过金融市场和金融机构的运作来实现，或者说金融市场和金融机构是金融功能发挥作用的载体，如证券市场通过股权交易配置引导资本流动，商业银行通过存贷款业务实现资金的筹集与分配。不良资产市场通过其市场主体的参与和产品与服务的交易，发挥市场出清、逆周期调节、错配纠正、风险处置、信息发现、治理改善等金融功能。

市场出清功能

以市场作为配置稀缺资源的机制，通过价格的波动会实现市场的出清，这是瓦尔拉斯均衡的基本要义。实体经济中产品与服务的过剩首先依赖价格机制调节，但在市场失灵的情况下，需要政策干预改善供求条件，甚至通过行政性措施进行强制性出清，如近年煤炭、钢铁行业的去产能。市场出清特别是去除过剩产能的过程必然伴随着市场主体的"出清"，产能下降，就会带来企业闲置资产、低效资产，产生不良资产的累积，如企业应收账款周转率减慢、损失增加等，企业的不良资产累积又导致企业偿债能力的下降，进一步传导给企业的债权银行，使其出现不良贷款。因此，在实体经济通过削减过剩产能恢复市场平衡的同时，金融及非金融的不良债权会增加，也需要进行削减，或者说金融市场也需要"出清"。但正常的企业信用市场和信贷市场无法自动实现出清，商业银行如直接对违约的不良贷款进行减免或折让，虽然实现不良贷款的出清，但可能促使正常贷款客户也采取拒绝还款等方法来谋取减免的利益。当然，商业银行通过诉讼终结方式也可实现债权债务的出清，但诉讼的进程慢、效率低，很难适应大量出现的不良贷款。因此，商业银行通过批量转让的方式，让资产公司收购其不良资产，将不良资产快速从正常的信贷市场转移到不良资产市场，从而快速实现信贷市场不良资产的出清，重新恢复其信用能力。而资产公司则通过资产处置，甚至运用破产清算、破产重整等方式，最终实现债权债务的出清。例如，受亚洲金融危机的冲击及传统计划体制的影响，我国银行业的不良资产率在1999年高达30%以上，国际金融界的一些专家认为，从技术上看，中国的银行业已经破产，我国银行的国际信誉严重受损。2000年，我国设立资产公司，一次性剥离国有银行1.4万亿元不良资产。至2006年四家资产公司处置进度约为90%，处置回现率为20%，据此估计，不良资产本金约1万多亿元对应的债务及其利息得到削减、出清。

逆周期调节功能

由于经济的周期性波动，在经济扩张期大量投放的信贷资产，会在经济进入衰退期形成大量的不良资产。商业银行如果不能及时处置这些不良资产，受资本充足率等监管指标制约，其信用扩张能力下降，当不良资产损失比较严重时，风险较严重的金融机构甚至需要进行清算，这会严重影响金融市场的稳定，甚至危及金融体系的安全。通过不良资产市场收持这些不良资产，可以发挥逆周期调节功能：一是阻止资产价格的持续下跌。经济衰退刺破经济扩张期积累的资产泡沫，资产价值呈持续下跌的态势，特别是已经处于不良形态的资产价值更是大幅打折，通过资产公司收购并持有这些不良资产，将不良资产从信贷市场转入不良资产市场，能有效阻止信贷市场资产价格的下滑趋势，起到稳定信贷市场的作用。二是恢复银行的信贷功能。将银行体系的不良资产剥离到资产公司，商业银行增加了流动性，资产质量重新达到监管标准，恢复正常的信贷功能，实现"在线修复"资产负债表，快速摆脱困境。三是实现风险隔离。将不良资产剥离至资产公司，将问题机构交由资产公司托管清算，可以实现"好银行"与"坏银行"的分割，实现正常资产与问题资产的分离，实现信贷市场与不良资产市场的隔离，从而防止风险在不同机构、不同市场之间的传染。在不良资产市场上，资产公司及各类资产处置机构通过债务重组、资产重组、破产清算、破产重整等方式进行处置，可以实现问题企业债权债务的出清，为新的经济扩张提供基础。随着经济进入扩张的景气周期，资产价格会从下跌转向上涨，最终形成泡沫。资产公司通过向市场出售持有的资产，可以抑制资产价格的上涨。不良资产市场这种逆经济周期的调节作用，能有效化解金融风险的冲击，熨平经济的周期波动。例如，资产公司成立后，已收购处置不良资产近10万亿元，有效化解了系统性的金融风险，支持了国有银行的改制上市，有力支撑了中国经济十多年的高速增长。这种通过设立专门机构处置不良资产进行逆周期调节的做法在大多数国家较为普遍，如美国重组信托公司、韩国资产管理公司、马来西亚国有资产管理公司、爱尔兰国家资产管理局、西班牙资产管理公司等均是在危机时期设立的专门处置银行不良资产、化解金融风险的机构。

错配纠正功能

金融资源配置功能主要是通过金融体系调剂资金的余缺，提高整个社会的资源使用效率，并通过资金价格引导资金流向，提高资源配置效率。但由于经济的周期性变化，加上市场失灵及激励约束机制不当等因素影响，金融资源会发生错配，如经济扩张期，周期性行业销售盈利快速增长，行业景气度高，会吸引更多的资金投入，但当经济衰退时，这些过多的资金投入形成的是过剩产能，最终的结果是不良资产的累积。因此，不良资产实质上是错配的经济资源，或是时间上的错配，或是地域上的错配，或是产业、行业、企业之间的错配。当这些不良资产作为错配的经济资源进入不良资产市场后，资产公司通过置换、重组、组合、转让、形态变换、改变债务条件等方式重新配置后，这些不良资产将发生空间和形态的变化，并在不同的行业、产业和企业之间转移，重新发挥资源的效能，从而纠正资源的错配。通过资产重组、债务重组、企业重组来优化社会资源配置，就是不良资产市场发挥资源错配纠正功能的体现。资产公司在20多年的实践中形成了丰富的纠正错配资源经验，并创造了诸多经典案例，如信达资产公司引入三联重组郑百文，长城公司引入协鑫集成重组超日等。

风险处置功能

金融功能观中的风险规避主要是利用大数定律分散风险，风险交易主要是通过金融工具对冲风险，这些风险控制是事前的、有预期的、主动的行为。首先是保障金融交易或商品与服务交易的安全达成，如期货交易、利率互换等金融衍生交易。而不良资产市场则主要发挥风险处置功能，其风险是已经发生的、可预见结果是有损失的。不良资产市场的风险处置功能，首先是风险隔离，将好资产与坏资产分开、好企业与坏企业隔断，这样就可以避免金融风险在机构内和机构间，以及向金融市场的蔓延。其次是风险资产的最终处置，金融机构如商业银行将不良资产转让给金融资产处置机构，对其而言，资产已出表，风险已完全剥离，金融资产处置机构会最终处置这些不良资产，实现风险的最终化解。最后是问题机构处理，如资产公司先后对城市商业银行、证券、保险、信托、金融租赁、创业投资等行业中出现严重风险的金融机构，通过托管经营、停业整顿、关闭清算或重组等方式处置，有效解除了这些风险金融机构对金融体系的冲击。

信息发现功能

虽然相对于信贷市场而言，不良资产市场面临更为严重的信息不对称问题，商业银行比资产公司掌握更多的债务企业的信息。但是这两个市场观察不良资产的视角是不同的，不良资产市场能更好地发现不良资产最有效利用途径的信息。商业银行往往局限于债权人的视角，在企业所在行业及市场稳定的假设下，从信用观点分析债务人的资产负债及现金变动，考察重点是能否还本付息；而资产公司则在信用分析基础上，加入投资银行的并购重组思维，不仅看不良债务企业资产负债的现状及其偿债能力，还会考虑这些资产有什么别的用途，能与什么样的行业、企业进行嫁接，能否通过追加投资提升资产价值，如何盘活资产、创造新的价值。同时，在资产公司对债权资产进行公开营销的过程中，众多的投资者会从更广泛的视角来分析不良资产的价值，而通过拍卖、招标、交易所挂牌转让、网络竞价等多种公开的处置方式，不良资产将转让给出价最高也即最能发现不良资产价值的投资者手中。将不良资产作为资源，发现不良资产用途的新信息、新知识，能大幅提升不良资产的价值，这就是不良资产市场的信息发现功能。

治理改善功能

金融市场对公司治理的作用主要是市场接管机制，如管理层侵害公司利益，投资者可通过收购公司股权，改变管理层，纠正公司的内部人控制。不良资产市场也可通过多种方式改善公司治理：一是债转股，直接参与公司治理；二是通过催收、诉讼、破产等方式，给债务企业施加经营压力；三是通过在修改债务条款时附加条款，直接约束经营层行为。1999年12月，国家经贸委推荐601户债转股企业，建议转股额4596亿元，最终580户企业实施债转股，涉及转股金额4000多亿元。债转股的实施，大幅降低了企业的资产负债率，实现了国有企业股权结构多元化，转股企业也建立了股东会、董事会、监事会、经营层等公司治理机制的基本框架，实现了企业经营机制的转换，部分企业再次改制后成功上市。例如，国家重点企业中国石化、一汽集团、宝钢集团等，均通过债转股实现了持续发展。本次市场化债转股，除能有效降杠杆外，也能有效改善公司治理。

第 4 章　不良资产投资的环境

投资最重要的不是趋势，而是周期。

——霍华德·马克斯《投资中最重要的事》

不良资产投资同样需要良好的环境：经济金融环境特别是经济的周期波动，是不良资产投资赖以存在的基础；法律环境对资产处置尤为重要，往往决定投资的成败；金融科技能极大提升不良资产投资的效率；监管环境的变化影响投资策略的制定。

经济和金融环境

不良资产投资首先要考虑投资的经济金融环境，包括宏观经济、产业趋势、金融市场和行业竞争等。

宏观经济

不良资产具有逆周期性，在宏观经济收缩或衰退时，不良资产供给会增加，在经济扩张或增长时，有利于处置不良资产。判断宏观经济所处的运行周期是投资不良资产宏观分析的基础，一般可以通过分析GDP增长率、就业状况、通货膨胀、利率等重要宏观经济变量的变化及趋势作出判断，也可以通过衡量经济短期波动的经济指标，如先行指标、同步指标和滞后指标，来观测经济的周期变化。同时还要关注宏观调控政策的走向，因为货币政策、财政政策、产业政策往往也是逆周期调节的。

产业趋势

这里的产业主要指实体经济各行业，其变化趋势影响不良资产的细分市场及重组重整的效果。投资决策前需要分析行业与经济周期的关系。在经济扩张期，对周期敏感的行业（如汽车、石油等），增长会快于其他行业；在经济衰退期，对周期不敏感的行业（如食品、医药等），业绩会好于其他行业，这类行业也称为防御性行业。一般的分析方法是观察公司收益水平对经济周期的敏感性，常用的指标有销售额敏感性、经营杠杆及财务杠杆等。每一个行业也有其自身的生命周期，包括初创阶段、成长阶段、成熟阶段和衰退阶段，可以通过销售增长率来判断。处于周期的不同阶段，企业产生问题的状况不同，不良资产的特征也不同，救助的方式也应有差异。

金融市场

直接影响不良资产投资的金融市场主要包括货币市场、信贷市场和资本市场。所有不良资产的产生都与流动性困难密切相关，流动性问题是不良资产产生的信号，因此资金供求状况分析是判断不良资产基础市场的基石。需要关注金融市场状况、金融政策变化、市场利率变动、资产价格波动等因素，判断金融市场状况，是进入危机时期，陷入衰退；还是进行扩张时期，产生资产泡沫。

行业竞争

这里的行业主要指不良资产投资相关的行业，即由商业银行、资产公司、金融资产投资公司、民营资产管理公司、私募基金等机构构成的不良资产收购处置行业。需要分析这个行业的发展态势及竞争策略，常用的方法就是波特的"五力"模型，即一个行业的竞争状况受五种因素影响：现有竞争者的威胁、新进入者的威胁、替代品的压力、买方的议价能力、卖方的议价能力。

法律环境

法律环境指影响不良资产投资的各种法律因素，包括法律规范、司法机关的执法及相关社会组织遵守法律的意识等。本部分重点介绍与不良资产投资相关的法律法规，包括国家或地方政府颁布的各项法规、法令、条例等。

规范市场参与主体相关的法规

规范不良资产市场参与主体的基本法律包括《中华人民共和国公司法》《中华人民共和国合伙企业法》《中华人民共和国个人独资法》《中华人民共和国外商投资法》《中华人民共和国企业破产法》等。规范不良资产市场金融机构的法律法规主要有《中华人民共和国商业银行法》《金融资产管理公司条例》。其中，《金融资产管理公司条例》作为资产公司设立的基础性法规，在政策性不良资产处置阶段发挥了重要作用，但其立法层次过低，只规定了资产公司承继商业银行的债权人地位，没有赋予其资产处置、诉讼保全、参与治理等方面特殊地位的权利，而且许多条款与《中华人民共和国担保法》《中华人民共和国公司法》《中华人民共和国企业破产法》等诸多法律相抵触，已不适应不良资产市场化发展的状况，需要修订完善。

规范市场主体行为及财产权利相关的法规

由于不良资产涉及所有资产类别，因此规定市场主体行为及财产权利的相关法律都构成不良资产收购处置的基础法律，主要有《中华人民共和国民法典》及之前适用的《中华人民共和国民法通则》《中华人民共和国合同法》《中华人民共和国担保法》《中华人民共和国物权法》《中华人民共和国信托法》《中华人民共和国证券法》《中华人民共和国证券投资基金法》《中华人民共和国保险法》《中华人民共和国票据法》等。但在具体实施方面，关于资产公司的法律地位的规定并不清楚，无法取得与银行等金融机构同等的地位，如资产公司与债务人签署债务重组协议，在有的地方无法办理抵（质）押手续，或仅同意就原债权合同办理抵（质）押权人的变更登记。

规范诉讼及非诉讼程序的法规

诉讼是不良资产处置的重要手段，与之相关的法律包括《中华人民共和国民事诉讼法》《中华人民共和国刑事诉讼法》《中华人民共和国行政诉讼法》《中华人民共和国仲裁法》等。在具体执行方面，主要依据相关的司法解释、会议纪要、判例等，如《最高人民法院关于审理涉及金融资产管理公司收购、管理、处置国有银行不良贷款形成的资产的案件适用法律若干问题的规定》（法释〔2001〕12号），解决了资产公司经营活动中的主要问题，但本身效力明显不足。又如2009年发布的《最高人民法院关于审理涉及金融不良债权转让案件工作座谈会纪要》（法发〔2009〕19号），从审理原则、受理条件、适用范围等方面对金融不良债权转让案件的审理作出了全面规范，成为审理此类案件最重要的司法政策文件。但该纪要的法律执行力较低，且已不适应市场化不良资产处置的情况，需要尽快出台金融不良债权处置的法律法规。

财务及税收相关法规

在财务会计核算方面，不良资产交易的会计核算依据《中华人民共和国会计法》和《企业会计准则》，资产公司需严格执行财政部制定的财务制度及关于国有资产管理的相关规定。

在税收法规方面，规范不良资产交易过程中税收问题的法律法规有《中华人民共和国企业所得税法》《中华人民共和国印花税暂行条例》《中华人民共和国增值税条例》《中华人民共和国土地增值税暂行条例》，以及《国家税务总局关于企业股权投资业务若干所得税问题的通知》（财税〔2009〕59号）、《财政部 国家税务总局关于企业重组业务企业所得税处理若干问题的通知》（国税发〔2000〕118号）、《财政部 国家税务总局关于全面推开营业税改征增值税试点的通知》（财税〔2016〕36号）等。资产公司成立时，《财政部 国家税务总局关于中国信达等4家金融资产管理公司税收政策问题的通知》（财税〔2001〕10号），对资产公司收购、承接、处置不良资产享受较大优惠，包括增值税、营业税、契税、印花税、房产税、城镇土地使用税、土地增值税等税种。目前，除资产公司二次政策性剥离的不良资产外，商业化不良资产收购处置需要依据税法的要求纳税。

总体而言，处理不良资产处置中基本关系的法律体系是健全的，但相关的法律规范层级较低，催收等方面相关的法律缺失，起诉难、诉讼难、执行难、周期长、效率低的问题比较突出。

金融科技

基本概念

近年来，金融与科技相互融合，特别是大数据、云计算、人工智能、区块链等技术广泛应用于金融领域，在支付清算、电子货币、网络借贷、财富管理、征信、众筹、互联网保险、零售银行等方面形成了新的业务模式，直接影响金融服务的提供方式，线上与线下的结合提升了金融服务的深度和广度。金融科技与不良资产市场的结合主要有两方面的趋势：一是资产公司等传统市场参与主体通过互联网金融平台处置不良资产；二是新兴机构特别是科技公司运用互联网等技术手段服务不良资产收购处置。

金融科技与传统不良资产处置

金融科技与传统不良资产处置过程相结合，在信息提供、尽职调查、资产定价、价值挖掘、资产交易等环节形成了鲜明的特征，具体见表4.1。

表 4.1　　　　　　　　　　　传统处置与金融科技的区别

	传统处置	金融科技
信息提供	依赖于供给机构的信息披露、尽职调查、从业人员处置经验等，信息节点少、透明度低	通过网络搜索、大数据分析等方法捕捉信息，信息透明度高，提升处置效率
尽职调查	尽职调查工作量巨大，需要投入大量的人力、物力等资源，常需借助会计、评估、法律等中介机构力量	广泛采用国家相关部门的公众信息平台如工商局、质量监督局、人民法院、人民银行征信、产权登记等系统信息，并采用搜索记录、企业实景信息等技术获取更多信息
资产定价	主要依靠传统的定价方法和技术，依赖于取得的债务人尽职调查资料和有限的市场情况，数据量小、主观性强	为定价提供更多参照指标，完善定价信息之间的钩稽关系，丰富定价数据库信息；利用大数据优化定价模型，设计更加准确的参数；使用人工智能技术，摆脱主观经验判断误差，提升定价的准确性
价值挖掘	资产处置线索依赖个人经验和媒体营销，半径小，范围有限，价值挖掘受区域和行业限制多	利用互联网技术，构建系统，获取更多关联企业、股东等信息；对不良资产进行数据库匹配，提供更多资产用途信息
资产交易	通过报纸和网络公告，采用拍卖、竞价、招标、资产交易所挂牌等方式达成交易，客户数量少，区域、时间受限	构建网络化处置平台，网络发布资产供求信息，线上竞价撮合，借助淘宝、京东等成熟互联网平台的线上不良资产处置，客户群体多，交易突破时空限制

金融科技在不良资产处置中的作用

从不良资产市场的金融功能和金融科技介入不良资产收购处置过程的角度看，金融科技在不良资产处置中主要发挥以下作用：一是信息发现功能。传统的不良资产交易主要依赖供给方的信息披露和需求方的尽职调查，信息收集和判断更多依靠从业人员的专业经验。金融科技通过互联网搜索技术和多媒体的发布渠道，可以为交易提供更多的线索和信息，交易对象的范围更加广阔。二是提升交易效率。不良资产处置通过网络平台可以有效突破传统交易对时间和空间的限制，扩大不良资产供需之间的交流与互动，提高资源的匹配度，提升处置效率，降低处置成本。

监管环境

历史沿革

1999年成立资产公司收购商业银行不良资产，虽然是政策性安排，但事实上实现了不良资产权利主体的转移。资产公司对外转让促成了不良资产交易市场的形成，同时也产生了对不良资产业务及市场的监管。

最早的监管模式是机构监管，即对资产公司实施监管。由人民银行和财政部制定监管规则，政策性资产处置的最终损失由财政兜底，相当于财政部委托资产公司进行资产处置。政策性不良资产本质上属于国有资产，早期资产处置的原则、流程、尽职要求都是由财政部主导建立的，人民银行主要是业务和资金监管，中央金融工委代表国务院任命资产公司管理层。

2003年，中国银监会成立，成为资产公司主监管机构，承继了中央金融工委对资产公司管理层的任命及管理权，开始实施现场和非现场监管，重点是日常监管，资产处置及业务管理方面的规范仍由财政部制定。随着资产公司政策性经营目标的完成和商业化业务的拓展，财政部的监管重点转变为资产公司的投资业务及财务政策，商业化业务及机构监管事项则由中国银监会实施。

2010年，信达公司完成股份制改造，财政部监管的重点演变为股东监管和重大财务政策监管。中国银监会则以商业银行的监管模式为标杆，将资产公司作为非银行金融机构实施监管，当资产公司转型为事实上的金融控股集团后，中国银监会及时推出并表监管办法，以资本充足率为核心构建了系统的监管指标体系。2012年，中国银监会批准设立地方资产公司，之后明确了设立条件及监管要求。2015年，中国银监会发布《金融资产管理公司监管办法》，对资产公司实施全面的金融监管。2016年，中国银监会发布《金融资产投资公司管理办法》，对金融资产投资公司准入要求、经营范围、业务规则、风险管理、监督管理都提出了明确要求。2018年，中国银保监会发布《金融资产管理公司资本管理办法（试行）》，以资本监管为核心，完善了资产公司的监管体系。

监管机构

财政部

财政部是不良资产处置财务政策、商业银行资产核销政策、资产处置相关税务政策的制定者。作为资产公司的国有股东，财政部涉及资产公司监管方面的主要职责包括：负责资产公司国有资产的基础管理工作，组织实施资产公司国有资产的清产核资、资本金权属界定和登记、统计、分析、评估；负责资产公司国有资产转让、划转处置管理，监交国有资产收益；拟定资产公司的资产与财务管理制度并监督其执行；监督检查财税法规、政策的执行情况。资产公司应按照财政部有关部门要求，报送财务、统计报表和其他有关资料。

人民银行

在资产公司收购政策性不良资产时，人民银行提供再贷款支持，并承担金融监管职能。2003年4月，中国银监会成立后，金融监管职能移交中国银监会。目前，人民银行主要监管事项包括批准资产公司的再贷款申请、发行金融债券的行政许可及在银行间市场发行资产支持证券的审批。

中国银保监会

中国银监会成立后，将资产公司作为非银行金融机构实施机构监管，制定机构准入规则、业务管理规范、机构监管办法。由中国银监会非银部承办对金融资产管理公司等非银行金融机构的监管工作。主要监管事项有：依法审核有关机构的设立、变更、终止及业务范围；拟定监管规章制度；负责对有关机构的现场和非现场监管工作；监测资产负债比例、资产质量、业务活动、财务收支等经营管理、内部控制和风险情况；对违法违规行为进行查处；审核高级管理人员任职资格等。依据《金融资产管理公司监管办法》和《金融资产管理公司资本管理办法（试行）》对资产公司实施审慎监管和资本监管。

中国银监会承接中央金融工委管理资产公司金融系统中央管理干部职能，管理资产公司高级管理层。中国银监会对金融资产投资公司实施监管，并制定地方金融资产管理公司的监管政策，以及准入的批准。2018年4月，中国银保监会正式挂牌成立，资产公司的监管职能并入中国银保监会。

中国证监会

资产公司的不良资产收购处置，特别是债转股业务涉及上市公司业务，如资产管理范围内公司的上市推荐及债券、股票承销，因此资产公司作为特殊资质的证券发行承销人接受证监会监管。当资产公司通过收购控股证券公司后，资产公司相关上市推荐及债券、股票承销业务由其控股的证券公司承办，这些证券公司是中国证监会监管的对象，资产公司并购重组业务涉及证券监管的，按规定由中国证监会监管。

省（市）金融办或金融监管局

省（市）金融办或金融监管局主要负责本区域地方资产公司的机构监管，包括设立、变更、终止、日常监管、风险防范和处置等。

第 5 章　不良资产投资理论

价值投资不能保证我们盈利，但价值投资给我们提供了走向真正成功的唯一机会。

——沃伦·巴菲特

不良资产投资是一种典型的价值投资，即在不良资产价格低于内在价值时投资，持有及重整等待资产价值恢复提升后出售获利。本章分析不良资产投资的基本理论，即基于信贷顺周期的逆周期价值投资，以此为基础总结归纳不良资产价值变化的过程及不良资产价值的来源。

逆周期价值投资理论

金融加速器理论与信贷顺周期

金融加速器理论的基本观点是，金融市场特别是信贷市场存在摩擦，引发企业的代理成本，从而影响企业的投融资决策及生产经营，放大外部冲击的影响。由于借贷双方的信息不对称，银行无法全面了解企业的信用状况，为弥补信息不对称带来的代理风险，相对企业内源性融资而言，企业从信贷市场获得资金需要额外支付审计、评级、增信、销售等方面的成本，这些构成"外源融资溢价"。这个溢价受经济形势和企业信用状况影响，也就为风险在实体经济和金融体系之间的传导搭建了桥梁。

在经济上行或景气时期，从企业方面看：产销两旺，规模增长净值增加，资产价格上涨推动抵押品价值上涨，意味着企业外部融资溢价的降低，提高了企业向银行举债的能力，企业增加负债，扩大生产规模。从银行方面看：企业净值增加及抵押品价格的上涨大大改善了银行信贷的投放环境，贷款质量提高，信用风险减少，银行对投资项目、借款人偿债能力、收取利息及担保品补偿等呈现非常乐观的预期，放宽信贷审批，为企业融资"锦上添花"，增加贷款投放，引起信贷市场流动性过剩。企业通过负债率提升增加投资，银行信贷规模不断增长，呈现增长的良性循环，导致总需求不断增长，促进了经济的继续繁荣，但也为下一个周期的波动埋下了伏笔。

当外部冲击导致经济下行或衰退时，从企业方面看：增长时期扩大的规模形成产能过剩，产品滞销，销售收入下降，资产价格下降、现金流减少和净值下降影响外源融资的成本上升，外部融资受到制约，内部融资也开始减少，企业减少投资，缩减生产规模。从银行方面看：企业履约还款能力下降导致贷款违约率明显增加，银行不良资产率急剧上升，冲销不良贷款和计提拨备影响银行资本金的增长，监管的资本充足率要求迫使银行增加资本金或减少贷款；同时由于抵押资产价格下跌、企业现金流减少、盈利预期下降，信用风险增大，银行信贷的投放环境变差，银行严格贷款条件开始"惜贷"，进一步减少贷款发放。当大多数银行都采用信贷收缩策略时，就会导致信贷市场流动性不足，影响市场利率上升，企业融资成本增加，也很难获得资金，企业将进一步削减规模甚至变卖资产以求自保。企业降杠杆，银行降贷款，进入收缩循环，影响总需求下降，导致经济衰退进一步加剧。

金融加速器理论表明，金融体系的运行具有顺周期性的特征。信贷市场的顺周期性不仅是引致经济周期的因素，而且放大加剧经济的周期性波动。更深入的研究表明，金融加速器效应在经济衰退时期的放大作用比经济扩张时期更大，对中小企业的冲击更大。因此，不良资产投资需要根据信贷市场的特点，采取逆周期策略。

逆周期价值投资

从不良资产产生的原因上看，可以分为结构性因素和周期性因素。结构性因素主要是经济体制转轨，不良资产是特殊时期的过渡性、阶段性产物。周期性因素是由经济周期波动导致经济扩张与衰退状态交替出现而形成的，在经济扩张期大量投放的信贷资产，会在经济进入衰退期形成大量的不良资产。周期性因素会反复出现，难以避免。

不良资产投资者是典型的价值投资者，在经济衰退期或者下行期，由于经济衰退刺破经济扩张期积累的资产泡沫，资产价格呈持续下跌的态势，特别是已经处于不良形态的资产价值更是大幅打折，不良资产的价格已经低于其实际价值，而且市场供应充足，不良资产投资者开始大量地收购并持有不良资产。

当经济重新进入扩张或景气时期，资产的市场价格恢复，投资者收购的不良资产经过管理、重组、重整、整合，资产价值得到修复和提升，通过向市场出售转让不良资产，回收资产价值。

不良资产价值整合理论

逆周期价值投资理论揭示的只是不良资产投资价值的一个来源，即经济金融周期波动中价格与价值背离产生的价值投资机会。与一般的股权、债权投资不同，不良资产投资还有一个重要的价值来源，即通过价值整合实现价值的创造和提升。

不良资产投资价值整合的概念

从对投资对象施加影响而言，正常的债权股权投资可以说是被动投资，很难改变投资对象的财务结构和治理机制，除以并购为目的的投资外，投资者也不会主动寻求改变投资对象，最多是"用脚投票"。而不良资产投资恰好相反，总是通过主动寻找机会改变投资对象，通过债务人变卖资产还债改变债务人财务结构，通过债权转股权改变债务人资本结构，通过管理和治理重组改变债务人治理结构；为了推动改变，甚至不惜采用诉讼手段，直至用破产威胁，不良资产投资者需要"手脚并用"。

不良资产投资者主动改变投资对象的动因是追求整合价值，即通过对投资对象债务企业或股权企业的生产要素进行重组，改变资产形态，整合价值链，最终实现价值的增值。这就是不良资产价值整合。

不良资产价值整合过程

不良资产投资不只是通过持有分享价值的过程，更是一个通过整合创造价值的过程。

生产要素整合

企业价值创造过程需要资本、资金、劳动、自然资源等生产要素协同发挥作用。当问题企业或不良资产出现时，意味着问题企业的生产要素配置出现错配，出现闲置资产或无法充分发挥效能的资产。通过不良资产处置，实现生产要素的重新整合，就能创造价值或为创造价值提供条件。例如，某印刷公司进口一台德国彩色印刷机，因不掌握操作技术成为闲置资产，后被某印刷学院的校办印务公司购置，由该院在德国进修过的教授进行调试、修理和升级，并聘请专业技工进行操作，变成了技术先进的印刷设备，成为该校办公司的核心资产。

资产形态整合

资产的形态有获取剩余收益的股权，获得固定收益的债权，获得租金收益的实物资产等。通过不良资产处置，可以将债权通过以物抵债转换为物权，或通过债转股转换为股权，这种资产形态的整合，实现了资产获取收益方式的转变，能大幅提升资产的价值。

价值链整合

价值链是哈佛大学迈克尔·波特教授提出的概念，他将企业的价值创造活动分为两部分：基本活动和辅助活动。基本活动包括内部后勤、生产作业、外部后勤、市场和销售、服务等，辅助活动包括采购、技术开发、人力资源管理和企业基础设施等。他认为，"每一个企业都是在设计、生产、销售、发送和辅助其产品的过程中进行种种活动的集合体。所有这些活动可以用一个价值链来表明"。价值链，就是这些互不相同但又相互关联的生产经营活动构成的动态的价值创造体系。在不良资产处置过程中，通过资产重组、债务重组、技术重组、人员重组、企业并购等方式，优化和再造企业的基本活动和辅助活动，从而提升企业价值创造的能力，实现价值链在企业内、行业和产业的整合。

不良资产价值运动过程

不良资产作为一个特殊的金融产品，计量其收益率的关键是分析不良资产价值变化过程，寻找影响价值变动因素。不良资产价值运动过程包含两部分：从正常资产到不良资产的减值和折价过程，从不良资产到实现最终处置的价值恢复和提升过程。

从一般意义上讲，不良资产价值运动过程可用图5.1表达，图示中为了展示方便，表达的是最理想的结果，即最终的处置价值超过债权资产账面价值的情况。事实上，大多数不良资产处置能超过收购时的交易价格，取得高于正常资产的收益率水平已属不易。为了方便，以债权资产（银行贷款）为例分析。

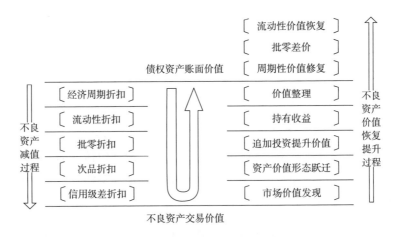

图 5.1　不良资产价值运动过程图示

不良资产减值的过程

商业银行的正常贷款变成关注贷款，再演变为不良贷款的过程，也是债权价值不断减值的过程。商业银行一般按巴塞尔协议的要求，按照标准法或内部评级法估算贷款的违约损失率，也就是债务人违约可能造成的损失程度。这个损失额即不良资产相对于正常资产的减值。但商业银行转让不良资产时，并不是按账面净值计价的，而是通过市场竞价形成交易价格。交易价格与未减值前正常资产账面价值的差额就是不良资产的价值折扣，这个价格折扣受以下因素影响：

（1）经济周期折扣。经济上行或扩张期，资产价格上涨，甚至会出现泡沫；经济下行或衰退时，资产泡沫破裂，资产价格下跌，甚至会出现超过预期的下跌。大宗商品、房地产价格指数从波峰到谷底的价差，可以综合反映商业周期和行业周期波动对大类资产价格变动的周期折扣。对不良资产而言，在经济衰退期，宏观经济状况越差，不良资产的价格越低，反映的就是不良资产的周期折扣。

（2）流动性折扣，或者说是资产快速变现的折扣。商业银行在年末或季度末不良资产率要达到监管要求，可能需要快速处置不良资产，从交易方面看就面临流动性压力，如果不良资产市场需求不足，如资产公司资金不足或需求不旺，商业银行就必须以更低的价格出售不良资产，这就是流动性折扣。

（3）批零折扣，即不良资产交易中批发与零售之间的差价。批量交易可以降低交易费用、提高处置效率，因此商业银行对不良资产较多采用批量转让方式。但批量转让资金需求大，其转让价格要低于单户处置的价格，这就是向投资者提供的批零折扣。

（4）次品折扣。一项资产一旦被定义为不良资产，即成为次品，就会有次品折扣，如违约债券价格大幅下跌；又如抵押率充足的贷款，由于成为不良资产，就只能以低于账面价值处置，这就是次品折扣。

（5）信用级差折扣。不同的资产由于其信用风险程度的差异，形成不同的信用等级，具体体现为预期违约损失率的差异，这个差异形成的折扣称为信用级差折扣，如损失类贷款的折扣率远低于可疑类贷款。信用级差折扣与债务人所在行业有关，与债务企业的融资结构、经营状况、偿债能力高度相关，与贷款项目本身的权利次序、担保品的状况直接相关。

不良资产价值恢复和提升过程

不良资产价值从收购成本开始，通过持有维护、资产分类、日常管理、综合运用各种处置手段进行价值修复，最终实现的回收现金超过收购成本的过程，也就是不良资产的价值提升过程。下面分析中，我们假定不良资产收购成本是合理的，如果收购价格过高，就是一个损失过程。不良资产价值恢复和提升过程包括以下因素：

（1）流动性价值恢复。当不良资产从商业银行或企业转到资产公司后，由于资产公司可以选择持有，并不急于处置，因此可首先享受流动性折扣。如果资产公司出于自身资金运作的影响或成本的考虑，快速出售资产，则需要将一部分流动性恢复价值转让给受让者。

（2）批零差价。不良资产从商业银行到资产公司的过程属于批发，从资产公司到其他投资者的过程属于零售，资产公司可以享受批零差价。如果资产公司能够对收购的不良资产进行分类处置，则可以全面收获批零差价。

（3）周期性价值修复。由于经济周期或者行业周期因素影响的价值下跌，在经济周期或行业周期从衰退转变为扩张后，可以实现资产价值修复。获得此项价值修复的关键是把握周期的演变规律，持有低点收购的资产等待其价值的自然修复。

（4）价值整理。资产公司可以从两个步骤整理不良资产，首先是对不良资产包进行分类，按照资产质量、行业、区域等进行分门别类地整理，寻找出可以通过经营提升价值的资产，拟定合理的处置策略；其次对有价值提升空间的单户资产，通过债务重组、资产重组、公司治理改善等手段使债务企业走出流动性困境，恢复正常经营，恢复市场信用，债务企业的资产价值由于恢复经营得到恢复和提升，资产公司持有债权的价值也得到提升。

（5）持有收益。不良资产如进行债权减让后变成正常债权可以收取利息，或者取得债权对应抵押物的物权可以收取租金，或者实施债转股后可以获得股息，这是不良资产的持有收益。

（6）追加投资提升价值。如果资产公司对不良资产追加投资，则可以实现价值的增值。如对烂尾楼追加投资，对原来不合理的设计或施工进行改造，引入新的营运商，通过功能改进和品牌包装将大幅提升烂尾楼的价值，如SOHO对空置烂尾楼的改造大幅提升价值，再如对未完工的工业项目通过追加投资最终形成生产能力，并再进行营销和公司治理的改善，将大幅提升不良资产的价值。追加投资对价值提升的作用，一方面是将原有已投资价值完成形成一个增加值，另一方面是通过引入新的价值提升元素对原有资产价值进行再创造。

（7）资产价值形态的跃迁。通过价值形态的变化提升资产价值是不良资产处置的艺术，也是这一投资最大的魅力。如将抵押土地从工业用地转变为商业或住宅用地，将成倍提升原有资产的价值。如果将债权转变为股权，并推动股权企业上市，或者通过重组将不良资产注入上市公司取得股权等，可以带来资产价值的大幅提升，获得"乌鸡变凤凰"的效果。当然，资产形态的变化需要综合运用多种投资银行手段，也只有少部分资产具有这种潜质。

（8）市场价值发现。这主要指通过信息发现功能为不良资产寻找新用途，从而发现不良资产的新价值。

当然，不良资产的处置过程中，既要充分发现并利用价值提升因素，也要阻止价值贬损情况的发生，如债务人逃废债务导致债权追索价值下降、抵押物的价值贬损降低债权的回收价值、不良资产市场供应较多会导致持有资产的市场价格下跌等。

【专栏 5.1　关于不良资产价值的理论】

冰棍理论

该理论由华融公司原总裁杨凯生提出，其基本观点是"冰棍拿在手中，它就不断融化，银行不良资产也是如此"，"不良资产将随时间的推移加速贬值，因此应当尽可能加快处置速度，提高不良贷款的回收率"。这一理论揭示了不良资产价值的易耗性，即不良资产价值随时间推移而贬值。贬值的主要原因：一是受企业经营状况恶化影响，信用贷款的偿债能力会下降，债权资产价值会贬损。二是债务人还款意愿下降，实施逃废债行为。如知道自己的债务已剥离资产公司后赖账，故意摆烂、转移有价值的资产。所以，催收追偿债务具有紧迫性。三是债务企业资产价值贬损，如机器设备价值随着时间和技术进步会自然下降，停产企业厂房价值也会贬损，导致贷款的抵押物价值下降。四是如果宏观经济处于下行或衰退阶段，随着经济状况变差，资产价格也会下降，不良资产更难处置，也会发生价值贬损。第一次剥离的不良资产中，国有企业占比较大，且多是面临经营困难，需要转型改制、关停甚至破产清算的工商企业，这些债权随着时间推移贬损的可能性很大，如冰棍一般。因此，不良资产要抓紧处置、及时止损。

根雕理论

该理论由信达资产公司原总裁田国立提出。他认为通过深度加工和精细化处置，可以把不良资产的"枯树根"加工成高附加值的"艺术品"。不良资产就像一棵被狂风折断了的树，资产公司接手时，也许只剩下树根了，如何处理？若是农民，可能会将树根当柴烧；若是工匠，可能会将树根做成烟斗；而艺术家则会将树根做成根雕，把它变成价值连城的艺术品。至于具体选择哪一种处置方式，要根据自己的能力及树根的质地。

如将债权转为股权，股权资产可能会因企业经营改善或上市而大幅升值；对以土地使用权质押的债权，如能通过协议或诉讼取得，再追加投资做成房地产项目，能够大幅提升资产价值。这当然需要对不良资产进行精挑细选。例如，信达公司通过不良资产处置收储了不少土地使用权，以此为基础重组成立了信达地产，专门通过重整不良资产中涉及房地产的项目，提升资产价值。但是将不良资产加工成"艺术品"，是一项高难度的专业性工作，需要超强的资源整合能力和丰富的投行经验，需要针对性地对项目实施差异化的处置策略，需要多种处置手段的综合运用。根雕需要工匠！

好苹果与坏苹果理论

这是投资银行流传的一个故事。不良资产犹如一筐快要腐烂的苹果，有好苹果也有坏苹果，怎么办？整体卖很难有好价钱。正确的做法是分类处理：把烂苹果卖给苗圃做肥料，上好的苹果打上蜡、装入精制包装箱、打上品牌再卖，有点烂的坏苹果切掉坏的，好的削成片装入果盘，送五星级酒店。经过这样的处理，一筐烂苹果能实现最大的价值。这是通过不良资产分类处置提升资产价值的方法，如将不良资产细分为快速变现类、搁置类和重组类，从而提升整个资产包的价值。

轮胎理论

不良资产就像缺一个轮胎的二手车，直接使用功能有问题，如果不修理直接卖就是残次品，不值钱，如果买一个轮胎装上，修理好让功能完备，车就能正常使用，可以按整车卖更多价钱。其基本的理念是追加投资，如不良资产对应的抵押物是烂尾楼，有不少设计和建设的缺陷，还有产权方面的瑕疵，如果收购后修改设计，完善工程，完备产权，再进行品牌形象策划，需要追加大量投资，完工后的新大楼显然比烂尾楼能大幅提升价值。轮胎理论是关于追加投资创造价值的理论。

事实上，这些理论是从不同侧面总结了影响不良资产价值的因素，要全面认识、评估、挖掘不良资产价值，需要对这些影响价值的因素进行综合分析。

第 6 章　不良资产的收益与风险

为了吸引资本，风险更高的必须提供更好的收益前景，更高的承诺收益或预期收益，但绝不表示这些更高的预期收益必须实现。

——霍华德·马克斯《投资中最重要的事》

投资不良资产与投资其他金融产品一样，核心的逻辑是收益和风险的匹配。本章以不良资产投资理论特别是不良资产价值变化过程为基础，阐述不良资产投资的收益及风险，作为贯穿全书分析不良资产产品的主线，分析不良资产收益率的计量。

不良资产投资收益

投资收益是投资所获得的报酬。不良资产投资获得的收益包括投资收入、价差增值和服务收费。

投资收入

投资收入指基于持有不良资产获得的收入，包括利息收入、股息收入、租金收入等。利息收入，指持有债权类不良资产获得的利息收入，可能是收购债权本身的利息收入，也可能是经过债务重组后变为正常贷款的利息收入；股息收入，持有股权类不良资产获得的股息收入，或是收购不良股权，或是通过债务转股权获得股权后收到的股息或分红收入；租金收入，指持有实物资产或以资抵债资产对外租赁获得的租金收入。

价差增值

价差增值指处置或转让债权、股权或物权不良资产获得的现金超过收购成本的增值。如果处置回收现金低于收购成本，则意味着投资不良资产出现损失。处置不良资产获得的现金，可能是与债务人达成和解从债务人那里收取的现金，也可能是依法执行的现金回款，或是对外转让获得的价款。如果不良资产发生形态变化，如以资抵债从债权变成实物，债转股则从债权转变为股权。价差增值需要考虑最终处置回收的现金额，如处置抵债资产或债转股股权并收回的现金。

服务收费

服务收费指基于不良资产项目提供咨询服务收取的咨询顾问收入等，如对不良债务企业设计重组方案，获得重组顾问收入；又如向第三方如买方收取的尽职调查服务费用等。

不良资产投资收益可以从不同角度分析：从处置过程看，如果投资者已完成处置且全部回收款项为现金，就是终结处置收益；若是处置过程中回收的资产有现金，还有物权或股权资产，还需要再次变现，其投资收益就是阶段性处置收益；资产价值需要通过公允价格计量；若是投资之前对拟收购资产进行收益分析，则是预期收益。

不良资产投资风险

作为投资者，首先要了解的不是其投资可能的高收益，而是面临的风险。美国经济学家奈特认为，"风险是可测定的不确定性，是经济主体的信息虽然不充分，但可以对未来可能出现的各种情况给定的概率值"。风险的本质在于未来的不确定性，以及这种不确定性带来的损失。在不良资产市场上，由于存在债权、股权、实物等多种形态，因此投资不良资产面临的风险极其复杂，包括信用风险、市场风险、流动性风险、操作风险、税务风险、再投资风险、交易风险、事件风险、法律风险等。每一类具体的不良资产，还面临更为具体的风险，甚至很难为每一种可能性确定概率。这里从投资者角度对不良资产风险进行一个概述。

信用风险

信用风险指债务人无法履行按时还本付息义务的风险，一般包括违约风险、信用利差风险、信用降低风险。对债权类不良资产，如银行可疑类贷款，由于已经是违约债权，其信用风险不再是按期还本付息，而是能否按预期收回投资成本、资金利息及预期回报。不良资产信用风险的大小，一方面是受债务企业还款能力和还款意愿影响；另一方面受收购成本影响，如果收购成本比较低，而预期还款额较高，对不良资产而言，是一项低风险资产。

对违约债券这类不良资产而言，除违约风险外，还要考虑信用利差风险和信用降低风险。信用利差是由债券信用等级不同导致债券收益率之间的差额，是由于债券承担信用风险需要补偿的高于无风险报酬率（一般用国债收益率）的收益率。由于风险利差增加而使债券价格下降的风险就是信用利差风险。如果由于债券或债券发行人信用状况恶化，被评级公司下调信用评级，会增加其信用利差，导致债券价格下跌，这就是信用降低风险。在投资违约债券时，由于违约率的提高导致投资者要求更高的信用利差，常使违约债券价格大幅度下跌。违约债券的评级下调也意味风险加大，价格也会大幅下跌。受这两种风险因素影响，违约债券的价格常被严重低估。

市场风险

投资不良资产的市场风险是指由于未来资产市场价格包括利率、汇率、股票价格等不确定性因素，会对不良资产投资收益的影响。债券、债权类不良资产，在利率上升时其价格下降，利率下降时其价格上升。投资者购买债权类不良资产，如利率上升，意味着差其投资会产生损失，这是不良资产投资的利率风险。对境外投资者，还要承担汇率风险。如用美元投资人民币计价的不良资产，当美元相对于人民币升值时，则意味着投资者产生损失，这种风险称为不良资产投资的汇率风险。如果投资的是股权类不良资产，或者在不良资产处置中获得上市公司股票，则还要考虑股票价格波动带来的市场风险。从整体上看，当市场不良资产供应大量增加时，不良资产交易价格下跌，可能导致原来购买的不良资产贬值，这是投资不良资产的资产价格风险。

流动性风险

流动性一般指资产在不发生损失的情况下迅速变现的能力。不良资产是流动性较差的资产，投资不良资产必须考虑流动性风险，即因市场成交量不足或缺乏愿意交易的对手，导致未能在理想的时点和价格完成交易的风险。特别是债权及非通用的实物类不良资产的变现能力更差，流动性风险更大。例如，商业银行因不良率考核需要在期末转让大量不良资产时，因交易对手意愿不足，往往需要更大的折扣。由于不良资产处置周期较长，如果回收现金不能满足负债本金和利息的支付需求，资产处置机构就面临流动性风险。对约定了预期收益率及兑付期限的不良资产基金而言，流动性安排至关重要。投资不良资产支持证券时需要关注其流动性的补充保障状况，防止发生不能按期兑付带来的流动性风险。

道德风险

由于存在信息不对称问题，不良资产投资中面临较为复杂的道德风险：债务企业往往通过转移财产、虚假破产、企业改制、提供虚假财务报告等来逃避还款责任；商业银行可能隐瞒资产瑕疵信息规避管理责任；中介机构可能出于免责考虑出具合规但价值不大的评估意见；处置人员可能未尽职调查，没有发现交易中的缺陷，甚至与债务人勾结，为自己谋取不正当利益。

操作风险

巴塞尔委员会将商业银行操作风险定义为，由于内部程序、人员和系统的不完备或失效，或由于外部事件造成损失的风险。不良资产交易大多是非标准化的，投资过程面临更为复杂的操作风险。

资产瑕疵风险

不良资产的次品属性意味不良资产是有瑕疵的资产，其权利的行使可能受到多方面的制约，如担保可能无效、抵押品可能缺乏流动性、质押品已不足值、诉讼已获裁定但难以执行等，这就要求投资者必须进行详细的尽职调查。

交易风险

不良资产处置是非标准交易，交易过程面临诸多风险，权利条款的约定可能不利于投资者日后行权，抵押品可能无法实现登记过户，分期转让的交易对手可能无后续资金履约等。直接对债务人实施债务重组实质是一个博弈过程，投资者要充分了解交易过程的各类风险，做足风险防范措施。

估值定价风险

不良资产客户可能不配合，收集的资料和信息可能不完全甚至缺失重要资料，估值方法的选择也比较困难，假定债务人持续经营还是破产清算往往来自主观判断，抵押品瑕疵对回收价值的影响很难找到可比的参照物，不良资产价值的评估和测算可能只具有参考性。不良资产交易对手较少，交易标的可能是唯一的，历史成交价及案例只能作为参照，市场供求及价格信息受各种利益关系影响存在严重的噪声。受不确定性强、未来变化情况复杂等因素影响，不良资产估值定价风险较大。

处置风险

不良资产处置过程中的风险包括处置时机选择风险和处置方式选择风险。处置时机选择不当就可能失去不良资产价值恢复和提升的机会，也可能因为拖延处置而导致债务人逃废债务。每种处置方式都有其优点和缺点，实施债转股事实上放弃了债权的优先受偿权，带来偿付顺序改变风险；债务减让方式易发生道德风险；诉讼方式对债务人及担保人压力大、权利保障程度高，但程序复杂、耗时长、成本高、不确定因素多；对外转让受资产专用性及市场限制，效率不高，有时可能因无法找到受让者而不能实施转让。

政策风险

投资不良资产的政策风险主要指政府有关部门出台重要举措、行政规章等与不良资产处置相关的政策，影响不良资产投资决策，这是由外部事件造成的风险。如不同地区对抵押物权属转移登记手续的政策差异很大，房地产的限购限售政策差异更大，投资以房产为抵押物的不良资产时，要特别注意这些政策差异带来的风险。

法律风险

投资不良资产的法律风险指不良资产处置活动不符合法律规定，或者法律法规发生变化，或重要法律事件发生，导致不良资产投资产生损失的可能性。从不良资产处置的法律环境看，相关法律不完备可能导致无法可依，执法可能不公正，资产持有人的合法权益可能得不到保障。从不良资产投资者角度看，可能对法律环境认知不够，对相关法律条款掌握不全不细，致使投资权益受损。

不良资产收益率的计量

投资收益率的基本概念

金融作为跨期配置资源的工具，计量金融资产收益率的基本原理是货币时间价值。投资收益率的基本含义就是使投资获得的现金流现值等于投资成本（或价格）的利率，也称为内含报酬率（IRR）。

基本公式为：$P = \sum_{t=1}^{N} \frac{CFt}{(1+y)^t}$

其中，CFt 是第 t 年的现金流；N 是年数；P 是投资成本（或价格）。

根据该关系式计算的 y 值就是 IRR。一般的计算方法是试错法或插入法，Excel 中有专门的函数来计算 IRR。

我们以一个资产包从商业银行剥离至资产公司，再由资产公司转让给社会投资者，社会投资者处置的整个过程为例，说明投资收益率的计算过程。

案例：

批发市场。2005年末，某国有银行将其呆账贷款按照1%的价格从国有商业银行转让至某资产公司。

组包转让。2009年末，某资产公司分公司将某县域处置剩余的呆账贷款本金2300万元及利息，拟以57.5万元的底价打包转让，即折扣率为2.5%。AB公司项目尽职调查过程中支付律师费3.4万元，人工费5万元，经过公开竞价，最后以73.6万元获得，折扣率为3.2%。

分类处置。AB公司购买之后，对资产进行了分类。其中的县药材公司作为重点项目，其他企业类贷款组织一个团队专门清收。公司每年需支付管理费用10万元，清收团队不支付费用，按回收额的25%支付报酬。

债务重组。县药材公司贷款本金1200万元，应收利息600万元，由于该笔贷款虽设定土地抵押但未办理登记手续，已丧失诉讼时效，不能依法诉讼。药材公司拒绝接收发出的催收函，且不与AB公司正面接触，但AB公司一直不放弃努力。2011年，该县政府安排药材公司改制，并将其作为招商引资的重点项目，但公司账面亏损达1000万元。改制需要解决债务问题，引资需要良好的资产负债表和干净的产权关系。AB公司提出债务重组方案，减免1000万元本金和600万元利息，只需要偿还200万元本金，用药材公司城郊一个已经荒废仓库的土地使用权及地上建筑物抵偿即可。该方案最终达成，药材公司减轻了债务包袱，获得1600万元账面收益，核心资产如经营权、市区门店并未有实质的变化，顺利实现了改制。

资产变性。AB公司取得土地使用权后，由于城市扩张，该土地所属区域被划定为县经济开发区，并在邻近地块区域开通一条公路。这实际上是AB公司在购买之前就了解但尚在审批之中的事项。从2012年开始，AB公司成立专业团队运作，每年管理费用增加到30万元，公司向政府申请变更土地性质，将原有仓储用途变更为商业用途，支付土地出让金90万元，按当时同位置的商业土地估算，变性后土地使用权的价值已达到500万元。

追加投资。AB公司将该宗土地规划成一个包括商业、旅馆、餐饮、办公等在内的综合体。2013年，追加投资120万元，建设过程中引入有实力的建筑商，承诺用建成的商铺折价抵偿建筑款项。

租赁经营。2014年开发完成，AB公司享有权益部分每年租金约200万元，营业税率6%，所得税按开发区政策15%，每年可获得净利润134.3万元。

最终结果。随着开发区的发展，该公司持有的综合体资产价值不断提升，2016年末有投资者愿意出价2000万元购买。其他不良资产至2016年末回收现金80万元，支付报酬20万元，支付律师费15万元。

假定案例中AB公司2016年按2000万元转让该项目，仍按原税率交税，不考虑其他税费，现金流入流出均假定年末支付，现金流量情况可整理成表6.1。

表 6.1   **AB公司不良资产项目现金流量表**

单位：万元

年份	现金流出	现金流入	净现金流
2009	82		−82
2010	10		−10
2011	10		−10
2012	120		−120
2013	150		−150
2014	65.7	200	134.3
2015	65.7	200	134.3
2016	513.5	2280	1766.5

表6.1的现金流入主要是处置回款、租金收入和拟转让资产的价值，如2016年的现金流入有租金200万元，处置回收80万元，拟转让房产价值2000万元；现金流出主要包括资产购入价、费用、追加投资及税金，如2016年的现金流出有费用35万元，营业税136.8万元，所得税311.7万元。

运用Excel计算，该项目IRR为44.92%，这是一个收益较高的项目。

案例中某资产公司2005年受让该资产的成本按平均折扣率分摊为23万元，2009年回收73.6万元，项目IRR为33.75%。若按政策性时期处置不良资产的平均成本水平，即现金流费用率约9%估算，并考虑25%的企业所得税，该项目净回报IRR为21.57%。

计量不良资产收益率的因素

不良资产现金流入

不良资产现金流入主要是以现金形式获得的不良资产投资收益，包括投资收入、价差增值和服务收费。如案例中某资产公司通过打包转让获得的73.6万元，就是该资产包取得的现金流入。

不良资产项目现金流入的计量，一般是资产最终处置即持有不良资产的权利及风险全部转让后，以上述一种或几种方式组合回收的现金，如有应收项目，应估计其未来回收现金余额。如果计量未终结处置前某一期间的收益率，则需预计持有资产的变现价值。

不良资产现金流出

不良资产投资项目的现金流出主要是成本费用，包括收购成本、管理成本、追加投资和处置成本。以案例6.1说明，收购成本，即收购不良资产支付的对价及相关费用，费用包括尽职调查相关的法律、评估、人员等产生的费用，以及交易佣金等，案例中AB公司收购的对价为73.6万元，费用为8.4万元，收购成本为82万元。管理成本，收购资产后维护资产状态需要支付的公告、信息收集、人员、办公等成本支出，案例开始为每年固定10万元，后期为30万元。追加投资，即收购后为完善或提升不良资产形态而追加的投资支出，案例中为120万元。处置成本，包括诉讼相关的法律及律师费用、营销费用、交易佣金、管理费用、人员费用、税金等，案例中最终处置时，律师费15万元，人员费用20万元，管理费用共170万元，税金共511.9万元。

不良资产项目的直接成本如收购成本、诉讼费用、评估费可直接按项目归集，如将资产包拆分为单个资产项目处置时，需要将资产包收购成本在各个项目之间进行成本分摊。间接成本费用（如管理费用、营销费用、人员费用）需要按债权本金、管理人员、处置回收现金额等进行分摊。

衡量不良资产收益率的其他指标

持有期收益率

持有期收益率指不考虑复利因素，简单比较不良资产收购成本与处置价值计算的处置收益率，也称为总收益率，计算公式为：

持有期收益率 =（处置收回金额 – 收购成本）/ 收购成本

处置回收金额包括以各种方式最终处置资产获得的现金及资产持有期间获得的股息、利息及租金等；收购成本包括购买资产支付的价款及相关费用。在实际计算中，如果处置回收金额不扣除处置费用及持有期成本，则称为持有期毛收益率，如果扣除处置费用及持有期成本，则为持有期净收益率。

案例6.1中，某资产公司2005—2009年整个持有期的收益率为：

持有期毛收益率 =（73.6 – 23）/ 23 × 100%

$$= 220\%$$

年化收益率

持有期收益率是个总收益率的概念，如果考虑到持有期因素，可将其折算为年化收益率。年化收益率指把持有期收益率或其他以月或周计算的当前收益率折算成年收益率，从而可以比较不同期间的收益率。

持有期年化收益率 =（1 + 持有期收益率）$^{1/N}$-1

"N"代表计算的期限。

例中某资产公司的持有期毛年化收益率为：

$$持有期毛年化收益率 =（1+220\%）^{1/4}-1$$
$$= 21.79\%$$

不良资产预期收益率及变动分析

预期收益率

上述计算不良资产收益率的方法一般在处置终结后评价处置效益时采用，但事实上在收购不良资产决策时就需要通过预计收购成本、测算预期收入来预测不良资产项目的预期收益率。其计算方法与过程同前述，需要注意的问题是，要认真分析拟收购资产的状况，确定处置思路，借助历史数据及尽职调查资料，对不良资产未来回收现金的数量及时期、需要支付的收购成本及处置费用作出预计。对未来处置的预测与选择的处置策略相关，需要丰富的处置经验。

敏感性分析

不良资产投资的敏感性分析，主要是从众多不确定性因素中找出对不良资产投资项目投资收益率有重要影响的敏感性因素，分析判断投资项目的风险状况及影响因素。一般采用单因素敏感性分析法，分析收购价格、预期回收金额、再投资金额、处置期等因素的影响。

我们以案例6.1中的追加投资前的决策为例，说明敏感性分析的过程。

该资产包中的药材公司项目收购成本，若按收购贷款本金分摊约为42.8万元【（73.6+8.4）×1200 / 2300】，因管理团队主要为管理此项目组建，承担所有费用，截至2012年末为50万元，土地出让金90万元，该项目总成本为182.8万元（42.8+50+90）。在追加投资时，预计投资120万元，建设期1年，建成后资产价值1000万元。项目内部报酬率为82%。

敏感性分析时，设定分析两个因素，即投资额和资产价值。投资额变动假定两种情形，即增加20%或减少20%，即增加至144万元或减少至96万元；资产价值变动假定两种情形，即减少至800万元和增加至1200万元，内含报酬率变动情况变化如表6.2所示。

表 6.2　　　　　　　　AB 公司追加投资项目敏感性分析表

投资前成本 / 万元	追加投资额 / 万元	资产价值 / 万元	内含报酬率 / %	内含报酬率变化 / %
182.8	120	1000	82	
182.8	144	1000	75	−7
182.8	96	1000	89	+7
182.8	120	800	68	−14
182.8	120	1200	106	+14

可见，同样在增加或减少20%比率的情况下，资产价值变动对内含报酬率变化的影响更大。

不良资产业务收益率

金融不良资产业务收益率

从整体上分析金融不良资产业务收益率时，也可运用内部报酬率法，但由于实际计算比较复杂，一般采用计算处置净收益率的方法，具体的计算方法为：

处置净收益率 =（金融不良资产净收益−未实现的公允价值变动）/ 处置金融不良资产账面成本 ×100%

2018年，信达、华融两家公司的金融不良资产业务收益率情况见表6.3。

表 6.3　　　信达、华融公司金融不良资产业务收益率（2018 年）

	信达公司	华融公司
收购金融不良资产净额 / 亿元	1894.58	1626.91
新增收购金融不良资产 / 亿元	759.45	495.08
处置金融不良资产账面成本 / 亿元	350.91	285.83
金融不良资产净收益 / 亿元	112.73	86.53
未实现的公允价值变动 / 亿元	1.70	10.99
内部收益率 /%	15.5	14.5
处置净收益率 /%	31.64	26.43

注：处置净收益率 =（金融不良资产净收益 − 未实现的公允价值变动）/ 处置金融不良资产账面成本。

非金融不良资产业务收益率

非金融不良资产业务主要由收购重组类不良资产业务组成。该业务本质上属于固定收益类业务，其业务收益率是一个综合收益率，或平均收益率。具体计算方法为：

收购重组类不良资产月均年化收益率 = 收购重组类不良资产收入 / 收购重组类不良资产月均余额 × 100%

2018年，信达、华融两家公司收购重组类不良资产收益率情况见表6.4。

表 6.4　　　信达、华融公司收购重组类不良资产收益率（2018 年）

	信达公司	华融公司
收购重组类不良资产净额 / 亿元	2157.90	3485.60
新增收购重组类不良资产 / 亿元	936.53	1499.08
收购重组类不良资产收入 / 亿元	193.11	315.94
收购重组类不良资产月均年化收益率 /%	8.4	8.9

债转股业务

债转股业务需要较长时间才能退出，一般用两种方式衡量其收益率。

一种是处置收益率，即在债转股处置后获得的收益，可以按项目逐个计算内含报酬率，出于方便计算的考虑，一般选择债转股资产退出倍数，即用当年处置债转股资产取得的收益除以处置债转股资产收购成本计算，处置债转股资产取得的收益是债转股资产处置净收益与收购成本之和。债转股资产退出倍数减去1即为债转股持有期收益率。华融公司2015—2018年债转股资产处置收益情况见表6.5。五年的平均退出倍数为2.5倍，取得较好的收益率。

表 6.5　　　　华融公司 2015—2018 年债转股资产处置收益情况表

年份	2018	2017	2016	2015	2014
处置债转股企业户数 / 户	6	23	17	14	29
处置债转股资产收益 / 百万元	998.3	6606.7	4659.8	7563.0	5267.6
处置债转股资产收购成本 / 百万元	416.3	3209.7	1699.9	2039.5	2790.5
债转股资产处置净收益 / 百万元	582.0	3397.0	2959.9	5523.5	2477.1
债转股资产退出倍数	2.4	2.1	2.7	3.7	1.9

另一种是股息率。华融公司债转股企业股息情况见表6.6，由于企业分红较少，五年的平均股息率很低，仅0.93%。

表 6.6　　　　　　华融公司债转股企业股息率情况表

年份	2018	2017	2016	2015	2014
债转股资产账面价值 / 百万元	16732.6	12455.3	19128.8	24202.9	24388.6
债转股企业股利收入 / 百万元	192.8	154.4	176.2	145.4	234.3
债转股企业股息率 /%	1.15	1.24	0.92	0.6	0.96

第7章　金融不良资产

如果你没有做好承受痛苦的准备，那就离开吧，别指望会成为常胜将军，要想成功，必须冷酷。

——乔治·索罗斯

金融不良资产是不良资产市场最重要的产品，也是目前市场份额最大的部分，学习金融不良资产收购处置是从事不良资产投资的基础。

基本概念

金融不良资产是指金融机构包括银行业金融机构及非银行金融机构的不良资产。实施资产风险分类的金融机构，不良资产主要指次级类、可疑类、损失类三类；不进行资产分类的金融机构，不良资产一般要求逾期90天以上，且资产价值存在贬损。非银行金融机构不良资产应为自有资金投资形成的表内不良资产。

金融不良资产包括债权资产、股权资产、实物资产及其他资产。债权资产包括金融机构作为债权人的各类信贷资产及非信贷资产；股权资产包括债转股、抵债股权、股权投资等；物权资产包括以物抵债等形成的物权等实物形态的资产；其他资产包括土地使用权、专利权等。

金融不良资产业务是资产公司的主营业务，其经营模式见图7.1。

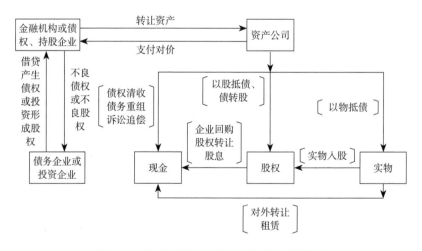

图 7.1　资产公司金融不良资产经营模式

金融不良资产投资的收益与风险

商业银行不良资产包收购处置占金融类不良资产业务的90%以上，不良贷款是金融不良资产市场投资的主要产品。金融不良资产投资收益与风险的分析以债权类金融不良资产为主，而股权类资产的收益与风险分析详见债转股一章。

金融不良资产投资的收益

不良资产经过资产处置机构如资产公司综合运用多种处置手段实施价值的恢复和提升过程后，以各种方式回收现金，形成不良资产处置收益。不良资产处置收益剔除收购成本及处置费用后的净额，就是不良资产处置净收益。由于处置方式不同，金融不良资产投资收益的取得途径就有差异。下面以金融不良资产中占比最大的不良贷款为例，说明不良资产处置收益获得的各种情形。

转让获得价款

转让获得价款指资产处置机构将债权资产（单项或资产包）对外转让，从受让人处取得转让价款。

债权重组回款

债权重组回款指资产处置机构与债务人进行债务重组，在修改债务条款如延期、削减债务利息甚至本金、重新设定抵（质）押条件后，由债务人用经营收入或其他方式筹资归还重新约定的偿付本金及利息，及未按期履行的违约金及加罚的利息。

股权持有及转让收入

若实施债转股，经过治理改善经营业绩提升后，债务人分配的股息，以及对外转让或债务人回购股权获得现金收入即为股权持有及转让收入。

出售抵押品收入

出售抵押品收入指依法对外转让抵押物、质押物获得的收入，或债务人用资产抵偿债务，通过出售抵债资产变现获得的收入。

司法执行款项

司法执行款项指依法对债务人提起诉讼，通过法院执行回款，或者依法参与债务企业破产，清算分配的破产财产。

追加投资后项目变现收入

若对回收的烂尾楼或类似项目追加投资，项目销售收入减去追加投资的成本，就是追加投资后项目变现收入。

金融不良资产投资的风险

收购成本过高风险

收购成本过高风险指资产处置机构在收购不良资产过程中，尽职调查不充分，出于竞争需要提高报价，致使收购价格高于不良资产的价值，处置中出现损失的风险。

债务人偿债能力下降风险

债务人偿债能力下降风险指资产处置机构接收资产后，债务人受宏观经济趋势及市场竞争影响，经营状况进一步恶化，经营亏损加大，销售下滑，现金流量日趋枯竭，偿债能力下降，债权资产价值贬损的风险。

抵押品价值下跌风险

抵押品价值下跌风险指受市场因素影响，作为债权担保品可用来偿付债务的抵（质）押品价格下跌，导致不良资产处置回收金额减少的风险。如质押的上市公司股票，受市场及负面消息影响出现下跌，质押的土地房产受规划调整或法律诉讼等因素影响出现价格下跌。

债权瑕疵风险

不良资产本身就是已经出现债务违约的瑕疵资产，但这里讲的瑕疵主要指资产处置机构接收资产后，在进行尽职调查时发现的收购时商业银行未披露或已披露但情况更为严重的瑕疵，按合同约定不能追索原债权银行。这类瑕疵可能严重影响资产回收价值，如债务人资产被第三方查封。

债务人逃废债风险

债务转到资产处置机构后，债务人的违约信息在人民银行征信体系中有较为完整的信息记录和反映，债务人再融资困难，债务人还款意愿下降，甚至开始采取各种手段逃废债务，如隐匿、转移和毁损资产，擅自处置抵押物或将抵押物再次抵押给其他债权人，虚构其他负债，借改制之机拒还债务，虚假破产，低价将有效资产租赁给关联者等。

操作风险

操作风险指收购处置过程中由于决策流程及操作人员工作失误而导致的风险，如尽职调查不充分、定价方法选择不恰当、处置时机选择不理想、处置方式选择不合适等。

金融不良资产的批量转让

金融不良资产的一级市场是金融机构向资产公司批量转让不良资产的市场，从商业银行视角是不良资产转让；从资产公司视角是不良资产收购。下面介绍商业银行批量转让金融不良资产的操作过程。

商业银行组包过程

商业银行作为卖方，批量转让不良资产经过以下步骤：

（1）资产选择，商业银行对不良资产按自己处置、证券化和对外转让等方式分类，选择适宜对外转让的资产。

（2）资产组包，对拟对外转让的不良资产按地区、行业或贷款类别等特征整理后组包，如组成某地区资产包、某行业资产包、消费贷款包等。

（3）法律调查，即对债权及担保的合法性和有效性实施法律调查，对诉讼状况进行确认。

（4）卖方尽职调查，由银行信贷人员通过审阅不良资产档案和现场调查，客观公正反映不良资产状况，撰写卖方尽职调查报告，为确定资产价格、转让披露信息、揭示风险提供基础。

（5）资产估值，在卖方尽职调查基础上，选择合适的估值方法，分析企业资产负债状况、抵质押及担保情况，预测不良资产的回收情况，合理估算资产价值，逐户确定资产价格，必要时可聘请评估公司出具意见。尽职调查和估值结束时，一般要形成"三表一报告"，即企业资产情况表、企业融资情况表、资产定价表、综合评估报告。

（6）编制审核批量转让方案。编制转让方案时应对资产状况、尽职调查情况、估值方法及结果、转让方式、公告情况、受让方确定方法、风险控制措施、预计回收和损失等进行阐述和认证。

（7）组织买方尽职调查的准备工作，包括必需的资产权属文件、档案资料、拟签转让协议范本的复印件或扫描文件及相应电子信息数据，安排尽职调查的方式及时间。

资产公司收购前期工作

资产公司作为买方，拟收购不良资产需要做以下工作：

（1）项目立项，根据商业银行拟转让资产的信息，经过初步调查，对资产状况、收购方式及可行性进行分析，经过审批，确定是否参与收购。

（2）尽职调查，根据资产情况，按照成本效率原则选择适当的调查方式，在商业银行组织下，通过核查档案、查看或核实抵押物、走访债务人及保证人等，收集资产权属及价值判断需要的相关信息。

（3）估值定价，依据尽职调查资料，根据拟收购资产的种类如债权、股权、实物等，综合考虑政策、市场、地域、行业、司法等因素，参考历史处置数据、过往案例等，选择合适的估值方法，对拟收购资产初步估值，并根据交易对手的情况及竞争状况，确定报价区间。

（4）制作收购方案，在尽职调查及估值基础上，通过测算和分析，拟定收购方案，内容包括债权情况、债务人情况、担保状况、估值定价情况、交易结构、盈亏预测、风险因素及控制措施等，并附列相关的法律意见书、评估报告、审计报告等文件作为佐证。

（5）收购方案的审批，根据业务授权，收购方案需要经过相应的决策机构审核及审批。需要注意的是，由于涉及商业竞争，审批方案需要保密。

转让过程

批量不良资产交易过程一般需要经过以下环节：

（1）商业银行发出要约邀请，根据公开转让方式，发布招标公告、邀请函或竞价函等。

（2）资产公司发出拟收购意向或进行注册，在商业银行的组织下完成尽职调查，并完成内部决策流程。

（3）确定受让方，商业银行组织招标或竞价会议，由四大资产公司及地方资产公司进行投标或竞价，一般报价高或符合竞价规则的资产公司成为受让方。

（4）签订资产转让协议，转让协议应明确约定交易基准日、转让标的、转让价格、付款方式、付款时间、收款账户、资产清单、资产交割日、资产交接方式、双方责任等事项。

（5）价格支付，按协议约定资产公司支付转让价款，一般是协议签署3日内一次性付款。

（6）发布转让公告，通知债务人及担保人，一般是协议生效10个工作日内，在报纸上联合发布债权转让通知暨债务催收公告。

（7）资料移交和权利转移，商业银行向资产公司移交档案资料，移交抵质押等从属权利证书或文件，办理权属关系、诉讼与执行主体的变更等。

批量转让规定和要求

批量的概念

2012年1月，财政部、中国银监会发布《金融企业不良资产批量转让管理办法》(财金〔2012〕6号),规定了金融机构与资产公司批量转让的要求,即10户/项(包含10户)以上不良资产即可批量转让。2016年10月,中国银监会将批量转让的要求调整为3户/项(包含3户)。

可批量转让的金融企业范围

可批量转让的金融企业包括国有及国有控股商业银行、政策性银行、信托投资公司、财务公司、城市信用社、农村信用社,以及中国银监会依法监督管理的其他国有及国有控股金融企业(资产公司除外)。

可以批量转让的资产

可以批量转让的不良资产包括金融企业在经营中形成的不良信贷资产和非信贷资产,主要有:按规定程序和标准认定为次级、可疑、损失类的贷款,已核销的账销案存资产,抵债资产,其他不良资产。

不得批量转让的资产

不得批量转让的资产主要包括:债务人或担保人为国家机关的资产;经国务院批准列入全国企业政策性破产关闭、破产计划的资产;国防军工等涉及国家安全和敏感信息的资产;个人贷款(包括向个人发放的购房贷款、购车贷款、教育助学贷款、信用卡透支、其他消费信贷等以个人为借款主体的贷款);在借款合同或担保合同中有限制转让条款的资产;国家法律法规限制转让的其他资产。

转让原则

资产转让必须坚持真实性、洁净性和整体性原则,必须实现资产和风险的真实、完全转移。不得与转让方在转让合同等正式法律文件之外签订或达成影响资产和风险真实完全转移的改变交易结构、风险承担主体及相关权益转移过程等的协议或约定;不得设置任何显性或隐性的回购条款,如卖出回购、代持、利益补偿、同业借款、保底清收、收益权转让等。

金融不良资产管理

基础管理

投资者接收金融不良资产后，以资产保值增值为目的，需要组织更深入的尽职调查，建立台账，落实管理责任，以处置为目的实施不良资产重新分类，并根据债权、股权、物权等资产的不同特点，对不良资产进行维护和管理。

责任管理

接收资产后，资产公司的首要任务是指定管理责任人，一般每个项目确定两名项目经理，其中一位为主管理人。项目经理的主要任务是，维护债权催收及诉讼时效，及时更新债权相关信息，走访债务人，关注债务人经营状况及履约情况，定期跟踪抵（质）押物状况及价值变化，维护实物资产的状况，制定并实施处置方案等。

属地管理

不良资产在行业分布、区域分布、质量分布等方面具有多样性，金融不良资产包内债务人及相关抵（质）押资产、担保人的组合比较复杂。为提高管理效率、节约管理成本，资产公司通过设立分支机构实施资产属地化管理，在省级行政管理区域设立分支机构管理区域内资产，省级行政区域以下设立项目组；对于重大的跨区域资产，一般由总部进行整体协调管理。

台账管理

将收集的债务人及担保人基本情况、债权状况、抵押、担保人、诉讼等信息资料，按户及资产包建立项目台账，并根据尽职调查和日常管理情况及时更新，动态反映债权维护及处置状况。

档案管理

以接收的银行档案资料为基础，全面收集、核实并及时更新债务人及担保人工商登记变更、公司治理、资产负债、诉讼情况等资料，归入不良资产档案，对资产管理处置过程中形成的催收通知、诉讼文件、现场调查报告、处置方案及相关的评估报告、法律意见书、交易记录、转让公告等资料也要归入档案。收集、核实的过程和结果也应以书面或电子形式记载并归入档案。

债权资产管理

对金融不良债权资产，需要开展日常走访、风险检测、债务追偿、抵（质）押物检查等管理工作，确保债权权利的实现。日常管理工作主要包括时效管理、押品管理、日常监测管理等。

时效管理

时效管理的重点是债权及相关担保措施的诉讼时效管理。诉讼时效是指权利人在法定期间内不行使权利，持续达到一定期间致使其请求权消灭的法律事实。诉讼时效期间届满，权利人丧失的是胜诉权，而非消灭实体权利和程序上的起诉权。《民法总则》规定："向人民法院请求保护民事权利的诉讼时效期间为三年。法律另有规定的，依照其规定。"诉讼时效管理包括以下三个环节：

一是确定诉讼时效计算起点。诉讼时效期间自知道或者应当知道权利被侵害时起计算。对于定有履行期限的债权，应当自债务清偿期届满时起算，通过合同或协议约定的债权到期日可作为诉讼时效计算的起点；对于附转股、回购等条件的债权，条件成立之日可作为诉讼时效计算的起点；对于履行期限未定或不明的债权，应当以债权人第一次向债务人主张权利后或自债权人给予债务人清偿债务的宽限期满之日为诉讼时效计算的起点。

二是主债权诉讼时效中断。作为不良债权资产的权利人，按规定向人民法院申请支付令、申报破产债权、对抵押财产申请优先受偿，以及向仲裁委员会申请仲裁等行为均可导致诉讼时效中断。债权人要求债务人履行义务或向债务人的代理人或财产代管人主张权利，包括通过口头、书面或公告（只适用于资产公司）等方式催收，以及和债务人及相关方达成还款和解等，可认为诉讼时效中断。债务人以口头或书面方式向债权人或其代理人，承认自身承担的债务，请求延期给付并承诺提供担保、支付利息、偿付部分债务等，可认为诉讼时效中断。需要注意的是，承认主债务对保证债务并不具有重新确认保证期间或诉讼时效的效力。

三是保证债权诉讼时效。保证合同约定保证责任，应当在保证责任期间内做好时效中断工作。保证合同未约定保证责任期间，债权人应当在债权到期后六个月内主张权利。保证合同对保证责任期限约定不明，保证期间为主债务履行期间届满之日起两年。一般保证中，主债权诉讼时效中断，保证债权诉讼时效中断，但中断诉讼时效方式仅限于提起诉讼或提请仲裁两种；连带责任保证中，主债权诉讼时效中断，保证债务诉讼时效不中断，连带责任保证必须向保证人单独催收债权。

期间管理指在各种法定的期间届满前及时采取相应措施，维护债权人的权利。主要包括缴费期限、举证期限、上诉期限、再审期限、申请执行的期限、申请恢复执行的期限，查封、冻结、扣押财产的期限、破产债权的期间等。

押品管理

抵（质）押物是债务人或其相关方拥有的、用于向债权人提供抵（质）押权利的资产。作为债权重要的补充还款来源，抵（质）押物的价值与变现能力将直接影响债权资产的处置回收。金融不良资产的押品管理重点做好以下三方面的工作：

一是押品权利的变更。金融类不良债权资产主要以金融机构作为直接或间接管理人，一般债权都会有相关的抵（质）押措施，资产公司在收购不良债权时，可直接承继原有债权上的抵（质）押权利，或者采取重组等方式实施资产处置时，会要求债务人追加抵（质）押物。资产公司在接收债权时，需要根据抵（质）押物的不同类型与具体形态，在各地方不动产登记管理部门、工商登记部门、证券登记部门等权利登记部门及时办理抵（质）押权利的变更登记。

二是押品监测。要通过现场检查、非现场监测、风险预警等方式，全面掌握抵（质）押物的现状及价值变化。现场检查重点关注抵（质）押物是否发生物理状态重大变化、是否存在他方权利、是否已毁损或灭失、是否被占用或被第三方侵占等；非现场监测主要通过电话、网络、媒体等工具，查询不动产登记管理部门、人民法院以及其他单位公布的相关信息，了解抵（质）押物权利的动态；对抵（质）押物权利的重大变化，要及时采取行政或法律的手段，如查封抵（质）押资产，确保债权人权益。

三是押品价值动态评测。应关注市场动态，定期评估抵（质）押物市场价值，必要时可聘请具有相关资质的评估机构对抵（质）押物价值评估，当抵（质）押物价值发生重大贬损情况时，要及时采取措施，如要求债务人重新落实抵（质）押物，或用其他资产重新设定抵（质）押物。

日常监测管理

日常监测管理主要是通过走访和非现场调查，对债务人与担保方实施动态监测，重点是判断其履约能力。

一是基本情况监测。包括各类证照、资质是否真实、有效，企业章程、治理结构、管理层、注册资金缴纳情况，企业股权结构变化情况、产权变更情况，企业股东及实际控制人身份与国籍、家庭构成、身体状况等。

二是经营状况监测。包括企业的生产经营状况，如是否处于停产停工状态、主要生产单元是否正常运转、企业产品市场销售状况、企业产能利用情况；企业的主要资产状况，如资产的物理状态、区域分布及价值构成；企业的财务状况，包括资产负债状况、盈亏状况、现金流状况，以及企业运营及偿债能力财务指标等。

三是资信状况监测。包括债务企业及其实际控制人的信用评级情况、银行授信情况，是否存在民间借贷、未披露隐性负债情况，是否存在对外担保、不良信用记录，是否存在未结案件，是否受到相关行政机关的行政处罚，是否存在资产被查封、冻结、扣押等情况。

破产债权管理

如债务企业或担保人进入破产程序，要进行特别的处理，包括申报债权、参加债权人会议、参与破产重整、参与破产分配、及时追索担保人等工作。

股权资产管理

股权资产主要包括直接收购的不良股权、债权转股权、不良资产追加投资、重组问题机构和问题资产中涉及的追加投资、处置不良资产形成的股权（置换及以股抵债）等形成的持有公司制企业法人实体的股权和特殊目的实体的份额等，其本质是按照持股比例分享收益并承担风险，股权资产管理的目标是实现股权价值保值增值。股权资产管理的内容主要有计划管理、授权管理、行权管理等。

计划管理

资产处置机构通过不良资产处置形成的股权资产一般属于阶段性持股，持股比例一般不高，持有时间一般不超过5年，需要根据业务发展战略、风险控制水平、内控能力及资金来源状况，制定股权投资计划，确定持股的规模和增速，对持有股权作出明确的持有及退出计划。

授权管理

资产处置机构要建立股权管理授权制度，根据持股比例向持股企业派出股东代表、董事、监事、高管等人员，参与企业重大决策，定期对派出人员的履职情况进行考核和监督，派出人员需定期总结报告其在企业中的工作情况。

行权管理

资产处置机构要按照持股企业章程约定，参与持股企业重大经营事项的决策，包括但不限于对外大额负债、对外投资、合作、担保、股权变动、实际控制人及管理层变动、资产重组等。应按照内部决策权限，对于持股企业须决策的事项，应先实施内部审批，然后通过股东代表、派驻董事等行使表决行权。

日常监测

资产处置机构要密切关注持股企业资产负债、生产经营和关联交易等重大事项及其变化。要定期收集持股企业财务信息，如半年度、年度财务报表；及时建立和更新股权项目台账；定期对持股企业进行走访、检查；定期对股权价值进行评估，确认股权价值增值情况；定期评估股权资产存在的风险隐患，并提出相应的风险防范措施及股权资产处置建议。

重大事项报告制度

与债权资产比较，股权资产的市场风险相对较大。除需关注持股企业经营问题可能导致股权价值损失风险外，资产处置机构还要关注持股企业带来的风险传染，如持股企业发生群体性事件、被媒体负面报道、发生人员伤亡事故或遭受自然灾害等。需建立股权资产重大风险报告制度，持股企业发生重大风险事件时，派驻人员或股权资产管理单位应在规定时间内提交报告。特别对重大生产事故、涉及刑事案件等预计会对股权资产价值产生重大不利影响的情况，要及时报告。

实物资产管理

实物资产，主要包括以资抵债和直接收购不良物权形成的实物类资产，可以分为动产和不动产，包括房屋及建筑物、在建工程、土地、交通工具、机器设备、材料物资等。实物资产管理的目标是如何减少管理成本、防范资产损耗、提升资产价值，并为加快资产处置创造条件。实物资产管理遵循有利于变现和成本效益原则，应根据不同类实物类资产的特点制定并采取适当的管理策略，包括接收过户、日常维护、租赁和委托管理等。

接收过户

在以资抵债获得实物资产过程中，资产处置机构应优先选择通过人民法院裁定或仲裁机构裁决的方式进行，审慎采用协议方式。在取得人民法院裁定或仲裁机构裁决之后，项目经办人员应对实物资产的权属转移文件和权属证明文件进行核实，并实地核对、清点实物资产，确认无误后方可办理交接手续。凡是能够办理过户登记手续并且符合成本效益原则的项目，应尽快将实物资产过户至资产处置机构名下，对于一些暂时无法办理过户的在建工程等实物资产，应通过办理预告登记、现场公告、取得地方登记部门相关权属证明文件等方式，确认资产处置机构为该资产权利的归属方。已取得的重要权证要实施集中管理。

日常维护

资产处置机构要明确实物资产的管理责任人，建立实物类资产台账，定期进行盘点清查，及时掌握实物类资产的形态及价值状态的异常变化和风险隐患，积极采取有效措施，防止贬损或丢失。同时，应建立实物类资产信息数据库，并及时收集、更新和分析管理、处置信息。实物资产的日常维护，重点是防止自身权利被侵犯和资产价值发生贬损。在自身权利被侵犯方面，主要包括被无偿占用、被无故查封或罚没、一些房地产类资产被政府强制征收等情形，项目经办人员要定期或不定期对资产进行现场检查，并根据受到的损害情况，合理提出赔偿金、补偿金、保险金等诉求。在防止资产价值贬损方面，特别是对存货、运输工具、机器设备等动产，要妥善保管并加快盘活处置，减少因长期闲置或设备更新换代导致的资产价值贬损。

资产租赁

在对外租赁不影响资产处置的前提下，可将实物资产进行对外租赁。一般根据实物资产的性质即不动产和动产分别实施租赁，以提高资产利用效率，降低管理费用。

委托管理

资产处置机构可充分利用相关行业专业中介机构的管理能力优势，委托中介机构进行管理，坚持"有利于实现资产处置效益最大化，提高处置效率，降低管理成本"的原则。在委托管理时，要与中介机构签订委托管理协议，明确中介机构的责、权、利。在委托管理过程中，项目经办人员也要适时对实物资产进行现场检查，及时关注中介机构的管理状态。

金融不良资产处置

不良资产处置，是指不良资产持有机构如资产公司根据相关法律法规，综合运用各种手段和方式，对收购的不良资产进行价值提升和价值变现的经营活动，包括资产处置前期调查、处置方式选择、资产定价、处置方案制定、审核和实施等。处置方式主要有追偿债务、租赁、转让、重组、资产置换、委托处置、债权转股权、资产证券化等，目标是实现处置回收现值最大化。

不良资产处置的原则要求

资产公司处置金融不良资产，要在依法合规的前提下，实现资产处置收益最大化，严格遵守资产处置的各项监管规定。

建立健全资产处置审核审批机制

资产公司处置金融不良资产，须经有决策权力的机构进行审核审批，审核审批人员须熟悉资产处置工作和相关领域业务，未经审核审批通过的资产处置方案，一律不得实施。对于经人民法院或仲裁机构作出的已生效的判决、裁定、裁决的资产处置项目，可不再进行专门审核审批。

坚持"公开、公平、公正"原则

资产公司处置金融不良资产，必须坚持效益优先、严控风险、竞争择优和公开、公平、公正的原则，选择公开载体（网站、报纸）发布处置公告，并按照处置项目标的金额，确定符合要求的公告载体和公告期限，相关的网页截图或报纸图片作为处置方案附件。对于债务人或担保人为国家机关或涉及国家安全及敏感信息，以及因特殊原因不易公开的项目，可不进行公告，但处置时应说明理由。

不良资产处置方式选择

不良资产处置按是否终结债权权利可分为最终处置和阶段性处置。最终处置指受让不良资产的权利经过处置已终结，处置回收价值形态为现金。阶段性处置指受让资产的形态或条件发生变化，如债权转为股权或以物抵债转变为物权，但未最终回收现金。应按照成本效益和风险控制原则，合理分析，综合比较，按照处置收益最大化的目标选择处置方式。不良资产的基本处置方式可归纳为三大类：债务重组、对外转让和债务追偿，其定义、适用范围见表7.1。资产公司在政策性处置阶段，债务重组以减让（打折）为主，对外转让以批量转让（打包）为主，债务追偿以诉讼（打官司）为主，也就是常说的"三打"。

表 7.1   **基本处置方式比较表**

处置方式	定义	主要方法	适用
债务重组	指通过对金额、利率、期限、担保方式、回收事项、货币种类等债务要素进行调整，与债务人达成让步事项	债权重组、债权转股权、资产置换等	债务人短期流动性困难，但长期具有较强偿债能力，债务人还款意愿较强
对外转让	指以市场公开的方式通过市场竞价向第三方转让不良资产，实现价值回收	拍卖、招标、竞价、挂牌、网络交易、协议转让等	适用市场认可度较高、易随时间推移快速贬值的资产，资产分散直接处置成本大，债务人还款意愿不强
债务追偿	指直接或通过法律手段督促债务人归还债权，实现处置回收	债权清收、诉讼追偿、委托追偿、破产清偿等	适应面较广，大多数债权都需要清收，清收无效或债务人不配合，还款意愿较差，则用法律手段

债务重组

债务重组类处置方式包括债权重组、债转股、资产置换等，这是资产处置尽职指引的规定，《企业会计准则》将债务重组方式定义为以资产清偿债务、将债务转为资本、修改债务条件及其组合。债务重组，指债权人在债务人发生财务困难的情况下，按照其与债务人达成的协议或法院的裁定作出让步的事项。债权重组，也即修改债务条款，指针对具有一定还款能力的债务人，通过修改债务条件，即重新安排金额、期限、利率、担保方式和还款计划等要素，给予债务人一定的减让或适当的宽限期。该处置方式需要对债务人还款能力进行综合分析，并要求债务人提供抵质押担保和相应保障措施。

债转股，即将债权转为债务人公司的股权，详见第9章。资产置换指债务人以自有的其他资产或者第三方的资产对等置换债权，如以物抵债，或用第三方如关联企业的资产抵偿债务。以物抵债通常以协议的方式将债务人、担保人或相关企业的土地、房屋及建筑物、交通工具、机器设备等实物资产用来抵偿债务，置换中需要明确置换资产的名称、数量、价值、抵偿债务金额、相关物权交割的手续等事项。从不良资产处置角度看，资产置换并不是最终处置，而是阶段性处置，资产处置机构往往需要对置换的抵债资产进行整理、分类，甚至追加投资后再处置，最终回收现金。

对外转让

对外转让类处置方式，从转让资产的户数看，可分为单户转让和组包转让，从转让方式可分为竞价转让、招标转让、挂牌转让、公开拍卖、网络挂牌交易、协议转让等。竞价转让，指不良资产处置机构通过一定渠道公开发布拟转让债权信息，结合内部估值情况和征集投资者意向报价确定交易底价，确定竞价程序和规则，竞买人需要交付一定量的保障金，在规定的时间前提交报价函，在规定的时间地点由转让人公开拆封报价，按价高者成交原则确定最终受让人。这种方式的特点是公开性强、竞买人明确、费用低，适合竞买人较少的资产。招标转让，指资产持有者向社会公示拟转让资产信息和竞标规则，投资者以密封投标的方式参与竞标，转让人设立评标委员会，在规定时间开标，并按价格、风险、回款方式等标书要求的内容进行评标，确定最终受让人。一般有公开招标和邀请招标两种方式，适用于资产的通用性较差、潜在客户不多、标的较大并需要保护投资者的项目。公开拍卖，指资产持有者将资产委托给拍卖公司，由其按拍卖法规定的交易方式，将资产受让给出价最高者的交易方式。这种方式市场透明度高、参与度强、法律效力高、费用高，适用于标的资产市场需求较大、通用性较强的不良资产，如物权类资产。挂牌转让，指将拟转让的不良资产信息在金融资产交易所或产权交易所公开挂牌，列示转让条件及投资者资格，由产权交易所招商和撮合，通过竞价确定资产受让方。该方式公开性较好，费用比拍卖低，交易比较透明。网络挂牌交易，指将拟转让不良资产在淘宝、京东等互联网平台挂牌，依靠网络进行推介交易的方式。协议转让，指双方通过协商谈判的方式，确定不良资产转让价格及事项的处置方式。协议转让的要求比较严格，一般出现以下两种情况，才能采用协议转让：当采用拍卖、竞价、竞标等公开处置在经济上不可行，或不具备公开处置方式的条件的情况；经市场公开询价、多渠道营销后，仍无法找到两个以上的竞买人，只有一个符合条件的意向受让方的情况。适用标的资产专用性强、买主极少的情况。

债权追偿

债权追偿指债权人依法享有的向债务人追索债务的权利，包括主债权、从债权和其他权利，追偿的方式包括资产处置机构直接追偿的债务清收、通过法律手段的诉讼追偿、委托第三方追偿。债权清收，也称为债权催收，指通过发放催收函及上门谈判等方式直接向债务人追讨，这是资产处置最基本的方法，直接、成本低、效率高，催收的方式包括上门催收、邮寄催收、公告催收和公正催收，需要按法律规定正确选择使用。一般说催收很难达到终结处置的结果，需要其他处置方式配合。诉讼追偿，指资产处置机构作为原告，申请人或第三人参与民事诉讼、行政诉讼、仲裁、执行、破产诉讼等程序，通过法律手段追偿债务的方式。诉讼追偿是资产处置机构最常用的处置手段，一般并不一定需要诉讼终结，而是通过诉讼依法确认有争议的权利，向债务人施加压力依法执行抵（质）押物，或者促成债务重组，适用于债权债务关系比较复杂、债务人还款意愿较差的项目。其中，破产清偿是债务追偿的最后手段，通过向人民法院提起对债务人的破产清算申请，通过清算程序获得债权的优先受偿权利，可以保证债权人的受偿权，给债务人巨大的压力达成和解；但破产程序时间长，不确定性大，破产过程中也可转入破产重整。诉讼追偿首要也是关键环节是诉讼保全，包括财产保全、行为保全和证据保全。委托第三方追偿，也称委托处置，即将拥有处置权的资产委托给第三方进行处置并支付服务费用的方式。可单个项目委托，也可组包委托。委托方式需要合理确定委托标准、委托费用、授权范围、委托期限等内容，并对代理方实施监督。

在实际资产处置过程中，各类处置方式需要综合运用，甚至要穷尽各种处置方式。如先进行债务清收，债务人不配合，提起诉讼，诉讼之后双方达成和解，企业以资产抵偿债务或进行债务重组等。

【专栏 7.1　东盛系救助】①

扩张带来的危机

东盛集团是一家以生产、销售、研究中西药为主营业务的民营集团公司，控股企业包括东盛药业、东盛科技等。从2000年开始，东盛集团先后并购江苏启东盖天力制药、青海制药集团、湖北潜江制药及山西广誉远国药，并介入丽珠集团的收购战。2004年，为间接控制云南白药集团，收购中国医药工业有限公司49%股权，支付5亿元现金。由于外延扩张过快和外部资金压力，导致集团资金链断裂，引发流动性危机。

难解的困局

东盛科技在快速扩张中过多采用互保方式融资，形成东盛科技、宝硕股份和沧化股份的担保链，且不对外披露，形成违规担保。

2006年9月末，沧化股份对外担保余额为22.26亿元，对东盛科技及其关联方的担保余额为8.38亿元，对宝硕股份及其关联方的担保余额为7.48亿元。东盛科技未披露的对外担保9.56亿元，被担保人主要是宝硕股份、宝硕集团（宝硕股份控股股东）、沧化股份。宝硕股份为东盛科技及其关联方的担保额为5.97亿元，为沧化股份及其关联方的担保额为8.07亿元。

由于宝硕股份和沧化股份相继进入破产重整，导致债权银行收缩贷款，并纷纷采取司法行动，东盛科技的流动性危机演化成债务危机。2010年，东盛科技资产负债率高达169.56%，每股收益-0.53元，每股净资产-3.86元，被上海证券交易所纳入特别风险警示处理。

复杂的债权

东盛系企业的银行债权本金9.58亿元，利息9.71亿元，债权极其复杂：一是债权人范围广泛，涉及西安、大连、成都、广州、深圳、太原、太谷、石嘴山、淮南9地18家银行，还有10余家担保债权银行，以及若干民间债权人。二是担保关系错综复杂，有房地产抵押，有上市公司股份或其他公司股权质押；有系内担保，有系外担保；有商标权质押，有专利权质押。三是涉诉案件多、管辖范围广，涉及诉讼案例众多，诉讼涉及的管辖法院遍及7个地区的省市县三级法院，查封资产遍及西安、上海、宁夏、昆明、新疆、青海、山西、安徽、江

① 本案例基础资料来自东盛科技公告及报刊、网络公开信息。

苏等地，涵盖了东盛系企业的几乎所有资产。

侧路进攻

东盛系企业的债务风险由于涉及银行众多，中国银监会协调成立金融债权人委员会（以下简称债委会），成员单位有13家银行及金融机构，主席单位为中国银行。由于债权关系复杂、利息负担沉重，东盛系企业依靠自身经营偿还债权的方案进展缓慢，资产处置困难重重。2008年，长城公司通过竞标方式收购了华夏银行资产包，其中含宝硕股份和沧化股份的债权，东盛科技为担保人。作为担保债权人，长城公司加入债委会。2011年4月，担保债权获得受偿后，长城公司提出收购债权的意向，债委会和东盛集团表达出积极合作的意愿。

收购重组

经过充分的尽职调查、多方的会谈和论证，最终形成收购重组方案。东盛系企业的收购重组分为两个阶段，第一阶段以收购债权为主，重点解决东盛科技的债务问题，恢复其上市资格。长城公司设计了收购处置一体化的交易结构，实施一系列步骤，如图7.2所示。

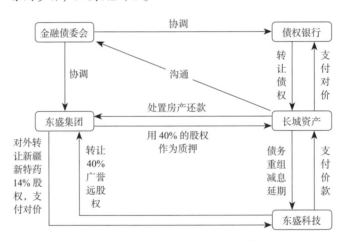

图 7.2　东盛系重组的交易结构

（1）收购债权。在债委会协调下，长城公司收购所有银行债权，收购支付的对价为债权本金，减免东盛系债务利息。

（2）债务减让。对东盛科技实施债务重组，减让利息。

（3）处置资产。由东盛集团处置其资产，包括东盛集团所持新疆新特药14%股权、东盛科技所持广誉远公司40%股权、东盛集团持有的西安房地产等资产，由长城公司监管资金。由于这些资产均为债权的抵押物，因此资产购买方需向长城公司交付保证金，并与长城公司签订资金共管协议、开立共管账户，确保抵押物处置款项回流长城公司。

（4）财务重组。根据中国证监会的规定，为确保东盛科技上市资格，避免东盛科技退市风险，处置资产时，将东盛集团所持新疆新特药14%股权的价款作为东盛集团受让广誉远公司40%股权的交易款。该交易由东盛科技确认交易收益，加上利息减免，东盛科技累计亏损得以弥补，净资产实现转正。为确保长城公司债权的偿还，东盛集团以受让广誉远公司的40%股权为其原有债务提供质押担保。

经过重组，东盛科技股票恢复交易，实现了正常经营。

二次重组

在东盛科技偿还完贷款后，需要重点解决东盛集团的问题。针对东盛集团剩余债权本金4.24亿元，长城公司设计了新的综合性重组方案：以股抵债、有回购及选择权的股权抵债约定、追加投资、股票回购。

（1）以股抵债。东盛集团用持有的1220万股东盛科技的股权，每股价格12.70元，抵偿部分债务本金及利息。

（2）有回购及选择权的股权抵债约定。东盛集团以其持有的广誉远公司20%股权抵偿部分债权本金。同时，东盛集团拥有在3年内回购广誉远公司20%股权的权利，长城公司有权在回购时点选择东盛集团只能回购广誉远公司10%股权。

（3）追加投资。通过委托贷款方式，长城公司向东盛集团提供增量资金，期限36个月，用于支付东盛集团所欠长城公司部分债权本金，余款用作补充企业流动资金。

（4）股票回购。2016年，东盛科技定向增发回购东盛集团等持有的广誉远公司40%的股权，增发价格为25.43元/股。

效果评价

该项目在解决企业债务危机的基础上，化解了三角债风险，实现了监管部门、银行、企业、担保人、资产公司的多方共赢，彰显了资产公司高超的收购处置技术和高度的使命感。

金融不良资产处置操作流程

资产处置机构须建立科学、合理的处置决策程序，确保合规处置资产，降低资产处置过程中的合规风险与操作风险。资产处置操作主要包括处置前尽职调查与市场营销，处置估值与资产定价，发布处置公告，处置方案制作、审批与实施等步骤。

处置前尽职调查与市场营销

在处置项目立项批准后、制作处置方案前，要开展卖方尽职调查，包括查阅现有档案资料及日常管理中各类有效信息、走访企业情况（债务人、担保人、持股企业）、了解抵质押物状态、分析相关实物资产的保全与使用情况等。在对拟处置资产实施深入尽职调查之后，应开展充分的市场营销，包括刊发招商公告、发送邀请函、与潜在投资者就资产处置进行商业谈判等。

处置估值与资产定价

应根据尽职调查情况开展内部估值，以市场营销情况判断市场公允价值，聘请具有相关资质的评估机构进行价值评估分析，由此初步形成资产处置底价。

发布处置公告

在正式形成处置方案之前，需要发布资产处置公告，选择资产公司网站和相关类型报纸两类载体。公告内容应包括资产名称、种类、所在地、标的金额、相关权属情况、涉及的抵质押担保情况等，公告信息应及时、有效、真实、完整。公告后，还应做好投资者咨询或异议的接待、记录与反馈工作。

处置方案制作、审批与实施

在前期尽职调查、营销及公告的基础上，项目团队编制正式处置方案，方案内容一般包括项目名称、资产来源、方案要点、资产现状、企业情况（债务人、担保人、持股企业）、抵质押物状态、处置盈亏分析、市场营销情况（询价、招标、拍卖、挂牌）等。资产公司应设置专门的资产处置审核机构，按照处置权限对处置方案进行审查，审查的依据是资产收购成本、评估价值、尽职调查和估值结果、同类资产的市价和国家有关资产管理、资产处置、资产评估、价值认证及商品（产权）交易等方面的法律法规，审查重点是资产处置方案的成本效率性、必要性及可行性、风险的可控性、评估方法的合规性、资产定价和处置费用的合理性、处置行为和程序的公开性和合规性。在处置方案获取批复同意后，实施处置方案、签署相关资产处置协议、办理相关权利转移、完成资金划转等工作。

第 8 章　非金融不良资产

不进行研究的投资，就像打扑克从不看牌一样，与赌博无异，必然失败。

——彼得·林奇

非金融不良资产是一项创新型业务，它将不良资产收购与重组结合起来，解决实体企业的困境。随着监管政策趋严，资产公司拓展非金融不良资产业务将更具挑战性。

概念与要求

非金融不良资产的概念

非金融不良资产指由非金融机构所有，但不能为其带来经济利益，或带来的经济利益低于账面价值，已经发生价值贬损的资产，以及各类金融机构作为中间人受托管理其他法人或自然人财产形成的不良资产等其他经监管部门认可的不良资产。非金融不良资产由非金融机构的生产经营活动、借贷关系及投资关系产生，与这些机构产品服务的产业链、供应链紧密相关。因此从事非金融不良业务，将防范化解金融风险的领域从金融企业拓展到实体企业，从银行信用风险扩展到商业信用风险，有利于化解实体企业因暂时流动性困难导致的经营风险。

非金融不良资产的种类

按不良资产来源的机构特征分类

按不良资产来源的机构特征，可将非金融不良资产分为两类：一类是非金融企业持有的不良资产，包括债权、股权和实物资产，如企业之间的应收账款；另一类是金融机构受托业务形成的不良资产，主要是列示在表外的理财业务等，如商业银行受托管理的不良委托贷款、信托公司受托管理的不良信托贷款。

按不良资产的形态分类

按不良资产的形态可以将非金融不良资产分为债权、股权、物权和其他资产。债权类不良资产，主要是日常生产经营活动或资金往来产生的不良债权资产，如提供商品、劳务形成的债权，以及其他应收款等。从成因看，包括存在流动性问题的债权资产，即债务人有一定能力偿还债权，但该债权对债权人正常经营产生了一些不利影响；已经形成损失的债权资产，即债务人无法足额偿还债权，并有足够的证据表明债权无法收回或收回的可能性极小，如因代为偿还形成的债权资产等。股权类不良资产，主要是因经营困难或自身认定为低效的、存在瑕疵的、已经发生价值贬损或存在价值贬损风险的各类股权，如可转债和期权等股权衍生品，从财务报表上看，包括可供出售金融资产、长期股权投资，以及其他会计科目下的股权资产。物权类不良资产，主要是由于技术工艺陈旧落后、产品升级换代、市场变化等原因导致价值贬损或存在瑕疵的实物类不良资产，包括但不限于机器设备、土地、房屋及建筑物、在建工程、存货、矿产、运输工具等，以及由非金融机构债权衍生的其他实物资产。其他类不良资产，指价值发生贬损的专利、专有技术、商标权、著作权、土地使用权、收费权等不良资产，以及其他低效或无效资产。

资产公司开展非金融不良资产业务的原则

一般投资公司开展非金融不良资产交易并不受金融监管，资产公司开展此类业务接受金融监管，需坚持以下原则：

一是依法合规。开展非金融不良资产业务应当遵守国家相关法律法规和监管要求。客户和项目选择应符合国家法律法规和产业政策及监管部门的相关规定。

二是商业化。按照公司治理和决策程序开展非金融不良资产业务，自主决策、自担风险、自负盈亏。依据市场原则合理确定资产收购价格，通过资产处置、追加投资等方式提升资产价值。

三是服务实体经济。非金融不良资产业务的开展可采取多种经营手段，做好问题项目和问题企业的风险化解，提升社会存量资产价值，优化资源配置，服务实体经济，实现良好的经济效益和社会效益。

四是风险可控。应坚守审慎经营的管理理念，建立健全风险控制体系，根据风险偏好选择行业、区域和客户，设置适当的担保及监管措施，有效控制风险，实现业务健康、可持续发展。

资产公司收购非金融不良资产的要求

为防止资产公司借收购非金融不良资产名义为企业或项目提供单纯的融资，避免资产公司进入风险较高的领域，资产公司收购非金融不良资产应符合以下几点要求。

资产应符合的条件

资产公司收购的非金融不良资产应符合真实、有效和洁净三个条件。真实，即资产客观存在且对应的基础经济行为真实发生，相关要素明确具体，可获得且可证实。有效，即资产属于国家法律法规允许转让的范围。洁净，即资产权属关系能够得到交易相关方的认可，原权利人已经履行完毕约定给付义务，不存在履约纠纷，不存在不可转让、其他优先受偿权、超过诉讼时效约束等权利瑕疵。

禁止收购的资产

禁止收购的资产包括国家法律法规明令禁止收购的资产，涉及国家安全和敏感信息的资产，债务人或担保人为国家机关的资产（资产公司放弃担保责任的除外），其他经监管部门认定不得收购的资产。

审慎收购的资产

审慎收购的资产包括涉及民间借贷的企业或项目，企业资本金不足、综合实力较弱，企业财务管理混乱或债务状况不明，项目后续建设资金缺口落实存在不确定性，已建成未达产的制造业项目，流动资金严重不足的项目，其他经监管机构认定应当审慎介入的资产。

非金融不良资产业务模式

资产公司开展非金融不良资产收购处置业务可采用收购、投资、受托管理等方式，一般分为传统收购处置、顾问服务和收购重组三种模式。

传统收购处置模式

传统收购处置模式也称为买断式收购，即资产公司用折扣方式收购非金融企业的不良资产，并对不良资产进行处置，一般适应于生产经营正常、发展趋势良好、出现暂时流动性困难的企业，其预期经营净现金流及正常融资能力可以覆盖拟收购债权的出资额及资金成本，此方式与金融不良资产收购处置类似。

顾问服务模式

不良资产顾问服务指通过受托管理、提供咨询顾问等方式，为客户提供流动性困境解决方案、资产重组方案等顾问服务。作为中间业务，顾问服务收取咨询顾问费，不承担保证责任，不产生或有负债。

收购重组模式

不良资产收购重组指在确认债权、债务关系的基础上，资产公司与债权人及债务人达成三方协议，向债权企业收购债权，同时与债务企业及其关联方达成重组协议，通过还款时间、还款金额、还款方式、担保措施、违约责任等一系列履约条件的重新安排，以及对债务企业日常运营实施监管，实现债权及目标收益的回收。具体交易结构见图8.1。

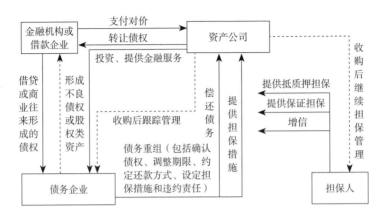

图 8.1　收购重组类不良资产交易结构

（资料来源：信达公司年报）

收购重组模式处置非金融不良资产有利于化解企业流动性困境，对债权人来说，通过转让流动性差的资产取得货币资金，盘活存量资产获得流动性支持；对债务人来说，通过重组获得延迟偿还债务的时间，舒缓流动性压力，为改善经营争取时间和空间。据信达公司2019年数据显示，收购重组类非金融不良资产占不良资产总额的51.4%。

非金融不良资产的收益与风险

从金融产品角度看，非金融不良资产分为债权、股权和实物，股权类非金融不良资产产品的收益与风险参见债转股一章。本节主要分析债权类非金融不良资产的收益与风险，以收购重组类不良资产为例。

收购重组类不良资产的收益

收购重组类不良资产业务本质是固定收益业务，主要收益来自以下五个方面。

利息收入或资金占用费收入

利息收入或资金占用费收入指按重组后提供资金数量和约定利率或资金占用费获得的收入。其收益率一般为固定收益率，也可以某一市场利率或中央银行指导利率为基准，考虑市场加成的浮动利率。

折扣差价

折扣差价指资产公司在购买债权时若以折扣价格购入，重组确认债权金额并最终实现的价值大于购买价之间的差额。

股息收入

如重组条件中持有债务企业的股权，可获得分红或派息，即股息收入。

服务收入

服务收入指资产公司会在协议签订时收取的咨询费、重组服务费等。

其他收入

如果交易结构比较复杂，可能需要证券、信托、基金等公司参与，资产公司控股的相关子公司可获得相关的业务收入。

收购重组类不良资产的风险

信用风险

收购重组类不良资产的本质是一个债权融资业务，主要风险是重组后的债务人能否按期履约还款。若债务人因现金流不足无法还款，或因为各种诱因放弃诚实守信原则不愿意还款，甚至故意逃废债务，资产公司就承担信用风险。资产公司主要承接的是较难符合商业银行信贷标准或条件的客户，或因时间紧迫无法适应商业银行较长审核流程的客户或项目，信用风险较大。影响信用风险的首要因素是债务企业经营现金流，也就是第一还款来源；其次是抵质押物的价值及变现能力经营风险等。

操作风险

收购重组类不良资产操作过程复杂，交易参与者多，应收账款等资产标准化程度差，往往缺少足够合格的权属法律证明文件。可能的操作风险有：项目未按照业务规范操作，项目经办人员没有尽职尽责，尽职调查不充分、不全面，过多依赖律师及评估师等第三方机构出具的意见或报告。

法律风险

收购重组类不良资产的法律风险主要指资产所有权利以及从属权利丧失或遭到实质性侵犯的风险。由于非金融不良资产特别是企业间的应收应付款项形成原因比较复杂，相关书面证据较少，因此债权面临较大的法律风险，如债权的真实性存在瑕疵、虚假债权、债权丧失诉讼时效等；实物资产交易中易出现转让方一物二卖、抵押资产实际被查封或侵占，以及债务人行使抗辩权或抵销权等风险。

道德风险

收购重组类不良资产面临的道德风险主要有债权人与债务人串通，隐瞒债权的真实风险；债权权利不实，导致债权无法执行；项目经办人员没有尽职尽责或存在谋取私利等行为。

合规风险

中国银保监会对非金融不良资产业务有明确的规定，如果业务开展不符合监管规定、突破监管要求，可能会面临监管处罚，而且该类业务的本质决定其很容易引起监管关注。

非金融不良资产的业务流程

非金融不良资产业务的流程与金融不良资产业务基本相同，需经过项目立项、尽职调查、方案制作及审批、资金投资、持续管理等环节，要求基本类似。非金融不良资产业务需要重点把握以下几个方面。

目标客户选择

确定风险偏好

资产公司应按资本管理要求，根据发展战略、风险管理水平和内控能力，确定可以承受的风险总额，并以此为基础，确定非金融不良资产业务的风险偏好。

确定进入的行业

根据风险偏好，分析行业现状及公司资源与能力，确定选择进入的行业指引。例如，信达公司进入最多的行业是房地产业、基础设施建设、建筑业及周期性较强的行业，如大宗商品材料、工程机械、冶金、化工等，以及产业升级转型涉及的行业，如制造业、服务业、环保等。

确定客户准入标准

根据风险控制要求，资产公司需确定客户准入标准，包括财务标准、信用标准、行业排名、担保品要求等。财务标准方面，一般规定资产负债率、流动比率、利润率、经营活动现金流量等指标；信用标准方面，一般要求中诚信、联合、大公、新世纪四大评级机构的信用评级，国有五大行及股份制银行的信用等级，以及内部评级；行业排名方面，主要是行业前100名或类似的排名，主要选择规模大、信誉好的客户；担保品方面，强调以房地产及上市公司股票作为抵（质）押品。

标的资产选择

收购标的选择要充分考虑发展战略和风险管理能力。从资产公司非金融不良资产业务开展的情况看，标的资产主要集中在应收账款及其他应收款，可分为以下三类。

优质企业的问题资产

优质企业的问题资产主要是基本面良好、具有较强经营实力的优质企业在一定时间和空间条件下形成的问题资产，如大型企业集团应收应付款。一些跨行业、跨区域的大型企业集团，受国家政策、产品市场、融资环境等因素波动的影响，其局部的项目公司、区域公司在一定时间内会出现流动性困难，导致其应付债务特别是欠付上游供应商的材料款、劳务款，出现偿付困难。这类问题资产即为优质企业的问题资产。

问题企业的有效资产

问题企业的有效资产主要是经营出现困难的问题企业中价值提升潜力较大、盘活可能性较高的有效资产，如自然资源开采权、排他性的特许经营权、应用空间广阔的专利权、价值较高的成套设备、区位优势明显的土地或厂房、专业技术壁垒高的生产工艺等，这些资产可以成为收购或重组的对象。

金融机构非金融不良资产

商业银行、信托公司等金融机构受托管理的资产发生不良，如不良委托贷款和不良信托贷款，相比于非金融机构，其管理程序、风险控制措施比较完善，资产质量也相对较优。

资产权属和不良属性确认

开展非金融不良资产业务的前提是标的资产权属清晰，确属不良资产。

资产权属确认

资产公司要取得资产出让方、债务方、担保方及其他交易相关方对拟收购标的资产权属真实性、合法性、有效性、准确性的承诺与保证，必要时可请公证机构进行公证。

不良属性确认

判断资产不良属性的标准有三个：

（1）不能为非金融机构带来经济利益，回收价值很低或已无回收价值。例如，债务人已丧失还款能力、无可抵债资产的债权类资产，持股企业已严重资不抵债的股权类资产，已无法正常使用且变现价值很低的实物类资产。

（2）资产价值低于账面价值，已经发生价值贬损。例如，已发生逾期、纳入坏账管理或计提损失准备的债权类资产，因持股企业内部管理混乱、重大决策失误等导致实际价值（评估价）明显低于所有人账面价值的股权类资产，因产品替代、技术升级、市场萎缩、政策调整、保管不善等导致实际价值（评估价）明显低于所有人账面价值的实物类资产。

（3）商业银行、信托公司等金融机构作为中间人受托管理其他法人或自然人财产形成的不良资产，金融机构已将该受托管理资产纳入不良资产范围进行管理，可由受托商业银行或信托公司出具不良资产认定材料。

收购非金融不良资产需要取得拟收购标的存在贬值或属于不良资产的证明材料。一些常见资产类别权属确认及不良属性认定的资料见表8.1。

表 8.1　　　　　　　非金融不良资产权属及不良属性确认情况表

资产类别	权属确认资料	不良证据	相关资料	不良原因佐证
企业间的应收应付款	债权人与债务人签署或出具的债权债务确认协议、交易合同或协议、货物或服务交付类文件、资金往来类文件	逾期，显示债务人现有能力难以履约证据	债权人出具不良资产认定函、审计报告	逾期时间、笔数、金额等情况，以及企业难以按期偿还债务的原因，并通过经审计的财务报表、相关业务合同进行验证
委托贷款和信托贷款	借款合同	逾期，或资产风险分类结果	商业银行或信托公司出具不良资产认定函	
不良股权	出资证明、股权证明、资金划转证明、公司章程、出资协议等可证明出资获得股权的书面文件	价值贬损，比较评估值与资产所有者账面价值	价值评估报告，会计记录	由持股企业的经营状况来分析判断企业股权价值下降原因，并以经审计的财务报表进行佐证
不良物权	发票、税票或有效合同等可证明资产购入价的书面文件	价值贬损，比较评估值与资产所有者账面价值	价值评估报告，会计记录	检查资产的完好程度、使用状态、技术升级替代情况、利用率、折旧等因素对价值作出判断

尽职调查

尽职调查的基本方法见第11章。非金融不良资产业务尽职调查可采用现场调查、非现场调查、外围调查等方式，收集与非金融不良资产真实性、有效性、洁净性、不良属性、可回收价值、拟重组方式等相关的基础资料和情况。对债权、债务企业情况及担保品的调查与金融不良资产类似，需重点关注以下方面。

不良资产权属

非金融不良资产的权属关系不如银行信贷资产清晰，必须从多方面取得资料进行印证。债权类资产，需调查商品或服务交易的合同或协议，商品及服务交付的相关文件如税票、发货凭证、运输凭据、验收单、工程签证单、验收报告等，相关的资金往来凭证如银行对账单，汇款凭证、网银交易记录、进账单等。股权类资产，需调查公司章程、股权证明、工商登记、董事会决议等资料，股权是否被质押、查封、司法冻结等情形。实物类资产需调查购买发票、入账资料、完工验收证明、产权证书等，核实是否被抵押、租赁、侵占等。

真实交易背景

真实交易背景主要是认定债权、股权、物权关系成立的交易资料，以证明非金融不良资产形成的真实经济行为发生。交易包括货物资产买卖、劳务供给输出等，其中，资产交易的标志应是资产权属主体发生变更，并能在法律上予以确权和会计上予以认定；服务交易的标志应是服务内容已实际完成，供需双方予以认可且在会计上予以确认。在实际操作中，拟收购的不良债权需要有明确的基础资产与其对应，且形成交易背景的支撑材料要真实、有效。例如，企业之间直接的纯资金拆借，不具有交易背景；实体企业因偿付货物或劳务交易款而形成的关联企业之间借款，可以认定为具有交易背景。

不良属性及原因

资产公司需调查资产形成不良的相关证据。例如，债权资产逾期的情况，如应收账款账龄的账务记录，不能回收的原因；股权价值评估报告，类似股权的交易记录等；实物资产的评估报告，贬值的原因等。

资产定价

非金融不良资产收购或重组的定价要坚持风险可控制、成本可覆盖、收益可预期的原则，综合考虑以下因素：

一是资金成本，以市场利率为基准，分析资金供求变化趋势，依据资金来源结构计算资金综合成本。

二是信用风险级差，考虑债务人基本情况、还款来源、现金流量、还款能力和意愿、担保及监管措施等情况，再综合判断债务人信用等级及标的资产信用风险，确定信用风险加成因素。

三是经济资本占用，根据拟收购或重组标的资产状况，计算需要耗用的经济资本数量，根据公司确定的经济资本回报率确定预期的收益率要求。

对收购处置类项目，可直接根据尽职调查结果、评估结果及未来收益预期进行定价并确定相应折扣比例。对附处置方案的债务重组类项目，还要结合重组安排中的利率设置、资金占用费等其他费用确定收购价格和折扣比例。

定价方法选择方面，可区分企业的情况来选择。对优质企业的坏资产，不宜选择破产清算法，由于企业债权差异很大，案例比较法也较难适用，宜对企业采用预计未来现金流量法匡算偿债能力，对资产采用市场价值法。对"坏企业"的好资产，对坏企业可用破产清算法评估其最低偿债能力，同时用未来现金流量法或市场法估计其优质资产的市场价值。

收购或重组方案的形成与实施

交易结构设计

对收购处置类非金融不良资产项目，交易结构设计的关键是债权权利及受让后的保障条款、转让价格等因素；对收购重组类非金融不良资产项目，交易结构设计需把握的关键要素包括重组方式，以及债务企业的保障性条款（如资产负债率、信用等级、抵质押品、收益率、监管措施等）。

形成项目方案

根据标的资产的特点，在权衡风险收益后，按传统收购处置或收购重组类两种不同的业务模式，设计合理的交易结构、操作流程和风控措施，形成收购或重组方案。

项目方案实施

方案实施要完成资产流转和资金流转的合理匹配，实现双方权利与义务、收益与风险的完全转移。这里有两个关键环节：

（1）受让标的资产。在资产受让环节，重点关注如何确保标的资产的全部权利依法合规转移，切实实现洁净转让，不得约定出让方回购或保底清收等条款（为防范资产瑕疵风险而约定回购除外）。资产转移后，出让方不再享有资产对应的权利，不再承担相应的风险。

（2）支付价款。为合理控制资产转让环节的风险，需要设置价款支付的前提条件，如合同协议签署完毕、基础档案资料移交完成、追加保全措施办理完成等，实际操作时也可采用与转让方共管价款等方式。

资产处置

非金融不良资产的处置方式包括清收追偿、转让、债务重组、资产整合、资产置换、债权转股权、追加投资、提供投资咨询、财务顾问，以及其他经监管部门认可的手段，但其最主要的还款来源还是债务企业及其关联方，因此对问题企业的实质性重组是主要手段。在实际操作中，债务重组、实质性重组、追加投资三类手段运用较多。

债务重组

针对债务人基本面尚可、仅出现暂时流动性困难的企业，可以通过对债权期限、利率、还款安排进行重新约定的方式，给予债务人必要的宽限期，债务人以正常经营现金流进行还款，还可以根据折扣差价情况收取一定的资金占用费或重组宽限补偿金。对于原债权已约定利率的资产，如金融机构受托管理的债权资产，则可通过承继利率、收取资金占用费或重组宽限补偿金、延长还款期限、重新设置还款计划等方式进行重组。

实质性重组

针对经营管理已出现问题但仍具重组价值的企业，则需要通过对资金、资产、人才、技术、管理等两个及以上要素的重新配置，帮助企业恢复生产经营、实现价值提升。一般而言，可以通过非金融不良债权收购对企业债务结构进行优化，通过债权转股权或不良股权收购对企业股权结构进行改善，通过追加投资对企业资金结构进行重新安排，通过派驻董事、高级管理人员（如总经理、财务总监等）对公司治理和企业管理进行提升，从而实现对企业的整体重组。

追加投资

鉴于非金融不良资产业务主要是通过收购开展，对于标的资产对应的基础资产或项目并没有形成实质性的增量资金支持，而基础资产或项目若不能够完成建设或达到开工状态，则难以为标的资产的处置回收提供有效保障。因此，在基础资产存在投资缺口，并对收购资产价值产生严重不利影响的项目，资产公司可进行追加投资，原则上追加投资的总规模不超过项目总投资额的10%或资产收购价格的20%孰低者，且资产公司应采取有效措施，保证追加投资用于项目建设或企业生产经营。

如采用转让方式处置非金融不良资产，原则上应选择公开转让方式，包括拍卖、招标、公开竞价、公开询价、在产权交易市场公开转让、通过证券交易系统转让等方式。对于股权类和物权类资产的转让，除上市公司可流通股股票外，应由外部独立评估机构对资产进行评估，并履行内部审批程序。

风险控制

资产额度控制

资产公司收购非金融机构不良资产余额不得超过集团总资产的50%。

风险集中度控制

非金融机构不良资产在单一行业的资产余额，不得超过非金融机构不良资产总额的50%；单一集团客户的非金融机构不良资产业务余额不得超过资产公司（母公司）净资产的15%；单一客户的非金融机构不良资产业务余额不得超过资产公司（母公司）净资产的10%。

交易条款设计

重组方案需要针对债务人状况，设计还款期限、还款方式、违约情形及责任、违约处罚、债务人财务约束等条款，以保障债务人履约。

担保措施

非金融不良债权收购或重组项目，一般都需要提供抵押、质押和保证担保措施，以确保债权的最终实现。抵押物应以土地、在建工程、房屋、机器设备为主，部分行业项目也可采用采矿权、排污权等资产抵押；质押物应以股权、股票、应收账款为主；债务人的实际控制人一般要为项目提供连带保证担保。资产公司一般会根据行业、市场等因素确定债权项目的抵质押率水平，对于债务人比较优质的项目，也会采用单一保证担保方式。

司法措施

对于债务负担较重、债务复杂难以摸清的债务人，特别是涉及民间借贷的企业，要充分运用司法手段对收购资产进行保全，通过收购债权后承继或收购后立即启动等方式，借助法院查封、冻结等强制手段，对债权权益进行保全，尤其是收购后拟通过企业资产拍卖进行债权回收及以资抵债方式获取企业优质资产的项目。

监管措施

对于一些资产"较轻"或已无足值有效抵质押物的债务人，以及一些因交易条件限制没有设置抵质押措施的项目，如同股同权的实质性重组项目，则需要通过对企业实施控制来保障资产安全，包括通过设立股权资产信托计划代持股权、派驻董事、监事和高级管理人员参与企业重大事项决策、取得一票否决权、监管企业公章印鉴、共管企业账户等方式，强化对企业经营的控制，帮助督促企业改善成本控制、加速资金运营，确保履行重组债权的相关条款。

【专栏 8.1 大连大显集团收购重组】[①]

背景资料

大显集团在2012年以10亿元受让西部矿业持有的再生资源100%的股权、大通铜业7.47%的股权，大显集团已支付大部分转让款，剩余2.4亿元，双方约定于2013年2月28日前由大显集团向西部矿业支付。同时，大连控股为2.4亿元提供连带责任保证担保。由于出现流动性问题，支付期限到期后在西部矿业两次同意延期支付的情况下，大显集团仍无法支付2.4亿元尾款，形成不良应收账款。

业务模式

信达资产通过附条件的收购重组业务，化解了企业之间的债务链条危机。具体操作过程如图8.2所示。

（1）由信达资产收购西部矿业对大显集团的2.4亿债权。

（2）原股权交易中的再生资源100%的股权、大通铜业7.47%的股权作为质押品，并由大连控股继续承担连带责任保证担保，增加大显集团及大显集团董事长个人提供保证担保。

（3）信达资产与大显集团达成债务重组安排，约定还款期限和利率及相关风险防控的要求。

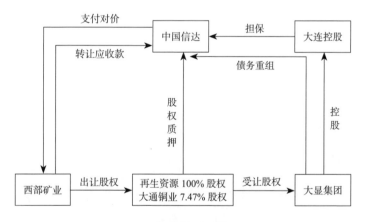

图 8.2 大显集团收购重组交易结构

---

① 作者根据上市公告及网络报道等相关资料整理。

效果

通过信达资产的收购重组，企业间的流动性危机得到化解，两家上市公司避免了声誉风险，西部矿业出售资产后无法收回资金可能引发的公众股东信任危机得以解除。

第9章　债转股

买一只股票，必须像你要买下整个公司一样。

——沃伦·巴菲特

债转股业务既是一项"传统"的不良资产业务，又是一项极具创新的业务。它涉及债权与股权的转换，需要对两类性质不同的资产进行估值和定价，这是两种不同思维方式的融合，需要综合的知识和全面的技能。

债转股的概念与功能

债转股的概念

债转股，即债权转股权。在不良资产处置领域，债转股是银行或资产处置机构保全资产的一种方法，也是运用重组手段处置不良资产的一种方式。下面从三个视角分析债转股的概念。

财务视角

债权是优先受偿权，而股权则是剩余索取权；债权一般取得固定的利息回报，股权分享税后利润，并有通过股票上市后股价上涨产生超额回报的机会；债权的价值取决于企业的信用状况，而股权的价值主要受未来收益预期影响。

法律视角

债权和股权的契约关系不同，法律依据也不同：债权属借贷关系，主要受合同法调节；股权属投资关系，主要受公司法约束。2011年颁布的《公司债权转股权登记管理办法》将债转股定义为债权人以其依法享有的对公司的债权，转为公司股权，增加公司注册资本的行为。

金融视角

债转股首先是债权人特别是商业银行和资产处置机构的资产保全行为。

一般来说，随着债务人经营及信用状况的逐步恶化，商业银行会不断增强保全措施的力度，从一般催收、一般重组、债务重组到债转股，直至破产清算（见表9.1）。从债权清收角度常将债转股称为破产清算之前的解决措施，或"倒数第二招"。

表 9.1 资产保全措施类别及效果情况

保全措施	主要内容	适用条件及特点
一般催收	催收通知、会谈等	一般性拖欠，持续时间短
一般重组	冻结账户、终止银行服务、抵押品止赎、追索担保人等	较严重的拖欠，持续时间长
债务重组	重新进行债务谈判，修改债务条件如延期、减免、提供新的担保品、约束债务人经营行为等	债务人经营恶化，债权可能会出现损失，债务人主动重组
债转股	债权转为股权，改善治理结构	企业一般不会主动重组，需要债权人压力
破产清算	依法实施破产，一种情况是清算终结，一种是在破产中进行重组	重组难度大，实施困难

债转股的功能

债转股作为处置不良资产的一种特殊方式，其功能主要体现在以下三个层面。

商业银行层面

实施债转股对商业银行而言，有三个方面的好处。一是资产保全作用。通过债权转为股权，可以在一定程度上恢复贷款对象的盈利能力和财务健康状况，降低商业银行贷款风险，若通过债转股，贷款企业度过危机，商业化可减少资产损失。二是风险缓释作用。债转股将信用风险转化为投资风险，对商业银行而言，能明显缓解信用风险，减少或冲回拨备，改善资产负债表和损益表，增强商业银行的信贷能力和盈利能力。三是预期的股权增值收益。债转股之后，商业银行对企业的控制权增加，改变企业的治理结构，如改善董事会结构、重新制定战略、加强财务控制等，这些都有助于提升公司价值。如果企业价值提升，股权能通过市场化方式退出，商业银行将获得股权增值。这也是商业银行愿意债转股的重要原因之一。

当然，债转股对商业银行也有不利之处。一是商业银行将优先权甚至是有抵押权的优先权利转变成剩余收益权，如果企业转股后经营不能达到预期，商业银行通过利润分红实现的收益不能覆盖资金成本，会产生投资亏损；如果企业债转股后回天乏力，甚至经营失败，商业银行将面临较大损失。二是增加商业银行收益的不确定性，商业银行作为债权人，可以获得固定的利息收入，而转股后来自利润的分红依赖于企业的经营状况，收益的不确定性增大。

企业层面

对转股企业而言，影响有三个方面。一是财务结构改善。资产负债率大幅下降，再融资能力增强，对有市场需求的扩张型公司可能获得绝佳的发展机会。二是经营成果改进。由于有息负债转为股权，企业账面盈利状况将明显改善。但要注意的是，这不是实质改善。由于资本的回报要求是高于债权的，事实上企业的经济利润是下降的。三是治理结构改变。由于商业银行等债权人的介入，转股企业的治理结构将趋多元化，有利于治理结构改善。

虽然债转股减轻了企业的债务负担，但其实施过程对企业可能是痛苦的，原股东或管理层需要出让管理权，新股东一般会要求调整企业董事会成员、经营层、财务主管等。如中国人民银行原行长周小川所言，"债转股对债务人是一剂苦药，而绝非巧克力糖"。公司控制权变化并非都是好事，债转股后弱化了原有股东及经营层对公司的控制力，利益更加分散的董事会可能更难形成强有力的战略能力及执行力。

宏观层面

债转股对宏观经济的影响主要有两个方面。一方面，债转股可以作为周期性工具，在经济下行期实施，能有效降低企业的杠杆率，缓释商业银行信用风险，改善公司治理的整体水平，防范系统性金融风险，促进经济结构调整。因此，大多数债转股都在金融经济危机之后或经济衰退时期集中安排。另一方面，债转股存在道德风险和逆向激励问题。如果正常还本付息的企业，认为别的公司债转股可以不还息，是"免费的午餐"，也可能赖账不还等待债转股，这就会形成负向激励。而对一些本应破产退出的企业实施债转股，可能导致资源错配，影响债转股实施效果。

债转股的历史经验

国际经验

债转股是处理不良资产一种非常通用的方法，美国、韩国、瑞典、日本、波兰等国家均采用过，但各国的实施方式又有所不同。依托发达的信贷市场和资本市场，大多数国家采用市场化方法。

美国

债转股是美国公司破产程序中重组的重要手段，是通用的方法，其特点是债权不直接转为股权，而是先将债权转为可在市场上流通的赔偿要求权。这一做法，一方面可解决债权人意见不一致问题，同意转股的债权人可以收购不同意转股债权人的赔偿要求权；另一方面也为外部投资者提供收购赔偿要求权对企业实施重组的机会。同时，一种可交易的赔偿要求权通过市场交易机制能较好地发现价格，改善潜力大的公司价格就高，反之价格就低，价格过低无人问津就可能进入破产清算。在储贷机构危机处置中，美国重组信托公司广泛采用这一方法。2008年次贷危机救助中，美国政府主导整个救助过程，通过美国财政部及美联储对重点行业实施债转股，主要对象集中在金融、汽车和房地产行业，如美国国际集团、通用汽车、房利美等。实施中按照市场原则，政府制定计划，组织专门人员执行，通过剥离资产、注资入股、优先股转普通股、管理层调整、提供融资或融资担保、减免税收等多种手段的综合运作，取得良好效果，并最终实现盈利退出。

韩国

1999年，为应对亚洲金融危机冲击，韩国对石化、航空、汽车等行业的重点债务企业实施债转股。其主要特点是政府主导，由韩国资产管理公司和第三方机构评估后，确认企业是否可以进行债转股。

日本

由于日本采取主办银行制度，因此在企业发生还款困难时，银行就可以运用法律手段对企业进行接管，从而实施债转股，这是常规的债转股模式。日本在20世纪90年代陷入经济停滞后，设立不良资产回收机构专门整理不良资产，也采用债转股方式。其主要特点：一是采用母子银行方式，设立子公司专门负责对企业债权进行债转股；二是控制债转股规模，一般以金融机构持有实体企业股权的10%为限；三是积极参与企业重组，更多采用优先股方式。

波兰

1993年，波兰通过《关于对企业和银行债务实施重组的法律》，对关系国计民生或重组难度较大的大型企业，赋予商业银行债转股的权利。由于债转股会稀释国有企业股权，影响政府部门的利益，又没有税收优惠和资本市场支撑，实施效果很差。1994年底，通过债转股处置的不良资产约占债务总量的2%。

【专栏 9.1 美国国际集团：债转股是盈利的好生意】

美国国际集团危机

美国国际集团是全球首屈一指的大型跨国保险及金融服务集团。截至2007年末，集团资产规模达1.1万亿美元，业务遍布140多个国家和地区，客户7600多万，全球雇员11.6万人。次贷危机爆发后，因旗下金融产品部门大量发行次级债券信用违约掉期产品，产生大额损失，遭遇严重的流动性危机濒临倒闭。

注资接管

2008年9月16日，美联储授权纽约联邦储备银行向美国国际集团提供850亿美元紧急贷款，美国政府获得美国国际集团的认股权证，以控制该公司79.9%的股份，并有权否决向普通股和优先股股东派发股息，事实上接管美国国际集团，更换美国国际集团管理层，为有序出售资产做准备。

不良资产剥离

2008年11月10日，美国国际集团出现季度亏损245亿美元，美国财政部与美联储再施援手：美国财政部用400亿美元购买2%的美国国际集团优先股，年息

10%；纽约联邦储备银行出资525亿美元成立两家有限责任公司，购入美国国际集团的住房抵押贷款支持证券及信用违约掉期产品，剥离严重影响美国国际集团流动性的不良资产。

股权转换

2009年3月2日，美国国际集团亏损再创纪录。美国财政部和美联储第三次出手援助：提供300亿美元资金，并将400亿美元优先股转为"类似于普通股"的新股，免除美国国际集团10%的优先股年息。纽约联邦储备银行美国国际集团子公司——美国友邦人寿保险公司和美国人寿保险公司购买优先股，固定股息率5%，用于改善美国国际集团的资本状况和流动性，降低其财务杠杆，减轻其信用评级压力。

重组脱困

在美国财政部和纽约联储的指导和监督下，美国国际集团大刀阔斧地展开了一系列重组和内部治理改革：优先保证主营业务良性运转，出售非核心业务和海外部门、限制公司高管薪酬等。这些重组措施的实施，帮助美国国际集团逐步摆脱了困境，恢复了市场活力。

盈利退出

随着美国国际集团业务经营的好转，美国国际集团股票价值得到修复，美国政府在公开市场出售美国国际集团的股票。截至2012年12月11日，美国政府在此债转股项目中共获利227亿美元，其中，美联储获利177亿美元，美国财政部获利50亿美元。

成功经验

美国政府救助美国国际集团项目有四条经验：一是充分利用市场机制，根据市场状况，按照市场价格购买出售美国国际集团的股票；二是政府主导救助，财政部和美联储制定计划并指导参与救助全过程；三是依法合规，根据经济稳定法案和证券交易的相关法律实施救助；四是积极干预公司治理，剥离非核心业务，进行业务重组和资产重组，恢复公司运营实现市场价值的回归。

中国经验

我国的债转股主要包括政策性债转股和市场化债转股两个阶段，其背景和实施方法有很大的差异。

政策性债转股

政策性债转股由政府主导，政府确定并审核企业名单，政府注资设立专门的实施机构（如资产公司），资产集中从商业银行剥离，定价主要采用行政方式，最终损失由政府兜底。这种方式推进快，效率高，但道德风险也高，实施成本也大。

1999年12月，国家经贸委推荐601户债转股企业，建议转股额为4596亿元，2000年8月，580户企业与资产公司签订债转股协议，协议转股金额4051亿元，具体见表9.2。截至2002年底，累计批准547户企业实施债转股，涉及转股金额3850亿元。

表 9.2   **政策性债转股实施情况表**

单位：亿元

剥离银行	实施机构	债转股金额
建设银行	信达公司	1759
国家开发银行	信达公司	477
工商银行	华融公司	1095
农业银行	长城公司	117
中国银行	东方公司	603
合计		4051

政策性债转股的实施取得了明显效果：一是快速改善转股企业财务状况，实现脱困目标。据原国家经贸委匡算，债转股实施一年后，名单内企业总体资产负债率由73%降至50%以下，企业利息支出减少195亿元，80%以上的企业扭亏为盈。二是推进国有企业转型改制。债转股实施后，实现了国有企业股权结构的多元化，转股企业也建立了股东会、董事会、监事会、经营层等公司治理机制的基本框架，部分企业再次改制后成功上市，实现了持续发展。三是有力推进了国有商业银行的改制上市。债转股及之后的不良资产剥离有效降低了国有商业银行的不良贷款率，为改制上市打下了良好基础。四是为重点国有企业发展赢得时间。实施债转股的企业中，共有218户属国家重点企业，如中国石化、一汽、二汽、宝钢、鞍钢、首钢、武钢、长安汽

车等，通过债转股，为这些公司充实了资本金，获得生存发展的机会，有力推进了国有企业的重组。

政策性债转股实施中也存在一些问题：一是债转股实施进度缓慢。部分转股企业不具备条件，为"搭便车"进入名单，因资产剥离及员工安置等问题导致无法实施，不少债转股企业拖延注册情况严重，影响债转股实施效果。截至2005年6月，仍有147家企业未注册，导致1100亿元资产"非股非债"。二是债转股改善企业经营绩效效果短期化。债转股并未从本质上改变国有企业的经营机制，资产公司对治理机制的参与流于形式，因转股短期内财务成本减少带来的利润改善效果会很快消失。截至2004年12月，433家债转股企业中有33%出现亏损。三是债转股企业退出困难。由于多层次资本市场未建立，股票上市受限因素多，债转股企业回购也很难实施，因此债转股退出进展缓慢。例如，华融公司1999年签订债转股协议涉及企业281家，截至2015年6月，仍持有196家企业的股权，占比达70%。

市场化债转股

市场化债转股指由政府引导制定规则，坚持市场化法制化原则，由参与的债务企业、债权银行、资产公司等市场主体在平等自愿的前提下，协商确定是否转股，以及定价、筹资、退出等事宜。好处是社会成本低，经过各方的利益协调效果好；缺点是推进难度较大，实施较慢。

为有效降低实体经济的杠杆率，2016年10月10日，国务院出台《关于积极稳妥降低企业杠杆率的意见》（国发〔2016〕54号），将市场化债转股作为重要的措施之一，同时，公布了《关于市场化银行债权转股权的指导意见》，标志着市场化债转股正式推进。截至2019年末，市场化债转股签约金额2.4万亿元，资金到位1.4万亿元。

市场化债转股与政策性债转股的实施背景及操作要求有很大差异，对比情况见表9.3。

表 9.3 　　　　　　　　　　政策性债转股和市场化债转股的对比

	政策性债转股	市场化债转股
实施背景	深化金融体制改革，国有银行商业化；转换国有企业经营机制，国有企业减债脱困	供给侧结构性改革，降低实体企业杠杆率，降低企业资产负债率
实施原则	政策性，行政推行，政府指定名单，审核价格，指定资产公司实施，财政兜底	市场化、法制化，政府引导，确定标准，多类机构参与，由参与双方协商确定是否转股及转股价格
转股对象	实行名单制，由当时的国家经贸委按"五标准""十范围"推荐，共 601 户。主要集中在化工、煤炭、机械、有色等行业的大型国有企业	实行"鼓励"和"限制"措施引导，鼓励受经济周期波动影响和产业政策调整影响的"三类"企业，限制产业过剩的"四类"企业
资产类别	国有商业银行的逾期和呆滞贷款	以银行对企业发放贷款形成的债权为主，并适当考虑其他类型债权，包括但不限于财务公司贷款债权、委托贷款债权、融资租赁债权、经营性债权等，但不包括民间借贷形成的债权。从分类看，包括银行正常类、关注类、不良类贷款
实施机构	资产公司	资产公司、金融资产投资公司、国有资本投资运营公司、保险资产管理机构多种类型实施机构
定价机制	政府主导、行政定价，贷款按原值剥离给资产公司，一般按本金和表内利息额转股，需要报批	由参与各市场主体按市场化原则协商确定。参照二级市场交易价格，竞争性市场报价
资金安排	统一安排，人民银行再贷款、特别金融债券	多元化，发行优先股、可转债、基金、资管计划等
转股类型	治理参与权利受限的普通股	普通股和优先股，按公司法和公司章程参与公司治理
退出渠道	没有安排，市场条件较差，主要靠企业回购和部分上市及对外转让	多样化，企业回购，多层次资本市场（主板、中小板、创业板、新三板、地方股权交易平台）基金

债转股的收益与风险

分析债转股的收益与风险，有两个不同的视角：一方面是投资者视角，即商业银行、资产公司、金融资产投资公司等机构投资者的角度；另一方面是债务人视角，即债务企业及其管理层的角度。

投资者视角

这里的投资者主要指机构投资者，个人投资者通过购买机构投资者如商业银行发行的债转股理财产品等不在此范围内。

债转股投资者的收益

债转股投资者投资的核心资产是股权，其收益主要有：

一是预期的股息收益。投资者可取得债转股企业分配的股息或红利。债转股后企业债务减少，企业利息支出减少，财务成本下降，经营利润会明显改善。如果转股企业经营改善，基于市场和顾客的收入增加，公司经营管理改进实现成本下降，投资者获得的股利会增加。

二是预期的股权价值增加。由于经营业绩提升，公司治理的改善，可以提升企业价值，推动股权交易市场价格的上涨。一方面来自基本面（如收入盈利等）的改善，另一方面来自对未来预期的改善。投资者股权价值的获得有三种方式，处置收入、重组收入和追加投资收入。处置收入，即转让债转股股权获得转让价款扣除账面成本后的净收入；重组收入，即将债转股企业股权置换为其关联方股权或其他资产的公允价值大于账面成本确认的收入；追加投资收入，即参与债转股企业定向增发后转让增发股权取得的超过账面成本的收入。

三是预期股权的流通性增值。主要指债转股企业实现上市后市价的增加。从本质上讲，上市并不能增加公司价值，但增加了股权的流动性。而且由于一般股权和上市公司股权采用不同的估值方法，如一般股权用PB，上市公司用PE，估值方法变化可使股权价格获得成倍的增长，这也是商业银行愿意对"好公司"实施债转股并设立专门公司的最大动力。

四是控制权收益。债权人通过转股成为股东，增加了对公司的控制权。若成为公司控股股东，可利用控制地位取得相关的利益。如转股后商业银行在对转股企业开展信贷、结算等相关业务方面就具有更佳的竞争地位。

五是金融服务收益。即商业银行或资产公司利用集团优势和多元金融牌照，为债转股企业提供其他金融服务取得收入。

债转股投资者面临的风险

一是市场风险。债转股后，债权的信用风险转化为股权的市场风险。市场风险与债转股企业所在行业、顾客、市场及公司基本面等相关，与债权稳定的收益相比，股权投资预期收益的不确定性更大、时间更长。

二是定价风险。债转股实施中一般债权不缩水，按账面原值转股，也可能会减让欠息。但转股时股权定价采用的方法不同，对未来的预期不同，差异度较大。若定价过高，投资者未来的增值空间就会被大大压缩。

三是道德风险。由于债务人比债权人更掌握公司现状及未来发展方面的信息，因此在债转股方面债权人往往处于不利的地位。一些经营困难的公司为了生存，有更大的积极性转股，若不适合债转股的企业转股，这种逆向选择将带来更大的风险。债权银行为了未来获得股权收益，可能将负债率并不高的正常信贷企业作为转股对象，并给转股对象提供信贷便利，这是债权银行的一种逆向选择。

四是股权经营风险。商业银行一般并无经营或者重组实体企业的专长。银行并不如债务企业了解所属行业状况及发展趋势，通过债转股成为股东甚至大股东后，需要参与公司治理，决策公司战略及重大事项，会增大公司的经营风险。

五是退出风险。债转股股权的退出有企业回购、向第三方转让、股票上市等方式，但能否最终实现退出却受限于投资者无法把控的因素：回购受债转股企业未来经营状况及筹资能力等因素影响，具有较大的不确定性；向第三方转让股权受股权市场活跃度制约；股票上市受制于资本市场发展。期待高收益的商业银行可能遇到退出的困难。

六是关联交易风险。一旦商业银行通过其金融资产投资公司以债转股方式成为实体企业的股东，商业银行与实体企业之间的其他金融服务交易就具有关联交易的性质，如果为转股后的公司提供贷款，还需要关注关联交易风险。

债务企业视角

从债务企业视角看，债转股并非免费的午餐，有收益，也面临风险。

债务企业债转股的收益

一是重组收益。若债转股实施中债权人减让利息甚至本金，债务企业将获得一项额外的收益。

二是盈利状况改善。从财务账面看，由于转股后债务利息负担大幅下降，转股企业的账面利润一般会大幅增加。

三是资产负债结构改观。由于债转股，债务企业的资产负债率大幅下降，短期偿债压力减轻，原来作为债权抵质押品的资产解押或解封，能较大程度改善融资能力。

债务企业债转股的风险

一是资产重组风险。债转股实施过程中，可能还需要相应的资产重组，以解决问题企业未来发展的相关障碍，可能会进行现有资产的分拆、剥离等，这会带来债务企业经营状况甚至商业模式的重大变化。

二是控制权稀释风险。债转股的核心在于改变转股企业的治理结构和债务结构，以恢复其经营态势及盈利能力。但债转股会稀释债务企业的股权和控制权，将带来公司治理结构的改变，公司战略需要与新的治理结构相匹配，如果调整不好甚至可能导致治理冲突。特别是若转股后债权人的持股比例大于原股东，公司董事会、管理层的较大调整将增加企业发展的不稳定性。

三是实际税收负担增加风险。由于债务利息具有抵税效应，债转股后企业账面利润的增加会增加所得税支出，企业实际税收负担会增加。

四是文化冲突风险。由于新进入股东认同的企业文化与转股企业原有文化可能存在较大差异，在转股后的运营中甚至会发生文化冲突，如果处理不好，可能引发更大的经营风险。

债转股的操作模式及流程

债转股的操作模式

从实施股权的类别看，分为普通股和优先股

市场化债转股中允许实施机构将债权转换为被转股企业的优先股。优先股是在清偿阶段对公司剩余财产和利润等优先于普通股股东分配，但参与公

司治理权利受到限制的一种介于股权和债权之间的股份种类。美国次贷危机中救助危机金融机构时曾大量采用优先股这一工具。

从是否改变股本数量，可分为现有股权债转股和增发股权债转股

现有股权债转股不改变公司的注册资本，只是原有股东出让股权，抵偿债务，如长航凤凰的以股抵债债转股案例。长航凤凰在重整中，对普通债权以债权人为单位，20万元及以下债权获得全额现金清偿；超过20万元债权每100元转4.6股股票，以转股前停牌价2.53元每股计算，清偿比例约为11.64%。增发股权债转股要增加注册资本，债权人对公司的债权转变为对公司的股权，如华荣能源通过定向增发股票偿还债务案例。华荣能源向债权人发行171亿股股票，其中向22家债权银行发行141亿股，向1000家供应商债权人发行30亿股，以抵消171亿元债务。

从实施主体的实施方式看，可分为直接模式、间接模式和基金模式

目前债转股实施主体主要包括金融资产投资公司、四大资产公司和地方资产公司、保险资产管理公司、国有资产投资运营公司、私募股权投资基金等，银行、信托公司、证券公司、基金管理公司等机构可通过发行资产管理产品参与市场化债转股。

一是直接模式，即将银行对企业的债权直接转为对企业的股权，可由银行直接持股及通过银行子公司持股。

二是间接模式，即银行将其对企业的债权转让给第三方，如资产公司，由第三方将债权转为股权。

三是基金模式，银行或其子公司设立基金公司，通过筹集社会资金，将债权转移给专门设立的基金，由基金实施债转股，并进行后续的管理。

从债转股运作方式看，可分为收债转股模式和发股还债模式

收债转股模式，指先承接债权再将债权转为股权。政策性债转股基本上采用这种模式，资产公司接收国有银行不良贷款，按确定的名单对债务企业

实施债转股。此种运作方式在市场化债转股中采用较少，主要原因是大型企业债权人众多、谈判周期长、债权交易较为复杂，银行需要首先将债权出售给债转股实施机构，增加了交易链条，实施难度更大。

发股还债模式，指债转股实施机构先以股权投资的形式给高负债企业增资扩股，企业再以该笔注资偿还银行债务。比较典型的方式是设立基金操作，由债转股实施主体、负债企业和社会资金三方共同发起设立基金，并以有限合伙的形式入股企业。通过合伙协议将基金并入少数股东权益，用于偿还债务，降低企业资产负债率。

债转股的操作流程

对象选择

从产业方向看，债转股的对象要符合国家产业政策，虽目前遇到困难但有发展前景；是国家重点发展的支柱性行业，或者是关系国计民生的基础设施行业，如水、电、交通、燃气等。从周期因素看，债转股的对象受经济下行影响较大，处于经济运行的底部，会随着经济好转而恢复增长。从核心能力看，债转股的对象技术应处于领先地位，产品有市场，品牌影响力强，具有较强的市场竞争能力和持续发展能力。从公司治理看，债转股的对象公司治理结构应较为完善，治理状况良好。从财务状况看，债转股的对象属于暂时困难，主要是负债率较高，财务负担重，随着融资结构的调整，经营可得到改善，价值能快速恢复，具有价值增长的潜力，未来有上市的计划或可通过并购从资本市场退出。

【小贴士】 市场化债转股对象选择　　↘

鼓励实施债转股的企业：因行业周期性波动导致困难但仍有望逆转的企业；因高负债而财务负担重的成长型企业，特别是战略性新兴产业领域的成长型企业；产能过剩行业负债居于前列的关键性企业及关系国家安全的战略性企业。

禁止债转股的企业：扭亏无望、已失去生存发展前景的"僵尸企业"；有恶意逃废债行为的企业；债权债务关系复杂且不明晰的企业；有可能助长过剩产能扩张和增加库存的企业。

实施原则

市场化债转股实施的核心是坚持市场化原则，要求交易主体和交易对象通过自愿平等协商达成转股价格和转股方式，交易规则应公开、透明。

股权类别选择

市场化债转股允许转为优先股，优先股与普通股的选择取决于商业银行和拟转股企业对两类股权利弊的权衡（见表9.4）。优先股具有股权和债权的双重特性，具有法定性和约定性。一方面，债权清偿顺序相较普通股具有优先性，降低权益损失风险。对于商业银行而言，通过"债转优先股"，可避免贷款客户因暂时性经营困难或因抽贷、断贷而造成坏账，有助于企业通过未来的发展改善还债条件。尤为重要的是，优先股在法定性的基础上还具有约定性特征，投资者和债务企业可以根据具体情况对优先股事先约定定额或定息、股利是否可累积、是否参与剩余盈利的分配、是否可转换为普通股、是否可赎回等条款，非常符合市场化、法制化债转股的协商原则，更容易被稳健型投资者所接受。另一方面，转股后优先股股东对企业的经营管理和公司治理参与程度较普通股股东而言受到更多限制。这虽然限制了转股后原债权人在改善企业经营管理方面发挥作用的空间，但也防止了20世纪90年代日本的银行在广泛参股实体企业中因经验不足和过度干涉企业经营而给企业造成损害的可能性。在实际操作中，债权人和企业倾向给予优先股股东在公司经营管理上有限的权利，如重大投融资事项的一票否决权等。这有利于改善企业公司治理，提升企业管理能力，促进企业未来发展。

表 9.4　　　　　　　　优先股与普通股的有利与不利因素比较

	优先股	普通股
投资机构	有利因素：有固定收益，对利润的影响小；但受偿权先于普通股股东 不利因素：放弃债权及担保的优先权利	有利因素：有获得股权大幅增值的机会 不利因素：放弃债权及担保的优先权利；股权收益及股权增值具备较大的不确定性
债务企业	有利因素：不需要稀释股权和控制权，仅有限治理结构改变（如有约定参与权）；改善财务状况；流动性风险降低，再融资条件改善 不利因素：经营业绩改善不大，甚至业绩下降（优先股利率可能高于贷款利率）	有利因素：减少财务成本、改善财务状况和经营业绩；流动性风险降低，再融资条件改善 不利因素：股权和企业控制权稀释

估值定价

债转股的定价包括两个方面：债权定价和股权定价。债权定价的基础是债权人对债务人信用状况及还款能力的评测，目前通用的方法有偿债能力法、清算价值法等。在债权定价中，如果折价就是银行等债权人受损，而债务企业受益。由于银行不愿意有损失，目前较多采用账面价值计价。股权定价主要是基于对转股企业未来经营现金流量的预测，一般可选择市盈率法、市净率法，可参照对应上市公司股价和基金的入股价等市场价格确定，也可以通过中介机构评估确定公允价值。

转股价格对实施机构和转股对象的影响是相反的：对实施机构，转股价格越低越有利，对转股对象而言，转股价格越高越有利。实施机构希望债权不能损失，股权定价低一些；转股对象希望债权有折让，股权定价高一些。最终定价取决于双方的转股地位及博弈情况。

资金募集

市场化债转股的资金来源主要有实施机构的资本金、发行金融债券、募集社会资金、发行专项债券、债券回购、同业拆借、同业借款等。债转股作为一种股权投资，其特点是规模大、回收期限长、收益不确定性强、退出难度大，与之匹配的资金需求特征为数量大、期限长、利率低，市场化募集的资金在期限、风险、结构匹配方面存在障碍，需要专项的资金配套。

日常管理

债转股企业的日常管理同股权资产管理，参见本书第7章。需要重点关注以下四个方面：一是与一般股权投资相比，债转股项目金额大，需要建立专业的管理团队；二是要积极参与企业治理，在转股协议中明确各方的权利义务，转股后依据公司法和公司章程积极参与企业经营决策，直接监督债转股企业经营管理；三是加强对债转股企业所在行业的研究，从行业发展、战略规划及产业链整合方面真正支持企业发展；四是股权经营不同于债权融资，需要建立符合股权融资业务的考核激励机制。

退出方式

债转股的退出方式主要有股权回购、上市交易、股权转让、设立股权投资基金等。股权回购，指由债转股企业利用留存收益等资金赎回转股机构持有的股权。回购的主体是原债转股企业，资金由企业自筹，一般股权回购方式及价格在债转股协议中约定，约定触发机制，如公司财务业绩不达标，就要回购。回购价格确定有两种方式：一是以资金时间价值及机会成本为基础换算成年利率；二是以回购到期日等额股权的净资产价值作回购价。上市交易，指企业实施债转股后，资产负债率下降，资产负债结构得到优化，符合上市条件而公开上市，或者通过并购重组将债转股企业资产装入上市公司而借壳上市，转股机构通过二级市场减持实现退出。股权转让，指转股机构将持有的股权转让给其他投资者，可通过股权交易所、新三板市场等方式转让。股权基金，指由转股机构作为主发起人，联合其他机构投资者发起设立股权投资基金；投资者购买基金份额后，可以获得相应比例的股权，按所持股份获取股息红利；持股机构可以通过将股权注入基金让渡给投资者，实现股权退出。

这四种方式的优点及制约条件对比见表9.5。

表 9.5 　　　　　　　　　　　债转股退出方式比较表

退出方式	企业回购	上市交易	股权转让	股权基金
优点	操作方便，可以在转股协议中约定	价值充分体现，盈利性好	直接，受约束的法规少	吸引众多投资者参与
制约条件	企业盈利增长难以预期；管理层回购需要政策突破	股票市场发展；企业发展预期	非交易所市场发展缓慢，交易不活跃	交易结构复杂，投资回报不确定

【专栏9.2　云锡集团债转股的二十年轮回】[①]

政策性债转股阶段

背景。1997年，云南锡业公司在亚洲金融危机冲击下濒临破产，资产负债

---

① 本文主要由作者根据报刊和网络相关资料整理写作而成。

率高达84.29%。1999年，原国家经贸委、人民银行印发《关于实施债权转股权若干问题的意见》（国经贸产业〔1999〕727号），云南锡业公司进入首批实施债转股的242家企业名单中。

实施方案。2001年9月，云南锡业公司、华融公司和信达公司共同出资，设立云南锡业集团有限责任公司，注册资本8.26亿元，其中云南锡业公司出资5亿元，华融出资2.1亿元，信达出资1.16亿元。截至2002年末，云锡集团的资产负债率比1998年降低了27个百分点。

债转股后的运作。华融公司、信达公司作为股东，加入董事会和监事会，但不参与企业的日常生产经营活动。2009年，云锡集团改变治理结构，成为云锡控股的子公司，华融公司、信达公司在治理中的作用进一步下降。

扩张。云锡集团开始实施行业整合战略、国际化战略、多元化战略，进行大规模兼并、整合，业务板块日益多元化，总资产日益膨胀，杠杆率再度高企。2013年第一季度，云锡集团总资产520.46亿元，负债420.76亿元。治理架构达五个层级，集团内公司数量200多家。

资产公司退出。2014年，云锡多元化战略受挫，开始收缩阵线，将云锡控股公司和云锡集团公司合并。2015年6月，云锡集团支付对价10亿元，减资回购华融、信达所持股权，第一轮债转股实现退出。

市场化债转股阶段

新的问题。2016年上半年年报显示，云锡集团总资产525亿元，负债合计435亿元，资产负债率高达82.85%。高于行业平均的55%，为降低资产负债率实施债转股。2016年8月，云锡集团与建设银行签订的债转股框架协议，协议约定债转股资金总额100亿元，资金用途主要为债务置换，预期收益率在5%~15%，期限为5年，不承诺刚性兑付。

债转股模式。采用基金模式，交易结构如图9.1所示。

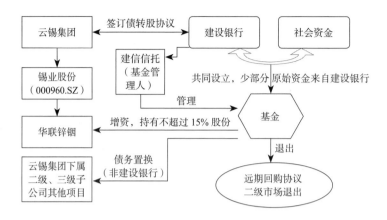

图 9.1 云锡集团债转股交易结构

实施主体。建设银行与云锡集团成立基金，建信信托担任基金管理人。

拟转股债权。建设银行对云锡集团总贷款50亿元，占云锡总负债近10%。本次债转股方案不涉及建设银行贷款，而是其他银行贷款。贷款形态为正常类贷款。债权转换成的股权，并不对应原负债单位，而是集团旗下的优质板块和资产。项目分两期落地，每期50亿元，包括云锡集团下属二级、三级子公司的五个子项目。

资金来源。采用基金模式，发起人建设银行少量出资，主要来源为社会资金，包括保险资管机构、建设银行养老金子公司养老金、全国社保、信达公司、私人银行理财产品等。基金LP预期收益率为5%~15%，不承诺刚性兑付。

定价机制。债权定价方面，建设银行将以1∶1的企业账面价值承接债务；股权定价将参考第三方评估机构、具体的二级市场价格等因素决定。如果股权投资的标的资产属于非上市公司，会按照评估后的公允市场价值确定入股价格；如果是上市公司，如锡业股份、贵研铂业的资产，则参照二级市场价格进行定价。

股权投资。首期三个项目之一为增资华联锌铟。双方增资条件为华联锌铟需完成金石坡采矿权及铜街—曼家寨采矿权的勘探，并完成金石坡锡矿60万吨采矿扩建工程可行性报告。建设银行通过基金向华联锌铟增资并取得其不超过15%股权。华联锌铟为云锡控股旗下最优质的资产之一，锌锡资源非常丰富，具有盈利高增长的预期。

运营管理。建设银行在云锡集团拥有董事席位，有投票权，在投资经营层面作为股东积极参与管理。实施机构在条款中增加了约束条款：华联锌铟需承诺每年向股东进行现金分红，且分红金额不低于当年实现净利的10%；对于锡业股份转让的股份，投资人享有优先购买权；按照5年的投资期限对管理层经营业绩提出要求，如果未来业绩未能达到预期，则要求企业回购股份。

退出机制。退出主要通过市场化方式，上市加回购条款：将云锡集团未上市部分装入两家上市子公司实现退出；若管理层业绩不达承诺预期，由云锡集团对股权进行回购。

建设银行会顺利退出吗？二十年后又一个轮回？

第 10 章　不良资产支持证券

如果你有一个稳定的现金流，就将它证券化。

——华尔街名言

<hr>

不良资产支持证券是以不良资产为基础资产的证券化产品，是不良资产处置与证券市场相结合的创新产品，操作规范性强，市场化程度高，具有较大的发展空间，也是不良资产投资的新领域。

概念与功能

不良资产证券化

耶鲁大学弗兰克·法博齐教授认为，"资产证券化可以被广泛地定义为一个过程，通过这个过程将具有共同特征的贷款、消费者分期付款合同、租约、应收账款和其他不流动的资产包装成为可以市场化的、具有投资特征的带息证券"。资产证券化就是将缺乏流动性但有稳定预期现金流的金融资产集合起来，通过结构化安排，辅以内部和外部增信，将其转换成标准的可在市场上流通交易的有价证券。资产证券化有三个重要的特征：一是需要具有某类特征的资产组合，这些资产未来有现金流量；二是发行人需要将资产组合转移给一个特殊目的载体；三是本质是发行证券融资。我国目前资产证券化主要有三种模式，信贷资产证券化、企业资产证券化和资产支持票据。

不良资产证券化是以不良资产作为基础资产，以其产生的现金流作为偿付特殊目的载体本息基础，发行资产支持证券的过程。由于不良资产流动性更差，未来的现金流量更难预测，因此证券化过程非常复杂。美国重组信托公司在救助储贷危机中，对房地产相关的不良资产进行了证券化，总额14亿美元，既加快了不良资产的处置，又推动了住房抵押贷款证券化市场的发展。亚洲金融危机后，日本、韩国也修订或制定资产证券化相关法律，推进不良资产证券化。目前，我国不良资产证券化采用的是信贷资产证券化方式，主要发行不良贷款资产支持证券，即银行业金融机构及其他经监管部门认定的金融机构作为发起机构，将不良贷款信托给受托机构，由受托机构以资产支持证券的形式向投资机构发行受益证券，以该不良贷款所产生的现金支付资产支持证券收益的证券化融资工具。不良资产证券化产品与信贷资产证券化产品的比较见表10.1。

表 10.1　　　　　不良资产证券化与信贷资产证券化产品比较

比较维度	信贷资产证券化	不良资产证券化
基础资产	资产对应企业生产经营正常，现金流来源于经营收入，持续、稳定、可预期	资产对应企业出现债务违约，现金流来源于处置债务人资产、抵押品及担保人，还款金额和时间不确定性强，波动性大，影响因素多
发起主体	贷款服务商，主要职责从事贷款合同管理及按约定收取本息	贷款服务商，除一般债权催收管理外，需要有较强的资产处置变现能力
投资者	一般投资者，无特别要求	次级投资者为具有丰富经验的专业机构投资者，承担贷款服务顾问角色，一般为资产公司
产品分层及增信方式	一般分为多层，层级间差异不大，内部增信	只分为两级——优先级和次级，内部增信加外部增信
估值定价	风险可控，一般按本金及约定利率确定，考虑违约率	考虑贷款的回收金额，除债务企业抵押品、担保人因素外，受区域经济环境、司法环境、处置能力等因素影响
收益分配	贷款服务商获得服务费	在服务费基础上，还可分享超额奖励
信息披露	需要详细披露基础资产的分布、抵押品、担保人等状况、披露资产服务机构能力等	一般只披露基础资产、交易结构等基础信息

不良资产证券化的功能

作为一种处置不良资产的手段，不良资产证券化与其他处置方式相比，有其独特的功能。

增强资产的流动性

通过证券化方式，商业银行在不良资产出表的同时融入资金，快速回收现金，有效增强商业银行流动性，改善商业银行资产负债结构。

提高处置效率和资产回收率

与其他不良资产投资者比，商业银行掌握债务人的信息多，对债务人更熟悉，商业银行的网点及人员在处置方面也有优势，通过证券化方式，商业银行赢得一个可以对资产池进行整体处置的时间窗口和机会，能提升处置效率，有利于充分挖掘资产价值。由于证券化产品有严格的信息披露要求及较强的市场监管，对债务人和商业银行构成市场压力，也可有效降低道德风险，提高资产回收率。

增加市场投资工具

通过不良资产证券化，将非标准的不良资产做成了标准化的投资工具，增加了市场的投资产品。不良资产支持证券优先和劣后的分层设计，还可以满足不同投资者的需求，丰富了投资的产品线。

处置与融资相结合。不良资产证券化是资产持有人商业银行或资产公司一种组合的不良资产处置方式，将资产处置与融资结合起来，如果定价合理，处置能力达到预期，优先和劣后都能得到合理回报，有利于再次发行融资，是一个可以良性循环的处置模式。

改善商业银行收入结构

银行作为不良资产证券化产品的资产管理服务机构，可以收取服务费，如果回收水平超过预期，还可分享超额收益，可以增加商业银行中间业务收入，有助于提升商业银行不良资产处置能力。

不良资产证券化的条件

开展不良资产证券化业务需要相关的环境和市场条件。

资本市场的发展

证券化产品的发行、定价都需要市场环境。我国已建成多层次的资本市场和流动性充沛的货币市场，截至2020年1月末，债券托管余额达103万亿元，不良资产证券化业务有较好的发展条件。

不良资产主体市场化

我国的商业银行已实现市场化运营，作为独立的市场主体，依照自身经营需要进行决策。商业银行一般根据盈利状况、流动性情况和处置能力筹划不良资产处置方式，在证券化、债转股、对外转让和自己处置之间进行权衡，因此将处置和融资结合起来的证券化将是一个非常好的选择。

投资者市场

经过中国资本市场的磨炼，资本市场和货币市场有大量合格的机构投资者。而不良资产处置良好的收益预期，以及证券化产品提供的优先及次级等多样化选择，能更好地满足投资者需求。

服务市场充分发展

证券化产品需要众多的服务机构、提供不良资产尽职调查、价值评估、增信、资金管理、销售等服务，目前市场上法律、会计、评估、评级、券商等中介服务市场获得充分发展，能为不良资产证券化业务开展提供优质服务。

不良资产证券化的现状

不良资产证券化：国际经验

美国重组信托公司在处置储贷机构不良资产的过程中，在整体出售回收率低于预期的情况下，探索不良贷款证券化业务，并开市场先河。由于扩大了投资者范围，缩短了处置周期，有效推进了储贷机构资产的处置，推动了不良资产证券化市场的发展。美国重组信托公司的主要经验有：一是基础资产选择充分考虑风险分散，在资产种类、区域、行业和时间方面充分分散，从而避免风险集中。二是风险隔离机制，即将基础资产转移给专门设立的信托计划持有，实现证券自身的自我清偿，这也成为后来不良资产证券化的标准。三是双层分级结构，即分为优先级和次级双层结构，在支付上采取优先档利息、次级档利息、优先档本金、次级档本金的次序，更好地保障投资者权益。四是多种方式的内部增信，如现金准备金、超额利息、分级安排、超额担保等，强化偿付投资者权益的保障。五是公募发行，信息披露方面按美国证券交易委员会的要求增加信息透明度，增强投资者信心，提高产品流动性。

韩国资产管理公司在亚洲金融危机中充分利用证券化手段，不仅有效处置了不良资产，还带动了韩国资产证券化市场的发展。其主要经验有：一是立法先行，为处置不良资产，韩国在1998年专门通过了《资产证券化法》，为韩国资产管理公司开展不良资产证券化业务奠定了法律基础。二是外部增信，韩国资产管理公司从商业银行购入不良贷款时，附加了不良贷款回售期权条款，当不良贷款长期无法清收变现时，可要求商业银行将贷款购回。这一条款为不良贷款证券化产品增加了外部流动性支持，相当于外部增信。三是双特殊目的实体模式，韩国资产管理公司分别在韩国国内和国外设立特殊目的实体，由韩国国内的特殊目的实体向韩国资产管理公司购买不良资产，发行优先级ABS和次级ABS，优先级ABS通过次级ABS的风险损失吸收、韩国产业银行提供卖出期权及流动性便利后，再出售给外国的特殊目的实体，并以此为基础再次发售ABS，由国际投资者购买。

美国、韩国开展不良资产证券化情况见表10.2。

表 10.2　　　　　　　美国、韩国开展不良资产证券化情况比较

项目	美国	韩国
发行主体	重组信托公司	韩国资产管理公司
主要基础资产	住房抵押贷款	企业贷款
总体情况	发行 420 亿美元，约占处置不良资产的10%	截至 2003 年末，发行 30.2 万亿韩元
产品分级	优先档和次级档，次级档较厚	次级档较薄，通过双层特殊目的实体，吸引境外投资者
信用增级方式	较强的内部增信，现金准备金、超额利息、超额担保等	内部增信加外部增信
投资者	国内投资者	境内外投资者
发展模式	依托信贷资产证券化市场获得发展	通过立法推动不良资产证券化，带动信贷资产证券化市场发展

不良资产证券化：中国经验

2003年，我国开始试点不良资产证券化，以华融公司、信达公司、东方公司、工商银行、建设银行为主体，共发行六单产品，涉及债权本金485.68亿元，利息余额151.85亿元，资产池账面价值637.53亿元。2008年，国际金融危机爆发，核心就是次级债违约，不良资产证券化试点工作暂停。2012年，重启信贷资产证券化试点。2016年4月，发布《不良贷款资产支持证券

信息披露指引（试行）》；5月，中国银行发行中誉2016-1不良贷款证券化产品。截至2018年5月末，已有12家银行先后发行不良资产证券化产品35单，发行规模为285.37亿元，入池不良资产本息合计1017.52亿元。这些产品的主要特点：

（1）基础资产结构均衡，个人客户居多。已发行的35单产品，从基础资产的风险分类情况看，次级类贷款占比32%，可疑类贷款占比41%，损失类贷款占比27%；从基础资产的类型看，26单产品的基础资产为个人不良贷款，主要包括个人经营、消费、住房、信用卡等，9单产品的基础资产为企业不良贷款，基础资产主要集中在制造业和批发零售业等行业。

（2）选择双重增信模式。内部增信采用"优先/次级"结构设计，分为2档，次级档厚度在15.72%~38.35%，整体产品平均厚度为25.45%。外部增信由发起机构之外的次级档证券持有人提供流动性支持。

（3）流动性安排充分。通过采用流动性储备账户、支付结构安排等组合手段，有效控制难以按期足额支付优先级投资者收益的风险。

（4）采用综合折扣率定价。不良资产证券化定价的方法为，两家评级机构和一家评估机构结合基础资产的抵质押情况、基础资产池特征、历史回收率及基础资产类别和增信措施等，各自模拟测算折扣率后，最后确定综合折扣率。

（5）不良资产证券化发行"折扣率"不高。前述35单产品折扣率在8.52%~54.18%，平均折扣率为28.05%。

表 10.3　　　　　　　　我国不良资产证券化情况表

年度	发行单数 / 单	基础资产金额 / 亿元
2016	14	156.10
2017	19	129.61
2018 年 8 月	17	59.31

不良资产证券化与债转股的比较

商业银行处置不良资产一般有四种方式，留置处置、对外转让、债转股、证券化。不良资产证券化与债转股的比较见表10.4。

表 10.4 　　　　　　　　　　　不良资产证券化与债转股比较

	债转股	不良资产证券化
资产	商业银行信贷资产减少，若是不良资产则出表，商业银行金融资产投资公司投资资产增加，并表资产受持股比例影响	不良资产出表；表外需登记一项资产及负债的交易事项
损益	短期取决于两个因素：转股时债权的计价，不良资产减少对拨备计提的影响 长期也受两个因素影响：债转股股权价值变动，商业银行持有金融资产投资公司股权比例	短期影响：证券化即损失确认，需要拨备冲减，减少当期利润 长期影响：收取手续费增加收益，收取持有次级产品的超额收益
资本	对金融资产投资公司资本消耗较大，持有股权资产风险权重两年内为 400%，之后为 1250%	直接确认损失，减少当期资本
后续工作	管理股权	处置不良资产
难点	股权退出	不良资产估值

不良资产支持证券的结构与流程

不良资产支持证券的结构

不良资产证券化业务的模式有三种：一是抵押型，即将不良资产组合作为抵押品发行特种债券，或者将资产组合抵押给特殊目的实体，由其代为发行证券。二是出售型，即将资产组合以一定价格出售给特殊目的实体，以资产组合的现金流为基础发行支持证券。三是股权型，即由特殊目的实体从商业银行获得不良资产，并将债权转为股权，以股息作为基础发行资产支持证券。由于出售型需要不良资产的剥离，并与发行人实现破产隔离，能实现"洁净"出表的需要，目前发行的证券化产品多采用此模式，我们也以此模式分析不良资产支持证券的结构。

不良资产证券化业务涉及基础资产池的构建、资产的回收处置、资金管理、证券营销、资产评估、合同管理等诸多环节，需要发起机构、资产托管机构、资产承销、投资者、资金管理机构、增信机构、中介服务机构等众多市场主体的参与。以中誉2016为例，不良资产支持证券的结构见图10.1。

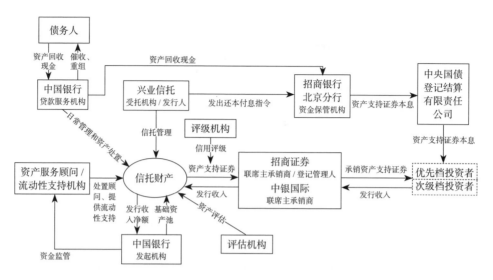

图 10.1　不良资产支持证券结构示意（以中誉 2016 为例）

（资料来源：中誉 2016 资产支持证券说明书）

发起机构

发起机构也称原始权益人，其职能是选择拟证券化的资产，并进行组合和重组，然后将资产组合转移给特殊目的实体以融资。目前，发起机构主要是商业银行和资产公司，在中誉2016的案例中为中国银行。

特殊目的实体

特殊目的实体是指接受发起机构的资产组合，并发行以此为支持证券的特殊实体。特殊目的实体有特殊目的公司和特殊目的信托两种主要表现形式。设立特殊目的实体的主要目的是实现"破产隔离"。在资产证券化业务中，特殊目的实体是整个资产证券化的核心，所有参与者都围绕着它来展开工作。

受托机构

受托机构一般作为发行人，在债券发行后将扣除费用的发行款支付给发起人，办理信托财产交付，宣告信托成立。受托机构一般由信托公司承担，在中誉2016的案例中为兴业信托。

资产服务商

资产服务商从事贷款合同管理和资产处置，按合同约定向债务人收到本息，对债务人进行催收、诉讼及重组并最终处置资产取得现金流。目前，资产服务商由发起人商业银行或资产公司担任，在中誉2016的案例中为中国银行。一般可获得基本服务费和超额奖励服务费。

资产服务顾问

鉴于不良资产复杂性，一般由次级档证券的投资者聘请专业的资产管理公司作为资产服务顾问，对债权处置提供建议，旨在提高资产收回率，在中誉2016的案例中，资产服务顾问为次级档持有人，发行后实际为信达公司。

资金管理商

资金管理商负责按期收取证券化资产所产生的现金流，并将其转移给特殊目的实体或由特殊目的实体指定的实体。资金管理商一般是指定非发行人的商业银行担任，在中誉2016的案例中为招商银行北京分行。

投资人

投资人指在资本市场上购买特殊目的实体发行的证券的机构或个人，目前一般是银行间市场的机构投资者，而次级主要由资产公司等专业的资产处置机构投资。

承销商／簿记管理人

承销商负责承担销售所发行的证券，一般是由商业银行或证券公司承担。规模较大的证券化项目会组成承销团。资产支持证券一般以簿记建档方式发行，由联席主承销商担任簿记管理人，在中誉2016的案例中为招商证券。

信用增级机构流动性支持机构

信用增级机构流动性支持机构为特殊目的实体发行的证券提供信用增级。当托管账户资金不足以支付优先档利息时，信用增级机构需要提供流动性支持。在中誉2016的案例中，信用增级机构流动性支持机构为次级证券持有人。

信用评级机构

信用评级机构指通过对资产证券化的各个环节进行评估而评定证券信用等级的机构。目前，信用评级机构主要有标准普尔、穆迪、惠誉等国际评级机构，以及大公、中诚信、联合信用等国内评级机构。

债券登记服务机构

中央国债登记结算有限责任公司，对资产支持证券提供登记托管和代理兑付服务。

中介服务机构

会计师提供会计、税务咨询，以及对资产组合进行尽职调查；资产评估机构负责对不良资产进行价值评估，为定价提供依据；律师提供基础资产法律意见及交易合同审核等法律咨询。

发行市场

资产支持证券可以在交易所市场或全国银行间债券市场发行和交易。

业务流程

不良资产证券化业务操作流程包括以下步骤。

组建资产池

由发起人商业银行或资产公司选择合适的不良贷款组成基础资产池。

尽职调查及定价

发起人首先实施内部尽职调查，聘请律师事务所开展法律尽职调查，聘请资产评估机构出具价值评估报告预估现金回收，作为资产出售的基础报价。

设立特殊目的实体

聘请信托公司作为受托机构，以基础资产作为信托财产设立特殊目的实体，并将基础资产及相关资料转移给特殊目的实体。

信用增级

受托机构对基础资产池的收益与风险进行重组，请第三方机构提供信用增级或流动性支持安排。

资产和资金管理

一般由发起人担任资产服务商，负责资产管理和追偿，也可请资产公司作为资产处置顾问，聘请一家银行机构担任现金流的归集和向投资者支付本息。

发行不良资产支持证券

聘请证券公司或商业银行作为销售商，在银行间市场发行不良资产证券化产品，聘请信用评级机构进行债项评级，发行募集资金交付发起人作为资产转让对价。

处置资产兑付本息及收益

受托机构管理资产池，如有不合格资产可要求发起人替换，资产服务商清收处置不良资产获得现金，向投资者偿付资产支持证券本息，清算项目处置剩余资产权益。

不良资产支持证券的收益与风险

以中誉2016为例，该产品发行情况见表10.5。

表 10.5　　　　　　　　中誉不良资产支持证券发行情况

	发行金额 /万元	发行利率	规模占比 /%	预期到期日	法定到期日	评级（联合资信）	评级（中债资信）
优先档资产支持证券	23478.00	固定利率	78%	2019 年 3 月26 日	2021 年 3 月26 日	AAA	AAA
次级档资产支持证券	6622.00	无票面利率	22%	2021 年 3 月26 日	2021 年 3 月26 日	无评级	无评级
总计	30100.00		100%				

注：发起机构中国银行按照监管要求持有本期资产支持证券，具体为持有本期资产支持证券全部发行规模总额的 5%，且持有各档资产支持证券发行规模的 5%。

入池资产笔数、金额与期限特征见表10.6。

表 10.6　　　　　　　　　中誉不良资产支持证券资产池情况表

资产池基本情况	金额
贷款笔数 / 笔	72
借款人数量 / 家	42
资产池合同初始金额总额 / 万元	124084.92
资产池未偿本息余额总额 / 万元	125382.67
预计可回收金额 / 万元	42155.53
单户平均本息余额 / 万元	2985.30
单户平均预计可回收金额 / 万元	1003.70
单户最高本息余额 / 万元	50731.17
单户最高预计可回收金额 / 万元	15457.19
加权平均逾期期限 / 月	2.44
单户最高合同余额 / 万元	50622.00
单户平均合同余额 / 万元	2954.40
单笔最高本息余额 / 万元	23809.02
单笔平均本息余额 / 万元	1741.43
单笔贷款最高年利率 /%	18.00
加权平均贷款合同期限 / 月	11.57
加权平均贷款账龄 / 月	6.32
集中度	
借款金额最高的前五名借款人集中度 /%	71.83
贷款最集中的前三个行业 /%	74.87
信用状况	
正常类贷款占比 /%	0.00

主要机构预计回收总额见表10.7。

表 10.7　　　　　　　　　中誉不良资产支持证券资产评估情况表

单位：万元

中企华评估	联合资信	中债资信
42155.53	42405.75	42490.11

注：考虑整个"资产池"的回收率和回收时间、税费、中介机构相关费用、顾问费、处置费等相关费用及各档证券资金成本后，通过将预计回收总额折现，最终确定证券的实际发行金额为 30100.00 万元。

发行者视角

发行者的收益

发行者的收益主要有三部分，发行收益、持有次级权益份额收益和服务费。

一是发行收益，即不良资产支持证券发行成功后发行人收到的资产对价。

二是持有次级权益份额收益，指资产池处置终结或证券化项目终结时，分配的偿付优先级权益后的剩余权益。

三是服务费，即发行人同时作为资产服务商取得的资产管理收入，包括基本服务费和超额回收奖励，基本服务费一般为资产处置收入的1%，超额回收奖励是为刺激资产服务商提高资产回收率而设立的奖励机制，如果现金回收超过某个目标，可以提取一定的奖励费。

发行者的风险

发行者的风险主要有信用风险、市场风险、操作风险、道德风险和信誉风险。

一是信用风险。以不良资产为基础资产的支持证券承担信用风险，即债务人不能按预期归还债务本息的风险。当然，由于在定价中已根据违约损失率预计了信用风险的损失，因此其信用风险就表现为是否能按预期的回收额归还。

二是市场风险。发行者的市场风险主要指由于定价不当，可能导致发行失败的风险。

三是流动性风险。流动性风险指由于资产处置进度回流的现金与支付优先级利息之间可能会存在不一致，导致不能按期兑付利息和本金的风险。

四是道德风险。道德风险指发行人可能隐瞒资产的负面信息，降低进入资产池的风险分类门槛的风险。承销商可能未全面履行尽职调查义务，在营销材料中夸大证券的亮点。评级机构可能放弃独立的中立立场，选择有利于交易的数据和方法。

五是信誉风险。如果不良资产支持证券次级投资者损失额较大，甚至优先级都未收到预期的本息，投资者会质疑发行者的定价能力或处置能力，会给发行者带来信誉风险，影响以后的发行。

投资者视角

投资者的收益

通常不良资产证券化产品会分为优先级资产支持证券、次级资产支持证券。较复杂的产品还有中间级资产支持证券，而同一层级的证券如优先级资产支持证券内部又可分为优先A级、优先B级等多个档位。分析投资者收益时，我们只考虑两类投资者，投资于优先级资产支持证券的投资者和投资于次级资产支持证券的投资者。

优先级的投资者预期获得固定收益，与购买债券获得利息类似。基础资产产生的收益支付相关税费及优先级收益后，剩余收益归属于次级资产支持证券持有人，因此次级资产支持证券持有人的收益具有较大不确定性。

投资者的风险

一是损失风险。由于发行定价、分层设计、资产瑕疵、资产处置等原因导致资产池回收现金低于预期，资产支持证券到期后无法兑付投资者本金和预期收益时，投资者就会发生损失风险。衡量损失风险的主要指标是次级本金覆盖率，次级本金覆盖率低于1时，不仅次级投资者本金损失，优先级投资者也会发生损失。不良资产收益不确定性强，除资产池本身因素外，处置策略与能力、宏观环境、政策变化、司法状况等影响资产处置回收的因素都会影响最终的回收结果。

二是利率风险。市场利率波动会影响资产支持证券的价格，从而影响优先级持有者的收益。在利率上升时，资产支持证券价格会下降。利率变化也会影响借款人的偿付行为，导致资产池现金流量的变化，最终影响资产支持证券的偿付。

三是流动性风险。受市场交易活跃程度制约，资产支持证券持有人可能面临无法以公允价格在合理的时间内出售证券的风险，影响其流动性需求。资产支持证券的还本付息方案是在对项目进行尽职调查基础上的预测和判断，受取得信息质量、处置经验和能力等因素影响，预测和实际可能产生偏差，实际现金流可能不足以按时支付优先档利息甚至本金，而流动性机构又未履行义务，导致优先档不能按时获得利息或本金。

四是提前偿付风险。不良资产支持证券产品在期限设计上，优先级一般2~3年，次级一般不超过5年，但都会设置提前清仓回购条款，一般在不良资产支持证券未偿本金余额下降至初始日资产池金额10%或以下时，发行人可采取回收剩余资产支持证券的措施，提前清盘项目，偿付投资者。对投资者而言，提前偿付会影响再投资收益。

五是评估和评级风险。不良资产是违约资产，预期回收金额及时间分布很难预期，定量分析难度较大，模型测算也因数据量不足结果可信度有限，价值评估及债券评级很难准确揭示不良资产支持证券的收益和风险。

不良资产支持证券投资分析

基础资产

不良资产支持证券产品的现金流最终来自资产处置的收入，因此分析的重点是基础资产及其预期的变现能力。一是基础资产质量，包括基础资产的风险分类、债权状况、担保方式、抵质押品状况、资产分类、期限结构、债务人分布、地域分布和行业分布。二是资产处置策略，是采用常规的正常清收、处置抵质押品、诉讼，还是更多采用重组、重整等投资银行手段。三是资产处置能力，是否建立专门的清收机构？处置人员的专业素质如何？是否有良好的考核激励机制？四是资产处置环境，包括所属企业的行业趋势、宏观经济景气状况、司法环境等。

产品分层

不良资产支持证券产品分为优先级和次级。一般用次级档厚度即次级档占发行额的比例作为判断对优先档保护的程度，厚度越高保护就越好。目前，次级档只要求专业的资产公司购买，并要求发行人持有各分层5%作为保证措施。

资产定价

不良资产由于其违约特征极其复杂，定价比较困难。目前采用的方法是两个评级机构加一个评估机构进行专门的价值评估，采用综合定价。发行人及参与的证券公司也进行价值分析。重点分析四个方面：一是定价的基础数据是否充分。二是看评估方法的选择是否科学，一般主要采用预计现金流法，以未来债权预计回收金额为基础，考虑处置成本、再投资机会成本等因素，确定证券资产池的价值。三是看评估的假设条件是否合理。投资者也可适用模型化的估值，由于不良资产违约损失率数据不足，尚未形成大数据，加之经济环境及相关政策变化较大。需要收集更多数据进行分析验证，形成分析模型并不断迭代升级。四是分析影响价格的主要因素，如主体差异，国有银行和股份制银行的资产定价一般会高于城市商业银行；资产集中度差异，资产分散也意味着风险分散；期限差异，期限越长，资产回收金额的不确定性越大，相应还本付息的风险也越大。

增信措施

不良资产支持证券的风险较高，投资分析中重点关注增信措施及流动性支持安排的有效性。可分析以下措施：一是次级与优先级的比例，比例越高，对优先级的偿付越有保障；相反，次级承担的风险也越大。二是封包到发行之间产生的现金回收金额，金额越大，说明偿付保障越强，也能从侧面反映不良资产质量较高。三是流动性储备账户金额，即项目运营时从不良资产回收款提取一定比例资金作为专门的偿付储备金。四是是否有外部流动性支持机构，一般说外部流动性支持机构作为流动性重要的补充手段，能有效防范现金流因时间上不稳定带来的偿付风险。

信息披露

目前不良资产支持证券产品的基础资产信息披露除15%采用单户信息外，其他披露的是整合的分类信息，如贷款种类等，是评估报告相关内容的归类表达，风险未充分揭示，不利于投资者分析其价值及风险。投资者很难按户确定投资价值，所以需要对信息进行分拆分析，并结合评级评估报告进行综合分析，并比较不同产品之间的差异。

第11章　不良资产尽职调查

我们的口号是：一，不做调查没有发言权。二，不做正确的调查同样没有发言权。

——毛泽东

尽职调查是不良资产投资的基础工作，详细、周密、全面的尽职调查是确保投资成功的前提。尽职调查广泛存在于商务活动中，本章重点分析其在不良资产市场的应用。

概念与分类

尽职调查概念

尽职的概念可以追溯至古罗马法中的"勤勉"，尽职调查也称为审慎调查，是签署合约或其他交易之前，对合约或交易相关人或公司或事项展开的调查。《布莱克法律词典》将尽职调查定义为"通常一个人在其调查过程中寻找合适的法律要求或解除义务时应保持的合理审慎"。尽职调查的主要目的在于收集交易相关的资料，提供交易收益、成本及风险的信息，以便作出交易决策。尽职调查是股权投资、债权融资、并购重组等经济活动的基础性工作，也是贯穿不良资产投资整个过程的核心工作。不良资产尽职调查是指调查人员通过查阅、走访、实地勘察、函证、计算、复核、验证等方法，收集和整理不良资产权属关系、存续状态、资产状况、相关企业经营情况、市场状况等信息，填写工作表，撰写报告等一系列活动。

不良资产尽职调查的种类

按执行主体分类

按尽职调查执行主体，可将尽职调查分为买方尽职调查和卖方尽职调查。买方尽职调查的重点是相关资产的状况、权属关系、市场前景、处置预期等，判断资产或项目的收益与风险，为收购报价及合同条款谈判提供依据。卖方尽职调查的目的是发现资产价值的卖点和亮点，提高投资者的报价信心，并为定价和营销服务；调查的重点是挖掘资产或项目特点，合理估算交易底价，确定向市场提供信息的内容及形式，既要充分客观展示资产亮点，又要披露瑕疵防止赎回风险。

按执行时间分类

按尽职调查与交易时间的先后，可将尽职调查分为缔约前尽职调查和缔约后尽职调查。两者的主要区别在于，缔约前尽职调查的目的是判断资产权属关系和风险状况，并确认是否参与交易及交易价格，重点关注债权、股权、实物资产的来源、现状、主体资格、权属关系等内容。缔约后尽职调查的主要目的是决定在交易后是否需要调整和变更买卖的价格，以及决定交易后的管理处置策略，重点关注寻找卖方在交易中的违约事项，寻找资产和财产线索，为处置方式选择和处置定价提供依据。

不良资产尽职调查的功能

在不良资产交易中，尽职调查的主要作用在于，通过调查掌握资产相关信息，降低因买卖双方信息不对称而发生潜在损失的可能，为资产定价及收购决策提供依据。核心是解决交易双方信息的真实性和不对称性问题，主要发挥以下功能。

权属判断

尽职调查的首要任务是调阅不良资产档案，查看借款合同、担保合同、抵押合同、催收通知书、债务人及担保人工商登记资料等文件，判断债权债务的权属及存续状况、诉讼时效是否中断、抵押登记是否有效等，为不良资产交易提供基础保障。

瑕疵发现

根据英美买卖法中买受人自负其责的原则，一个诚信的出卖人不对标的物的瑕疵负责，因此买受人需要通过尽职调查寻找资产瑕疵，发现并揭示资产瑕疵，分析瑕疵对资产价值的影响，是否是可以接受的瑕疵，是否有通过解决瑕疵从而提升价值的方法或措施。

风险揭示

通过尽职调查最大限度地了解债务或股权企业经营现状、资产权属状况及其相关的影响交易的风险因素，在交易前披露或在交易中协商解决，以减少不良资产转让合同交易后赎回的风险。

价值确定

通过尽职调查，尤其是围绕资产或项目收益与成本的财务尽职调查，为确定资产交易价格提供依据，或者掌握较多与价值相关的信息，以便在价格谈判中处于相对有利地位。

证据保存

尽职调查需要调阅、核查不良资产相关的资料、档案、单据等纸质或电子文件，这本身也是一个保存和整理证据的过程。

尽职调查的方式与方法

现场调查和非现场调查

现场调查

现场调查指通过访谈、观察、记录、录音、摄影、视频等技术与方法在实地或现场实施的调查。现场调查一般需要准备调查提纲，并做好事前准备工作，常用的方法有观察法、访谈法等。当现有信息与实际情况发生较大出入或重大变化时，必须进行现场调查。现场调查应查验非现场调查取得信息的真实性、准确性和完整性，深入了解债务人、担保人的偿债资源及其意愿。对调查对象如债务人提供的材料，在必要时应向政府有关部门及社会中介机构索取相关凭据性材料，以验证提供材料的真实性，并做好备案。

运用观察法开展不良资产尽职调查时，需要掌握现场观察的技术和经验，对生产状况、销售情况、流转量、企业所在位置、周边状况等可通过观察获得直接感受，关注企业招牌、宣传栏、门牌、车牌、电话号码、所在区域街道号、资产编号、专利证书、荣誉证书等细节信息；需要采用描述性语言，如实详尽地记录现场查看的情况；需要准备相关的工具，如纸、本、笔、录音（像）机、相机等，手机、无人机也是非常好的尽职调查工具。

运用访谈法进行不良资产尽职调查时，要注意访谈者角色的不同，如对债务企业、政府相关部门、中介等应有不同的方案。访谈时要遵守一些基本的规定，如提前约定、衣着得体、态度积极、熟悉调查内容、注意语言运用、准确记录、深入追问、注重沟通和协调等。不良资产相关的债务人、担保人、实际控制人有时并不会积极配合访谈，甚至拒绝会见，可能需要假扮成顾客、租户等角色实施访谈。对资产公司而言，如果债务人、担保人、利益相关方拒绝配合前期调查，或因其他客观原因无法通过直接调查方式取证的，须及时与有关部门协商并取得支持，依法采取措施，必要时须逐级报告。

非现场调查

非现场调查指利用相关文字及数字资料、网络、媒介等手段实施的调查。金融不良资产的非现场调查要充分利用银行提供的电子信息和纸质档案资料、日常管理获得的各类信息，了解债权本息、凭证、抵押、保证、质押、信用方式等情况。常用的方法有查阅档案、问卷调查、电话调查、财务报表分析、网络搜索等。

重点调查和抽样调查

重点调查

重点调查是一种非全面调查，是在调查对象中选择一部分重点单位作为样本进行调查。重点调查主要适用于那些反映主要情况或基本趋势的调查。不良资产包投资中，一般可根据金额大小、抵质押物状况、担保人状况，选择部分资产或项目实施重点调查。在预先接触资产包时一般先做重点调查，以判断是否进行深入尽职调查并参与资产包竞标活动。

抽样调查

抽样调查是一种非全面调查，它是从全部调查研究对象中，抽选一部分单位进行调查，并据此对全部调查研究对象作出估计和推断的一种调查方法。根据抽选样本的方法，抽样调查可以分为概率抽样和非概率抽样两类。金融不良资产包收购中一般每户资产均要调查，若调查时间或其他条件有限，也可以根据实际情况，按照一定比例进行重点调查或抽样调查，如按照债权资产包的户数占比及债权金额占比均不低于70%的方式，一般选择调查金额较大、风险分类较优、抵质押物价值大、拥有上市公司壳的项目。对以个人为主、单项金额有大的资产包，如信用卡拖欠款，一般采用概率抽样法。

市场调查和环境调查

市场调查

市场调查指收集、整理、分析不良资产市场状况的调查，这些状况包括市场参与者状况，债务企业所属细分市场的数据和情况，市场需求情况，市场成交价格变化及趋势，潜在买受人资质及其他交易机会等，以便分析不良资产市场供求状况，判断竞争态势，为制定报价策略、营销方案、处置策略等提供依据。

环境调查

环境调查指对不良资产收购处置的经济、金融、法律等环境实施调查，这些环境对处置方式选择和处置结果影响很大。环境调查的主要内容包括债务企业所属的行业、主管部门、相关联的债务人、当地房产管理部门、土地管理部门、规划部门、工商行政管理、税务机关、公安、法院、检察院、电信、产权交易、拍卖公司等状况。

媒体调查

媒体调查主要是通过各类媒体收集不良资产相关的信息，包括报纸、杂志的报道，网络关键词搜索，广播、电视的新闻，媒体及招商会的广告，政府会议公告等。

【专栏 11.1 "浑水"如何"摸鱼"】

2020年1月末，以做空在美国上市中国概念股闻名的浑水研究（Muddy Waters Research）发布报告做空瑞幸咖啡，瑞幸予以否认。4月初，瑞幸自曝财务造假，涉及夸大约22亿元人民币销售额。

浑水研究做空得手的公司有东方纸业、绿诺科技、多元环球水务、中国高速传媒、辉山乳业等，但其在做空新东方、分众传媒等公司时却折戟而归。浑水研究与安踏、好未来的战役打得难分难解，目前又攻打爱奇艺、易康……

抛开做空道德方面的评判，我们关注浑水研究"摸鱼"的方法。浑水研究的报告展示了其"摸鱼"方法：一方面它必须告诉人们数据和资料的来源，以取得投资者的信任，帮助它实现做空；另一方面也是在炫技，增加报告的感染力和宣传效果。就本质而言，浑水研究运用的也是尽职调查的一些基本方法，只是应用于特殊目的和非常规场景。

第一，阅研公司资料，这是基本功。一般上市公司都会披露大量的资料，如招股说明书、年报、半年报、季报、定期公告、临时公告等；公司官方网站会报道更多的事件，如管理层讲话、活动、往来等动态；各类媒体会从不同角度报道公司的各类信息。这些信息和资料数量众多、时间跨度长，信息之间可能还存在矛盾，甚至公司披露的资料是经过专业"包装"的，这就需要调查者对纷繁复杂的信息进行分析、比较、归类、整理和提炼。在调查分众传媒时，浑水研究查阅了2005—2011年公司所有的并购重组事件，研究并购时间、对象、金额等事项，整理并购参与者之间的关系，寻找相互矛盾的信息，为揭示收购内幕或问题提供线索，发现其中未掩盖严实的"漏洞"。

第二，扎实的现场调查取得一手情况。"耳听为虚，眼见为实"，面对面交流和现场勘察是获取真实信息的有效途径。浑水研究实施现场调查，除常规的电话访谈、面谈交流、实地观察等方式外，有许多值得学习的经验。首先是观察办公、经营场所及周边环境，为深入现场调查做基础。一般在公司办公地点与其高层访谈，观察工厂环境、机器设备、库存，与工人及工厂周边的居民交流，取得真实的生产运营情况。例如，在调查东方纸业时，浑水研究发现破烂不堪的工厂、陈旧的机器设备、放满废纸的库房、潮湿的办公室，这显然不是一家现代造纸企业。由于更多的时候不能直接接触调查对象，所以要通过各种间接手段取得外部证据或者旁观者证据，在这方面浑水研究几乎运用了能想到的所有方法。例如，调查东方纸业时，通过偷拍厂区外出车辆运载情况，分析东方纸业的进货和销售状况；乘坐50多辆公交车，查看终端广告播放情况，核实中国高速频道的广告播放情况。调查瑞幸咖啡时，对瑞幸录制了11260小时的门店流量监控视频，记录981个店铺的客流量，收集了25843份客户单据核实每单消费额；通过无人驾驶飞机对辉山基地进行选址，实地走访当地农民了解辉山牧场受洪水影响状况；从瑞幸的微信官方账号发布的文章中取得每周的门店数量……

实际上，由于受客观条件制约，往往只能从外部取得数据和资料，现场调查过程是非常困难的。例如，调查瑞幸咖啡时，为取得顾客流量数据，需要招募大量实习生，假扮成学生在店里蹲点，既要防店员询问，还要记录数据；如果是自提店，可能需要像私家侦探一样，在马路边上或者门店附近站一天，进行偷拍和计数。当然，还有一些浑水研究没有也不可能在报告中展示的方法，如向公司的审计师私下打探，甚至买通相关的律师，通过加店员为微信好友取得内部信息，等等。正是这些扎实的现场调查，取得了一手证据，对造假的财务数据具有非常强的摧毁力量。

第三，在验证核实多边信息中寻找问题。因为造假者往往像孔雀开屏一样，在展示美丽孔雀屏的时候，无法藏住屁股。因此通过广泛开展周边调查，即对股东、供应商、顾客、工商、税务、中介机构等展开调查，对来自各方面的信息进行核实、比对、分析，往往就能揭示出公司存在的造假问题。供应商调查对了解公司生产销售状况的真实性非常重要。例如，在调查东方纸业时，浑水研究发现所有供应商的产能之和都远小于东方纸业的采购量，纸浆显然不能从天而降。走访客户是了解公司销售状况最好的方法，正常情况下并不需要高超的技术，上上网，打打电话，去门店看看就可以发现问题。浑水研究在调查多元环球水务的经销商时，就是对报告列示的80多个经销商逐个打电话，要么基本打不通，要么能打通，却没听说过多元环球水务公司，这样纯属子虚乌有的顾客，怎么能为公司创造销售收入？核实税务信息也非常重要，因为税务数据比财务数据更真实。例如，浑水研究在调查绿诺科技时，发现其所得税税率为15%，实际上却未缴纳所得税，深入调查的结果是，绿诺科技竟然只是一个壳，这样的"上市"公司真该被做空！在调查多元环球水务时，浑水研究只是去会计师事务所查阅了一下原版的审计报告，居然就意外获得多元环球水务直接篡改审计报告，将收入增加100倍的证据！利用信息之间的关联性，在大数据和移动互联时代，取得多边信息的成本越来越低，查证信息真伪可能更加容易，造假者需要收手了。

第四，充分利用外部力量。尽职调查面临巨大的工作量和复杂的情况，必须更多地借用行业数据、咨询公司、专家等外部资源。浑水研究做空瑞幸咖啡的报告按其说法来自外部，而"动员了92名全职和1418名兼职人员在现场进行监控"，显然有外部咨询机构的广泛参与。利用行业数据分析，特别是与同业标杆公司进行对比分析是调查分析的重要方法。在调查东方纸业时，浑水研究把东方纸业与晨鸣纸业、太阳纸业、玖龙纸业等进行对比后，发现了一个"奇迹"：工厂像一个作坊的东方纸业，毛利率竟然比拥有现代化工艺的行业领先者还要高很多倍，除了造假，不可能得出其他结论。在现代专业化分工的行业格局中，调查者不可能精通所有行业，利用外部专家和机构的经验至关重要。例如，对东方纸业调查中，浑水研究请机械工程专家来评估机器设备的实际价值；在辉山调查中，请养殖行业专家评判牧场的建设开支；调查分众传媒时，请教传媒专家；调查绿诺科技时，请教脱硫技术专家；调查多元环球水务时，请教制造专家。专家不仅仅提供专业意见，关键在于这些意见比自己的观点更有说服力。

第五，判断和分析的逻辑贯穿调查始终。恢复事物的本来面目可能仅仅需要常识，而揭露真相需要强有力的逻辑。只有剥下造假者掩饰的外套，才能发现事实背后的真相。例如，浑水研究揭露瑞幸咖啡的商业模式时，从需求主张、客户特性、单体店盈利、核心竞争力等方面一步步揭示瑞幸咖啡商业模式的内在缺陷，指出打折促销增加的只是对"价格忠诚"的顾客，没有核心竞争能力，规模越大亏损越大的商业模式如何持续发展？通过外部抽样调查推断总体水平时，需要统计的逻辑。浑水研究在调查估计瑞幸咖啡的销售额时，根据城市等级和门店类型，按人口比例分布选择抽样数量，在45个城市的2213家门店收集了超过1万名顾客的收据。按统计的逻辑，为了在每笔订单的物品上实现95%的置信区间和2%的误差率，需要5000张收据，而浑水研究收集了25843张收据，置信水平达到99%，误差为1%，这样就能确保数据的质量。

总的看来，浑水研究报告中显示的尽职调查项目采用的都是常规方法，并没有特别的绝招或者必杀技，但却用得全面、用得系统、用得扎实，用到极致、用到刀刃、用到痛处，因此取得了较好的效果。由于浑水研究不能暴露自己，因此在直接取得资料受到一定限制的情况下，更多通过相互比对找问题，通过外部调查来推断，通过取得旁证来核验，通过逻辑关联来分析，加上他们以做空为出发点，需要怀疑一切，缺乏客观的立场，甚至面临道德的拷问，因此其调查和判断也存在根本性问题，常常也会出现明显的误导和误判。如果想借鉴其尽职调查方法，需要特别注意：方法只是工具，关键是调查中的逻辑分析和判断。

尽职调查工作流程

尽职调查是不良资产投资中最重要的基础性工作，成功的投资需要充分和完备的尽职调查来支撑。不良资产尽职调查一般需要经过以下五个步骤。

预调查与立项

当资产转让方发布拟出让资产信息后，投资者如果对标的感兴趣，就需要开展预调查。

预调查

预调查是投资前的初步调查，即根据出让者发布的信息，包括债权规模及结构、户数、区域、资产质量、抵押物状况等基础资料，对不良资产项目背景、拟出让资产总体状况、资产出让方情况、市场状况、投资可行性等进行初步分析和判断。其主要目的在于判断不良资产是否符合投资者的投资方向，作出是否需要跟进调查的决策。如不需要调查，预调查就是了解市场并避免更大成本投入的过程；如需要调查，就应拟定下一步尽职调查的思路及安排。

立项

当确立投资该不良资产项目的意向时，一般由项目经理向资产出让方了解更多的交易信息，编制立项申请。立项申请的主要内容包括拟收购资产状况、资产出让方情况、收购方式及交易安排、预计的投资金额区间、尽职调查方案等，立项申请须经资产处置机构内部审批后方可实施。

制定尽职调查方案

尽职调查方案要点

项目经理根据资产类型、特点及复杂程度，形成调查工作方案。主要内容包括资产概况、调查范围、调查方法与步骤、时间安排、人员配备等。如需要借助外部中介机构配合调查，应在方案中明确。

外部机构使用

尽职调查可委托会计师事务所、律师事务所、资产评估机构、第三方调查机构、行业专家等就某一方面问题出具专业意见，包括法律意见书、评估报告或价值咨询报告、调查报告、专业咨询意见等，这些专业意见需盖章或签字确认。

实施尽职调查

根据尽职调查方案，实施尽职调查需要核查贷款档案资料，核查工商登记、产权登记、涉诉状态、交易记录等情况，与债务人、担保人等进行面谈，现场查看企业情况及抵押资产状况等，通过网络搜索收集验证相关信息等。

查阅档案

出让方如商业银行或资产公司一般会提供电子档案供投资者查阅，如需查阅原始档案，应与出让方约定时间和地点。查阅档案需要签署保密协议并交纳阅档费。一般专业的投资机构都会采用专门的信息采集表，用表单的方式规范尽职调查事项，有利于下一步对信息的分析和整理。

现场调查

不良资产项目的现场调查主要采用访谈和现场查看。访谈的主要对象：一是资产出让方项目经理，重点关注其介绍的资产状况是否属实，其营销的"资产亮点"是否可靠，查阅档案发现的疑点是否有合理的解释。二是商业银行信贷人员，重点关注资产状况、财产线索、债务人及实际控制人情况、债务人的还款意愿、债权催收情况等。三是企业，对债务企业重点关注还款意愿和配合状况，对股权企业重点关注公司治理及管理层情况。四是外围相关者，主要是企业的股东、顾客、同业竞争者、产业链上下游企业等，重点关注企业的市场声誉及社区关系。

非现场调查

不良资产项目使用最多的非现场调查方法是网络调查，即利用各类信息平台的搜索功能，对档案资料和现场调查收集的情况进行核实、验证、比较，还要用网络搜索查找资产和财产线索。

分析与整理

档案查阅、现场及非现场调查、利用外部机构等方式取得的资料种类繁多、形态各异，有些内容甚至是相互矛盾的，因此需要经过分析、讨论、计算及整理，去伪存真、去粗存精，形成不良资产尽职调查的结论。

【小贴士】 不良资产调查的网络平台

企业主体

全国组织机构统一社会信用代码数据服务中心（https://www.cods.org.cn）

国家企业信用信息公示系统（http://www.gsxt.gov.cn）

各省市级信用网（如北京市企业信用信息网http://qyxy.scjgj.beijing.gov.cn）

信用视界（http://www.x315.com）

涉诉信息

中国裁判文书网（https://wenshu.court.gov.cn）

人民法院公告网（https://rmfygg.court.gov.cn）

各省高级人民法院网（如北京法院网http://bjgy.chinacourt.gov.cn）

北大法宝（http://www.pkulaw.cn）

无诉讼案例（http://www.itslaw.com）

资产信息

中国土地市场网（http://www.landchina.com）

人民法院诉讼资产网（http://www.rmfyssxc.gov.cn）

中国商标网（http://sbj.cnipa.gov.cn/）

中国版权保护中心（http://www.ccopyright.com.cn）

国家知识产权局（http://www.sipo.gov.cn）

淘宝网司法拍卖（http://sf.taobao.com）

京东司法拍卖（https://auction.jd.com）

产权交易所网站（如北京产权交易所http://www.cbex.com.cn）

投融资信息

上海证券交易所（http://www.sse.com.cn）

深圳证券交易所（http://www.szse.cn）

香港联合交易所（http://www.hkex.com.hk）

全国中小企业股份转让系统（http://www.neeq.com.cn）

中国债券信息网（http://www.chinabond.com.cn）

中国银行间市场交易商协会（http://www.nafmii.org.cn）

中国货币网（http://www.chinamoney.com.cn）

巨潮资讯（http://www.cninfo.com.cn）

和讯网（http://www.hexun.com）

资料归集

对尽职调查取得的资料，要进行甄别和核实，按主体资格（债务人、担保人）、权属关系（主合同、从合同）、抵押物状况、资产价值、财产线索、诉讼情况等进行分类归集整理，修正完善信息采集表。对现场调查记录、重要凭据、书面调查报告及中介机构出具的调查报告或意见书等材料要妥善保管。

处置策略

在尽职调查掌握情况的基础上，投资者需要对未来不良资产处置策略作出预先判断，包括是债务重组还是诉讼追偿、是否需要追加投资等。处置方式影响对价值的判断，从而影响收购或处置定价。

估值

根据调查情况，项目经理要认真分析债务人、担保人及相关利益方的财务因素和非财务因素，如实判断企业偿债能力、资产变现能力和潜在的风险因素，对资产价值及未来处置方式作出判断分析。项目经理可以利用自身专业经验和相关技术工具如不良资产估值模型对拟收购或处置资产作出初步估值。资产处置机构参考项目经理的估值意见、外部中介机构的价值评估或咨询意见，考虑市场竞争情况等影响价格的其他因素，综合确定资产预计可回收价值，确定收购或处置的价格或价格区间。

尽职调查报告

经过分析、讨论和整理，形成尽职调查的结论性意见，撰写尽职调查报告。尽职调查报告是收购或处置定价和方案制定的依据，也是证明相关责任人履行职责的证明。尽职调查报告的内容包括：

（1）尽职调查的基本情况，包括调查的项目、时间、地点、方式、参与人员等。

（2）债权或股权的情况，债权的分布、抵（质）押、担保人、形态、诉讼等基本情况；股权企业的资本结构、公司治理状况、经营状况等。

（3）债权或股权的特点，特别关注抵质押物权属的复杂性，股权企业实际控制人的状况，债权或股权形成不良的原因。

（4）债权估值情况，选用的估值方法及初步的价值判断。

（5）拟采取的处置方式及其风险情况。

（6）处置预期，包括收益、风险、费用、利润等的预测。

（7）结论。

在尽职调查报告中，应保证对可能影响到资产价值判断和处置方式选择的重要事项不存在虚假记载、重大遗漏和误导性陈述，并已对所获信息资料的置信程度进行了充分说明。

债权类资产尽职调查要点

债权资产的尽职调查以债权债务关系为基础，需要关注直接影响债权价值的因素，重点从债务人及担保人情况、债权时效、债权担保、抵（质）押物情况四个方面展开。

债务人及担保人调查

调查的重点是债务人还款能力和担保人的担保能力。

债务人调查

（1）调查债务人基本情况。包括债务人的营业执照、组织机构代码证、税务登记证、贷款卡、法人公章、授权签名、行业资质证书等是否真实有效，核实债务人的主体资格。

（2）调查债务人股权及公司治理情况。包括股权结构和股本金额情况，股东情况及出资比例，股东出资是否及时到位，是否发生增资、减资，股东及实际控制人是否发生重大变动等。

（3）调查债务人经营状况。重点关注企业近三年发生过的合并、分立、收购或出售主要资产情况，以及资产置换、重大增减资、债务重组等重大重组事项；了解企业业务构成及主营业务发展情况，主要产品所属的行业、市场销售、盈利等情况；特别对持续经营类债务企业应定期或不定期进行现场调查，收集并认真分析企业的各类财务报表，关注企业经营状况。

（4）调查债务人财务状况。通过查阅经审计的财务报表了解企业财务情况，资产负债表重点关注货币资金、存货、应收账款、其他应收款、固定资产、短期借款及长期借款、应付账款、其他应付款、或有负债、实收资本、资本公积等的金额及变动情况；损益表重点关注主营业务收入、营业利润、净利润等项目金额及其增减趋势。还要进行财务比率分析，计算资产负债率、流动比率、速动比率、现金比率、利息保障倍数等，分析债务人的偿债、发展与营运能力。

（5）调查债务人信用状况。通过人民银行征信系统、全国法院被执行人信息查询系统、主要评级机构及大型商业银行评级情况、大型银行授信情况、中介机构、民间借贷调查、社会媒体等渠道，了解债务人资信情况。

担保人调查

法人作为担保人的调查，与债务人调查的内容基本一致，需要关注担保能力：担保人为各方提供的总体担保金额多大，是否超过其担保能力（如净资产）；集团内部关联企业提供担保时，还要核查是否存在互保或循环担保的情况；通过第三方担保公司提供担保，则要通过分析担保公司的信用等级、股东背景、经营年限、注册资本金、担保债务的代偿执行率等要素，综合评价其担保能力。自然人作为担保人的调查，重点关注个人信用状况、主要财产以及与债务人的关系、对债务人的制约力等情况。

债权时效调查

债权按是否涉诉，可分为未涉诉债权和涉诉债权两类。

未涉诉债权

一是查看债权人（转让方）是否在法定诉讼时效内连续进行催收，并取得债务人承诺，包括还款方案、重组协议、债务人与债权人签订的相关债权债务材料、以公证方式发送的债务催收通知等。二是查看原债权人从债务人银行账户扣款凭证，及其在诉讼时效内提请的诉讼或仲裁申请等。三是查看债权人是否在债权到期后向债务人及担保人主张权利，以中断主从债权诉讼时效，对于超过诉讼时效的情况，要关注是否与债务人重新签订债权确认书及发送催收通知书等。

涉诉债权

一是要查看债权人是否存在败诉情况，包括败诉后的上诉期、确权后的执行期、破产债权的申报期等。二是要查看主债权是否存在终审败诉、执行终结、法院已经核发债权凭证或出具执行中止文书等情况。

对主债权诉讼时效、保证期间和申请执行期限等，要做深入细致的调查并密切监控，跟踪涉诉项目进展情况，及时主张权利，确保债权始终受司法保护。

债权担保调查

债权按担保方式，可分为抵（质）押担保和保证担保两类。

抵（质）押担保

一是查看抵（质）押合同是否有效，根据《中华人民共和国担保法》《中华人民共和国物权法》审查合同是否具有生效的要件，重点关注是否具有在相关部门的登记文件。二是查看抵（质）押物的权属情况，重点关注提供抵（质）押担保的相关权利人对抵（质）押物的所有权利是否完整、是否存在瑕疵，是否存在政府出租、征用、扣押及欠付相关费用（如土地出让金）等情况。

保证担保

重点关注保证行为是否有效，区分一般保证和连带保证，法人作为保证人是否具有董事会或股东会同意提供担保的决议或具有同等效力的证明，债务人（担保人）的其他债务和担保情况，以及其他债权人对该债务人（担保人）的债务追偿情况。自然人作为保证人是否具有完全民事行为能力、是否为夫妻双方同时提供保证担保，债权人是否连续中断主债权诉讼时效，债权人是否在保证期间和诉讼时效内向保证人主张了权利，是否存在主债权未连续中断、债务人给予确认而保证人未予确认的情况。

抵（质）押物调查

抵（质）押物是影响债权资产价值最重要的因素，需要重点分析，关注抵（质）押物的真实有效性、当前价值和变现能力。

真实性调查

通过实地查看，确认抵（质）押物外观、实际状况是否与产权证书或其他文件登记的状况相符合，以及类型、数量是否与清单一致。

变现能力调查

根据资产类别调查影响资产价值及变现能力的因素。一是土地类资产，应考虑土地性质、用途、证照、区位、市场价格、供需情况等因素。二是房产及在建工程类资产，应考虑房产性质、用途、区位、证照、市场价格、供需情况、建设进度等因素。三是机器设备类资产，应考虑是否为企业重要生产设备或通用性设备、是否为消耗性或不易控制设备、是否存在技术性替代情况、已发生折旧情况等因素。四是票据、股权类资产，应考虑权利的有效性、权利变现途径、市场供需及交易活跃性等因素，上市公司股票应考虑是否为限售股、上市公司基本面及资本市场表现、潜在投资者及其购买意愿等因素。五是应收账款，应考虑真实性、合法性、有效性及基础债务人的还款能力、后续追偿的可行性等因素。

动态监测

在抵（质）押物尽职调查中，要密切关注抵（质）押物价值的不利变化，及时采取补救措施。对因客观原因或其他不可抗力而无法及时发现和补救的，应作出必要说明和记录。及时发现债务人（担保人）主体资格丧失、隐匿、转移和毁损资产，擅自处置抵押物或将抵押物再次抵押给其他债权人等有可能导致债权被悬空的事件或行为，采取措施制止、补救和进行必要说明，并报告监管部门。

股权类资产尽职调查要点

基本情况调查

通过核查持有股权企业及其子公司的相关法律文件、工商登记证明、权属状况及其证明材料、企业历史沿革、股权分布（股东及其持股比例）、重大股权变动、重大重组、职工、历年分红派息等情况，了解股权资产权属是否清晰，股东是否对企业具有控制力，是否存在股权被质押、查封和冻结的情形。

组织架构公司治理

通过查阅公司章程、股东会决议、公司公告、会议纪要、会议记录、公司文件等资料，了解公司组织架构与公司治理调查的主要情况，包括公司章程的特殊规定条款，公司治理运作的规程及现状，股东大会、董事会、监事会运作情况，独立董事制度及执行情况，董事、监事、高级管理层的任职及变化情况，公司内部职能部门的设置及职能，公司内部控制制度制定及实施情况，公司管理状况等。

经营状况

通过查阅公司战略、经营目标、股东会及董事会决议、重大投资协议、重要客户战略合作协议、业务许可资质、获得的荣誉、市场研究报告等资料，了解公司战略定位、经营发展目标、主要业务状况、经营业绩、商业模式、行业竞争地位等。

财务状况

查阅经审计的近三年财务报表、近年缴税证明等材料，了解企业资产规模及增长情况、资产结构状况、核心资产情况、知识产权等无形资产状况、负债结构及有息负债的成本水平、现金流量的状况等，并通过财务指标分析和同业比较，分析判断企业的运营能力、偿债能力和盈利能力，提示企业的整体财务状况。

发展前景

调查国家及区域经济发展状况、企业所属及相关行业发展政策、地方产业政策等信息，了解企业所在行业未来发展的有利与不利因素，考虑区域发展政策的机会与挑战，研究财政政策、货币政策的影响，分析企业发展处于经济周期中的位置、企业与上下游行业客户的联动性是否紧密、企业发展受到的外部扰动因素主要有哪些。

实物类资产尽职调查要点

重点关注实物资产的市场环境、保管状况、完好程度、使用寿命、已计提折旧、权属变更、权利归属等情况，包括现场勘察实物现状，调阅所有权权利证书，查阅企业账务记录，核查资产是否被租用、抵押、查封、冻结等情况。对于土地、房地产及在建工程、机器设备等资产，可参与债权类资产调查中抵押物调查的内容。

尽职调查进阶

全面性与合理性的考量

不良资产尽职调查是一个复杂、具体的过程，最理想的状态是对不良资产涉及的相关事项进行全面性调查，但这样不仅成本大，也可能受条件所限无法实现。正如《并购的艺术：尽职调查》一书所言："调查研究有一些基本的方面，每一个方面都像是一块平整的石块。你必须翻开每一块石头，看看底下有没有毒蛇。如果你不把所有石头都翻起来看看，就可能留下一条隐藏的毒蛇，说不定它哪天会爬出来咬你一口。再说一遍，在调查企业时，你不能遗漏任何一块石头"。[①] 但是所有调查都需要付出成本，包括人、财、物的消耗，也需要大量的时间，而在不良资产包的交易中，必须在很短的时间内作出收购决策。因此，尽职调查的安排必须在限定时间内充分考虑成本因素，合理安排方案和流程。一般而言，买卖双方不会、也不可能希望发现可能存在的每一个风险，要求绝对的尽职调查会使买方或卖方破产，尽职调查的安排既要全面又要合理，更像是一门艺术。

质疑与反向思考

不良资产尽职调查是一个寻找事实或者真相的过程，一定要有质疑精神。不良资产的出让者披露信息更多选择资产亮点，是一个包装的过程。与之相反，投资者尽职调查是一个拆包装的过程，需要打开看，发现并评估投资中隐藏的风险或陷阱。因此必须进行反向思考，卖方为什么如此披露？这项资产成为不良的原因是什么？一般可从四条线索进行反向思考。

产权线索

从关联企业、股东、子公司、参股公司、改制公司、破产改制公司、高级管理人、实际控制人等方面入手，看这些利害关系人有无责任或过错，是否需要承担赔偿责任。例如，公司与股东的财产是否存在混同，财务账册是否齐全，是否存在无法清算的情形；股东认缴出资是否已全部缴齐，是否存在虚假出资及抽逃出资，实物出资是否办理过户，价值评估是否合规；是否存在股东、高级管理人、实际控制人损害公司利益或债权人利益的行为；是否存在利用关联公司或关联交易损害公司利益的行为等。

资产线索

从债权、股权、实物等资产入手，看与该资产相关的交易相关事项。如银行存款、票据、各种保证金及预付款、证券资产、应收应付款、对外投资、土地使用权、固定资产购置、资产租赁、资产承包、交通工具、存货、

---

① 亚历山德拉·里德·拉杰科斯. 并购的艺术：尽职调查 [M]. 北京：中国财政经济出版社，2001.

设备、信托财产、商标、专利权等。从资产科目出发，追索资产交易过程，查找相关证明文件，寻找交易中存在的问题。

担保线索

从债权的担保或股权的承诺事项出发，看担保人情况，担保人关联企业状况，特别是股东个人承担无限连带责任担保的情况。

法律线索

从法律关系入手，看是否存在诉讼，诉讼相关方的关系如何，被查封财产的法律程序是否正常，破产是否按程序实施，改制是否合法合规，公司工作人员是否有职务侵占，公司是否有诈骗等违法行为，公司是否有挪用资金行为，公司注销、清算是否合法等。

清单法

掌握不良资产信息是提升价值和实现处置的关键，其基础就在于尽职调查工作必须细节到位。一个通用的方法是制作调查项目的清单。下面是一个股权资产调查清单的简易范本。

股权资产调查清单

1. 企业基本信息

2. 同业竞争情况

3. 股本结构

4. 近3年财务状况

5. 控股或参股子公司情况

6. 行业政策

7. 主业业务及核心竞争力

8. 公司治理

同时对每一个项目清单上的事项制作更详细的表单。下面是审阅抵押贷款合同的表单。

审查项目：抵押贷款合同

1. 合同是否完整，是否为原件；关联文件的关键数据是否相一致

2. 抵押房产名称、种类、位置、面积、数量、证照号码、抵押合同、抵押值、抵押范围等明细信息

3. 日期、时间上的逻辑印证性

4. 抵押人是否相一致

5. 抵押担保的范围

6. 合同的生效要素（如签名、盖章）是否正确、齐全

7. 属法人担保的除了盖公章还要有法定代表人或授权代表签名（不能盖私章）

8. 合同附件有无抵押房产的权属凭证，凭证的权属人及登记内容与抵押合同各要素是否相符

9. 共有的抵押房产，全体共有人是否在合同中签章确认

10. 合同是否约定了实现担保物权的特别程序

11. 合同是否办理了公证手续

12. 有多个抵押人的情况，审查每个抵押人对应担保的内容

13. 有无导致合同无效的情况

这些清单和表单及信息采集表的详细、准确程度往往反映了一个机构尽职调查的能力和水平，深入研究尽职调查应阅读专门的书籍。

第 12 章　不良资产估值与定价

最重要的投资决策不是以价格为本，而是以价值为本。

——霍华德·马克斯《投资中最重要的事》

———————

一切投资决策成败的关键是交易价格，确定交易价格的基础是估值。不良资产投资是天然的价值投资，以更低的价格买入才是盈利的基石。当然，由于不良资产的特殊性，其估值定价极其复杂，这也是不良资产投资最迷人的地方。

价值类型

不良资产估值是运用价值评估的技术和方法对指定基准日特定目的下的不良资产进行价值评估和分析，为相关的收购、管理、处置等决策提供参考。

不良资产价值是不良资产带来未来收益的现值，也是交易时需要支付的货币价值。由于不良资产的价值受宏观经济环境、不良资产市场状况、资产风险分类、权属状况、所在区域、潜在用途、流动性状况等因素影响，不确定性较强，因此在估值时首先要区分价值类型，即市场价值和市场价值以外的价值。

市场价值

市场价值指自愿买方和自愿卖方在各自理性行事且未受任何强迫压制的情况下，某项资产在基准日进行正常公平交易价值的测算与估计数额。这个价值也称为公允价值，由于买卖双方交易条件是公平的、没有强迫的，因而不良资产通常能够合理实现其价值。

但事实上在不良资产交易中，很难实现不受强迫的交易条件，如债权人可以通过诉讼要求执行抵押财产、申请破产等向债务人施加压力，但债务企业也可能以职工安置、社会安定等向债权人施加影响。因此，还需要考虑市场价值以外的价值，主要有清算价值、投资价值、重置价值、残余价值等。这些价值与市场价值的区别在于，它们评估时假设的前提是不良资产交易受到某种条件的限制。

清算价值

清算价值指资产在强制清算或强制变现的前提下，变现资产所能合理获得的价值。清算价值是假设企业终止经营时将资产出售同时偿还债务时的价值，它是一家公司最低的价值。在清算假定下，金融不良资产需要在短时间内强制清算或变现，因此评估的债权或股权价值是资产处置的最低价。根据清算的情形，清算价值有三种类型：一是强制清算价值，指快速买卖资产所能实现的价值。其假设条件为债务人在短期内被强制清算，资产在短期内快速变现用来偿还债务，适宜关停企业。二是有序清算价值，指在一定时期内将资产变现能够实现的价值。其假设是债务人在一段时间内出售资产用于偿还债务，适用于半关停企业。三是续用清算价值，指企业在持续经营状态下，准备以现有资产偿还债务，企业清算的可能性不大。由于企业资产仍在有效使用中，因此在估算中并不需要考虑快速变现折扣，一般适用于可以正常经营的企业。

投资价值

投资价值指资产对于具有投资目标的特定投资者或某一类投资者所具有的价值。一般情况下，若准备持有不良资产或采取追加投资等手段对不良资产进行再开发时，就可采用投资价值。对不同的投资者而言，由于特定的投资目的不同，其对价值的判断就有差异，这也是不良资产市场最具魅力的地方。

重置价值

重置价值指为了获得同等效用的新资产所需花费的成本，估计重置成本需要考虑重新建造资产中采用新材料和新技术的情况。重置价值评估主要用于机器设备、工业建筑物等有形资产。

残余价值

残余价值指机器设备、房屋建筑物或其他有形资产等在非继续使用前提下，对其零部件或结构进行拆除、回收所能实现的价值。其假设的情形是，从整体上看该资产对任何人的任何目的都没有用处。残余价值适应实物资产的估值，如不良债权对应的抵押物属于准备进行拆除、回收的特定资产，可采用残余价值估计。

价值评估的基本方法

资产价值是其预期现金流的现值，因此价值评估的核心就是预测资产未来的现金流，选择合适的必要收益率进行折现。常用的价值评估方法有成本法、市场法及收益法。这也是不良资产价值评估和分析的基本方法。

成本法

运用成本法评估资产价值的基本出发点是比较被评估资产与其重置成本，以重置成本为基础对影响被评估资产功能的因素进行调整后估算其价值。成本法适用于不直接产生收益的实物资产如机器、设备和不动产等，也可将企业作为一个整体，估算其股权价值。

运用成本法评估资产价值，先要估算出重置成本，包括购置成本、运输费用、保险费用、安装费用、相关税费等。再以重置成本为基础，扣除实体性贬损、功能性贬损和经济性贬损，即为资产的评估价值。

资产价值（重置成本法）=重置成本−实质性贬损−功能性贬损−经济性贬损

实体性贬损指受磨损和自然侵蚀而使资产的实体发生物理损耗从而产生价值的贬损。一般根据使用年限、技术检测等方法确定成新率进行估值，按将贬损后的实物修复到全新状态所需要的费用作为其贬值金额。

功能性贬损有两种情况：一种情况来自劳动生产率提高导致设备生产成本的降低，另一种情况来自技术进步出现新设备导致原有设备功能落后形成的贬损。一般根据使用原有设备产生的超额投资及超额运营成本来估计功能性价值贬损的程度。

经济性贬损指由资产以外因素引起的价值贬损，如市场需求变化、原材料成本上升引起设备运营经济效益下降。一般根据设备的可利用生产能力与实际生产能力差异来估计经济性贬值。

收益法

收益法指通过估算被评估资产未来预期收益并将其折算成基准日现值，借以确定被评估资产价值的方法。收益法适用于未来收益可以预期的资产项目，一般要求被评估资产使用时间较长且具有连续性，能在未来相当时期内取得一定收益；这个未来收益能用货币计量并可以合理预计。

收益法涉及预期收益额、未来收益期、折现率三个基本参数。根据未来预期收益的稳定程度不同，一般分为两种常用的方法：稳定化收益法和未来收益折现法。

稳定化收益法

当资产未来收益稳定且收益期无限的情况下，可采用此方法。

$V=A/r$

其中：V为资产价值；A为平均年收益额；r为本金化率。

该方法适用于具有连续较高收益能力的评估对象，尤其是整体资产价值的评估，如分红派息稳定的股权，已经探明储藏量采矿权等。

未来收益折现法

在资产未来收益额不稳定、收益期有限的情况下，可采用对未来收益折现法。采用这一方法的关键是估算三个参数：一是预期收益额，需要综合考虑资产类型、权属状况、抵质押品情况、处置策略、处置方式等因素的影响，预计不良资产的收益额。二是未来收益期限，一般应该涵盖被评估资产的整个收益期限。常选用的期限有营业执照的期限、经营合同规定的期限、租赁期限、整个经济寿命周期、不良资产处置周期等。三是折现率的确定，折现率是审慎的投资者在资产风险特征给定时购买它所要求的收益水平，由无风险报酬率和风险报酬两个因素决定。

折现率=无风险报酬率+风险报酬

无风险报酬率指投资者不承担风险状况下获得的收益率，一般采用国债利率。

风险报酬指投资者对特定被评估资产所要求的额外回报，应体现投资者承担的主要风险，一般分为两类：一是与特定的被评估资产相联系的风险；二是市场风险。不良资产项目相关的风险见表12.1。

表 12.1　　　　　　影响不良资产风险的因素（以债权资产为例）

与被评估资产相联系的风险	与市场相关的风险
债务企业信用状况	宏观经济
债务企业经营状况	行业景气状况
抵（质）押物	地区经济
担保人	法律或法规
诉讼状况	

具体确定折现率时，也可以参照行业平均资金收益率或资本资产收益率来确定。

市场法

市场法指运用市场上同样或类似资产的近期交易价格，通过直接比较或类比分析的方法估计、测算资产价值的方法。其依据是评估的替代法则，即资产的价值是由其替代品的价格或成本来决定的，因为投资者在购置某项资产时，所愿意支付的价格不会高于市场上具有相同用途的替代品的现行市价。

运用市场法的前提条件

一是充分发育、活跃的资产市场，这样类似资产价格能反映市场状况，也容易获得。二是参照物及其与被评估资产可比较的指标、技术参数等资料可搜集到。

应用市场法的关键因素

一是参照物选择。要选择相同或同类资产作为参照物，基本原则是参照物与拟评估对象大体是可替代或者非常相似，参照物的交易案例及其价格能反映正常的市场状况。交易资料要具有可获得性，用来比较的交易数量能被认定，交易的环境和条件是正常的。二是因素比较。要逐一比较评估对象与参照物的差异，确定评估对象的调整因子。对单项有形资产评估时，调整因子主要有实物状况、资产年限、交易时间、功能性贬损、地理特征等；对企业整体价值评估时，调整因子主要有企业规模、企业产权组织形式、企业盈利能力、企业资本结构、企业市场定位和区位、企业固定资产等。

市场法的分类

按照参照物与评估对象的相近相似程度，可将市场法分为两类：一是直接比较法，指利用参照物的交易价格，将评估对象与参照物的相关特征直接进行比较，得到两者基本特征的修正系数或基本特征差额，直接修正确定评估对象价值。二是间接比较法，指利用相关资产的国家标准、行业标准或市场标准作为基准，分别将评估对象与参照物整体或分项与这个基准对比，得到评估对象和参照物各自的分值；再利用参照物的市场交易价格，以及评估对象的分值与参照物分值的比值，求出评估对象的价值。

不良资产价值评估的基本方法

资产评估的基本方法都有其应用的前提条件，如市场法要求公开活跃的交易市场及三个以上的可比交易案例，收益法要求债务人能提供相对完善的财务信息及未来收益能可靠预测等。但在不良资产市场上，由于市场交易的特殊性，买卖双方存在较严重的信息不对称问题，很难满足传统评估方法使用的前提条件，因此，2005年，中国资产评估协会发布《金融不良资产评估指导意见（试行）》，提出了适应不良资产市场评估的专用方法，在此基础上不良资产市场形成了以假设清算法、现金流偿债法、因素调整法、交易案例比较法和专家打分法等价值评估和分析的方法体系。2017年，《金融不良资产评估指导意见》修订发布，进一步完善了金融不良资产评估的理论和方法。

假设清算法

基本框架

假设清算法是假设对债务企业和责任第三方实施清算偿债的情况下，基于债务企业的整体资产，根据被评估债权在债务企业中的地位，分析债权可能收回金额或比例的一种价值分析方法。

该方法从总资产中剔除不能用于偿债的无效资产，从总负债中剔除实际不必偿还的无效负债，按照企业清算过程中的偿债顺序，同时考虑债权的优先受偿，以分析债权资产在某一时点从债务人或债务责任关联方所能获得的受偿程度。

适用范围

假设清算法主要适用于非持续经营条件下的企业，以及仍在持续经营但不具有稳定净现金流或净现金流很小的企业。企业资产庞大或分布广泛的项目和不良债权与企业总资产的比率相对较小的项目，不宜采用假设清算法。

分析程序

应用假设清算法一般要经过以下步骤：

（1）对债权人的债权资料进行分析。

（2）剔除企业无效资产，确定有效资产。无效资产包括关联方的应收款、商誉形成的无形资产、已办理抵押的资产等。

（3）剔除债务人无效负债，确认有效负债。无效负债包括关联方负债等；如债务人对外提供担保，还应将有效担保债务作为有效负债。

（4）根据债务人的经营状态和分析目的采用适当的价值类型，对企业的有效资产进行评估，对负债进行确认。

（5）确定优先扣除项目，包括资产项优先扣除项目及负债项优先扣除项目。

（6）确定一般债权受偿比例。

一般债权受偿比例 =（有效资产-资产项优先扣除项目）/（有效负债-负债项优先扣除项目）

（7）确定不良债权的优先受偿金额。

（8）确定不良债权的一般债权受偿金额。

一般债权受偿金额 =（不良债权总额-优先债权受偿金额）×一般债权受偿比例

（9）分析不良债权的受偿金额及受偿比例。

不良债权受偿金额=优先债权受偿金额 + 一般债权受偿金额

受偿比例=不良债权受偿金额/不良债权总额

（10）分析或有收益、或有损失等其他因素对受偿比例的影响。

（11）确定不良债权从该企业可以获得的受偿比例。

应用注意事项

应用假设清算法时应充分考虑以下事项：

（1）若受政策、法律及其他不确定性因素影响，在价值回收金额及优先扣除项目难量化、难把握的情况下，可以推断可收回金额区间，从而弥补单一价值评估与分析的缺点。

（2）假设清算法以债务人提供的会计报表为基础界定其资产负债范围，应当对财务报告的真实性进行分析和判断，要求评估对象提供经审计的财务报告。

（3）确定优先债权受偿金额时，如果对应的资产价值小于优先债权，剩余的优先债权应并入一般债权参与受偿；如果对应的资产价值大于优先债权，超过部分并入有效资产参与清偿。

（4）应合理分析职工安置、破产费用、共益债务、工程款、未决诉讼等对债权受偿的影响。

现金流偿债法

基本框架

现金流偿债法的基本原理是，企业用其未来经营或资产变现形成的现金流来偿还债务。因此，要依据债务人的经营状况，在综合考虑企业内外部多种因素基础上，对其未来一定时期内可用来偿债的现金流进行预测，并选择合适的折现率，对未来可偿债现金流进行折现，折现值即为偿债金额。

适用范围

现金流偿债法是基于企业未来一定时期内可以产生相对稳定的现金流进

行债权估值，适用于对债务人或担保人具有持续经营能力且能够产生稳定可偿债现金流的不良债权。要求企业经营、财务资料规范，能够依据历史财务报表对未来经营情况进行合理分析预测。

分析程序

应用现金流偿债法对不良债权进行估值的主要程序包括：

（1）搜集企业财务资料和经营情况资料。

（2）分析企业历史资料，合理预测企业未来现金流量。

（3）结合资产处置方式和企业实际情况，合理确定企业未来现金流量中可用于偿债的比例（偿债系数）和预期偿债年限。

（4）确定折现率。折现率为基准利率（如国债利率）与风险调整值之和。风险调整值应当考虑不良贷款损失率、不良贷款企业使用资金的成本、预期企业利润率及企业生产面临的各类风险等因素。

（5）将企业预期偿债年限内全部可用于偿债的现金流量折现，测算偿债能力。

企业偿债能力=企业未来偿债年限内新增的偿债收益×偿债系数×被评估债权金额/企业一般债务总额

$$P = \sum_{i=1}^{N} \frac{CFi}{(1+y)^i}$$

公式中P为企业未来偿债年限内新增偿债收益；CFi为第i年现金流量；y为折现率；N代表未来的偿债年限。

应用注意事项

应用现金流偿债法时，应重点关注以下问题：

（1）考虑非财务因素的影响。由于现金流折现法主要依赖对企业财务数据的分析和预测，在实际应用时还要考虑产业政策、环保要求、市场调控、重大事件等非财务因素对企业经营及偿债能力产生的影响。

（2）可采用估值区间。该方法中对现金流的预测、折现率的确定都存在较大的主观性，需要谨慎、仔细、科学，必要时可以计算不良债权的估值区间。

（3）既要考虑经营带来的现金流量，也要预期偿债期末资产变现带来的现金流量。

综合因素分析法

基本框架

综合因素分析法需要尽可能穷尽债权所涉及的全部受偿来源，分析每一个受偿来源的受偿可能性，判断可受偿金额或受偿率，最后汇总全部受偿来源的可受偿金额得到债权的价值。

适用性

综合因素分析法适应于债权资产的估值或者价值分析，主要针对债务人及关联方存在有效资产可供执行且无法提供相对可靠的财务资料的企业。目前，市场上的不良资产主要为商业银行的不良贷款，大部分债务企业财务资料可靠性较差，因此偿债来源分析法是应用较为广泛的估值分析方法。此方法应用条件限制较少，对一般偿债能力及补充偿债能力的评估取决于估值人员的尽职调查状况及其判断。

分析程序

应用综合因素分析法的步骤包括：

（1）分析综合还款来源。一般债权的还款来源有：抵（质）押物及查封资产变现提供的优先偿债；保证人非抵（质）押资产及未查封资产提供的偿债能力；债务人非抵（质）押资产及未查封资产提供的一般偿债能力；其他可追偿的权益方提供的补充偿债能力。

（2）抵（质）押物优先偿债分析。根据抵（质）押的种类如实物、股权等状况，可选择资产评估的基本方法进行估值。资产种类较为特殊或标的较复杂，可聘请专业的评估机构进行估值，如探矿权、开采权、专利权等。对有多个抵（质）押权利的，要按偿债顺序和债权比例进行分配。

（3）担保人代偿能力分析。可将担保人作为偿债主体，选择假设清算法等方法分析其资产变现后的偿债能力，将担保债权与担保人有效债权作为总债权，计算担保人代偿能力。

担保人代偿能力=该户（笔）担保人担保债务额×担保人偿债能力/（担保人担保债务总额+担保人有效债务总额）

（4）债务人一般偿债能力分析。扣除债务人抵（质）押资产及未查封资产提供的偿债能力，运用假设清算法等方法分析债务人的一般偿债能力。

债务人一般偿债能力=该户（笔）债务额×债务人一般偿债能力/（债务人有效债务总额）

（5）其他偿债能力。如发现股东有违法行为，可估计向其追偿的可能性及或获得的补偿。

（6）计算总的偿债能力。加总以上偿债金额，即为该户（笔）债务估计的偿债价值。

因素调整法

基本框架

因素调整法也称为债项评级法，指以债务人基本偿债分析为基础，运用影响债权价值的因素进行调整修正，确定债权价值的方法。

适用性

因素调整法一般适用于债务人及担保人资产负债资料较为齐备，能够进行资产价值估算和偿债能力分析，但债务人受偿情况影响的因素较多，需要进行调整的情况。

分析程序

具体应用因素调整法时，应按以下步骤操作：

（1）确定基本偿债率。综合分析债务人资料，通过假设清算法或现金流分析法，确定债务人的基本偿债率。

（2）确定调整债权价值因素及调整系数。一般选取的调整价值因素有企业所属行业、企业类型、企业规模、所处地域、债务年限、本息结构、经营状况、诉讼情况等。对每个因素划分几种情形，设置相应的调整系数。如债务年限越长，偿债就越困难，其调整系数设置见表12.2。

表 12.2   **债务期限偿债调整系数**

单位：%

不良债权年限	债务受偿率调整系数
10 年以上	60
8~10 年	70
5~8 年	80
3~5 年	90
3 年以下	100

（3）确定一般受偿率。运用上述因素对基本受偿率进行调整，计算公式为：

一般受偿率=基本受偿率×$K_1 - K_8$

K_1至K_8分别为影响债权的价值的调整系数，即企业所属行业调整系数、企业类型调整系数、企业规模调整系数、所处地域调整系数、债务年限调整系数、本息结构调整系数、经营状况调整系数、诉讼情况调整系数。

一般受偿额=债权本金×一般受偿率

（4）综合因素调整。如有担保人受偿情况，可按上述步骤分析担保人受偿金额，若有抵（质）押物优先受偿情形，应按其资产类别单项分析受偿金额，最后综合所有受偿状况，综合得出债权价值。

交易案例比较法

基本框架

交易案例比较法的基本逻辑是同类资产的价值具有可比性，因此，先确定影响债权资产价值的各种因素并进行量化，然后选取若干近期已经发生的与被分析债权资产类似的处置案例，通过对比分析确定各因素的修正系数，在对交易案例的处置价格进行修正和综合分析的基础上，确定拟评估债权资产价值。

适用范围

交易案例比较法对于影响价值大小的因素可以定性分析，同时具有可供比较的市场成交案例的不良债权资产，难以取得债务人近期财务资料的情况下，可以采用此估值方法。

分析程序

应用交易案例比较法对不良债权进行估值的主要程序包括：

（1）对债权资产进行定性分析。分析时主要利用以下资料：债权债务关系形成及其维权情况的全部档案资料；贷款历史形成、导致损失原因、企业经营状况、商业银行资产风险分类资料；从当地政府相关部门（如工商、土地、房产等部门）或债务人主管部门获取的有关债务人或债务责任关联方的信息；现场实地勘察情况和债权处置人员市场调查、询价资料等。通过分析这些资料，确定影响债权资产价值的各种因素。

（2）选择交易案例。一般至少选择三个以上（含三个）债权形态、债务人性质和行业、交易条件相近的债权资产处置案例作为参照。资产处置机构或评估机构一般会建立各种类型的案例库，作为评估分析的参照基准。

（3）比较分析对象和参照物的差异，进行因素调整。比较的主要因素包括：债权情况，包括贷款时间、本息结构、剥离形态等；债务人情况，包括行业、性质、规模、地域等；交易情况，包括处置方式、交易批量、交易时间、交易动机等；不良资产的市场状况等。

（4）指标差异比较和量化。

（5）合理分析估测债权资产价值。对债权资产进行定性分析包括债权基本情况、债务人及相关方情况等，确定交易参照案例，比较确定差异指标，对差异指标进行量化，加权计算债权价值。

应用注意事项

应用交易案例比较法需要注意以下事项：

（1）案例的数量和时间要求。应尽可能多地获取影响债权资产价值的相关信息，选择相对公允的、具有可比性的债权资产处置成交案例，这些案例应当是近期发生的并且具备一定数量。

（2）担保因素。对于抵质押担保、保证担保等措施较为完善且价值足以覆盖的不良债权，应单独分析。

（3）统计模型分析。当可获取的样本量足够大时，可以运用回归分析、方差分析等数理统计方法对样本进行分析，构建数学模型测算债权资产价值。

专家打分法

基本框架

专家打分法是借助行业专家的经验与专业判断，通过匿名方式征询专家意见，经对专家意见统计、分析、整理后，经过多轮意见征询、反馈和调整后，综合多数专家意见，对不良资产价值及其可实现程度进行分析的方法。

适用范围

针对不确定性因素较多、难以采用其他技术方法进行定量分析估计的不良资产，可采用专家打分法进行估值，以利用专家的经验，作出合理的估算和分析。

分析程序

在应用专家打分法进行不良资产估值分析时，主要程序包括：

（1）选择专家；

（2）确定影响债权价值的因素，设计价值分析对象征询意见表；

（3）向专家提供债权背景资料，以匿名方式征询专家意见；

（4）对专家意见进行分析汇总，将统计结果反馈给专家；

（5）专家根据反馈结果修正自己的意见；

（6）经过多轮匿名征询和意见反馈，形成最终分析结论。

应用注意事项

应用专家打分法，应选择熟悉不良资产交易市场、具有较高权威性和代表性的行业专家，人数一般不少于5人。要按照债权资产的复杂性及专家意见的差异程度，决定是否进行多次征询。

不良资产定价实践

不良资产交易中，价值评估及分析是定价的基础，确定收购处置价格时，需要综合考虑尽职调查、市场供求、项目谈判、处置方式等多方面因素，重点关注估值方法选择、资产类别和处置情景。

估值方法的选择

一般来说，不良资产收购处置过程中的价值判断，要以尽职调查估值、中介机构的价值评估和分析及市场价格意向为基础，综合考虑政策因素、资产情况、市场状况、环境因素和处置方式等因素。

尽职调查估值

资产处置机构在收购处置不良资产时，需要对拟收购或处置的资产进行充分、全面、深入的尽职调查，根据债权、股权、物权资产的不同形态，以及资产信息的完整程度与特征，由项目管理人员根据尽职调查掌握的情况对资产进行初步估值，更多地借鉴自己的处置经验，作出专业性判断。对于金融不良资产包收购，还要根据各户资产的价值情况，确定整包资产的竞标价格。资产处置机构可利用历史数据建立金融不良资产估值模型，作为价值判断重要的辅助工具。

中介机构的价值评估和分析

根据监管要求，资产公司收购处置资产一般都需要聘请中介机构对拟收购或处置资产出具评估报告或价值分析报告。对一些专业性很强、情况比较复杂、人力资源投入过多、技术能力不足的资产估值事项，资产公司需聘请专门的评估中介机构对拟收购或处置资产进行估值，如土地估价机构、房地产评估机构、矿产权利评估机构、珠宝首饰评估机构等。评估机构应按照客观、独立、审慎的原则，对估值对象进行价值评估，并出具相关价值评估报告或价值分析咨询报告。价值评估是指资产评估机构及其资产评估专业人员遵守法律、行政法规和资产评估准则，根据委托对在评估基准日特定目的下的金融不良资产价值进行评定和估算，并出具评估报告。价值分析是指资产评估机构及其资产评估专业人员根据委托，对无法履行必要资产评估程序的金融不良资产在基准日特定目的下的价值或者价值可实现程度进行分析、估算，并出具价值分析报告等咨询报告。

市场价格意向

在资产收购处置过程中，资产处置机构需要广泛收集市场价格信息、分析市场状况，使确定的价格更贴近市场交易。需要收集的市场价格信息包括竞争者的数量和竞争态势、网络营销中购买者的意向、原债务人回购的意愿及能力、交易中谈判各方对价格的意愿特别是竞买人报价的情况等；需要考虑的市场状况包括不良资产市场供求状况、资金供求状况、资产包或项目的供求状况等。

以上三种关于不良资产价值的信息各有特点：尽职调查估值，是项目团队形成的价值判断，由于掌握信息较多，更多考虑处置方式的影响，比较贴近实际，但可能受考核和个人业绩等因素干扰；中介机构的价值评估与分析，作为第三方的评估结果，比较客观、独立和审慎；市场价格意向，来自市场中介及交易对手，更多反映买家意见，是最易实现的价值，但也可能夹杂着购买方的噪声。资产处置机构需要综合判断，从而初步确定不良资产交易的市场价格区间。

债权资产的定价

债权资产的定价是对债权资产在基准日的价值或价值可实现程度进行分析、估算。

债权资产定价以债权权利的合法有效性为基础

债权是否有效，需要法律尽职调查，作出法律关系的判断。抵押权利是否依法登记，担保权利是否合法有效，如项目涉及诉讼，资产是否查封，查封的先后顺序如何，都会影响不良资产价值的判断。

理解债权资产价值评估和分析的内在逻辑和适用条件

债权资产定价有几种评估和分析方法，但归纳看，基本的途径有两种，一种是以债务人和债务责任关联方为分析范围的途径，主要包括假设清算法、现金流偿债法和其他适用方法；另一种是以债权本身为分析范围的途径，主要包括交易案例比较法、专家打分法和其他适用方法。

以债务人和债务责任关联方为分析范围的途径，实际上是从债权资产涉及的债务人和债务责任关联方偿还债务能力角度进行分析，主要适用于债务人或债务责任关联方主体资格存在、债务人或债务责任关联方配合并能够提供产权证明及近期财务状况等基本资料的情形。

以债权资产本身为分析范围的途径是通过市场调查、比较类似交易案例及专家估算等手段对债权资产价值进行综合分析，主要适用于得不到债务人、债务责任关联方配合或债务人、债务责任关联方不具备相关资料的情况。主要包括交易案例比较法、专家打分法和其他适用方法。

充分考虑不良债权的复杂性，合理采用估值方法

由于不良债权资产成因比较复杂，形态呈多样性，影响价值评估及分析的不确定性因素较多，债权资产定价是一个复杂又艰巨的过程。因此，要根据项目情况，特别是资料的可获得程度和估值分析程序的受限制程度，选择合适的估值方法。假设清算法是一种模拟的方法，是在资产负债表采用成本法评估的基础上，对有效资产和无效资产及负债加以分析，确定出债权资产的价值，由于假设的条件是清算，其结果往往是最低的估值。现金流偿债法是将收益法的原理用于不良债权的评估，但不良债权的变现情况影响因素多，有些很难估计，因此现金流偿债法的估计的可实现程度需要认真分析。交易案例比较法是对传统市场法的推广应用，是在极端的情形下，也就是在几乎不能对被评估对象做通常意义的尽职调查的情况下，利用专家的经验和判断，最大可能地模拟出市场的交易情景，对资产价值作出的判断，其估值仅具有参考意义。

考虑不良资产处置方式的影响

处置方式对处置价值有重要影响，如对外转让受资产的通用性、市场供求、营销程度等因素的影响；债务重组受债务人偿债能力、偿债意愿影响；诉讼受债权及相关的抵押资产及担保状况、司法环境等因素影响。资产处置定价要充分考虑处置方式的影响因素，进行综合判断。

股权资产的定价

股权资产的估值，主要有成本法、收益法和比较法三种。每种方法都有其对应的适用条件，要认真分析这些条件和影响，确定合理的定价。

应用成本法对股权资产估值，其股权企业应处于继续经营状态，主要资产仍在继续使用。要充分关注股权企业的或有资产和或有负债，并按照实际情况进行折算。

应用收益法对股权资产估值，股权企业应处于继续经营状态且未来经营预期良好，具有持续盈利能力，经营和收益情况比较稳定，能形成较为稳定的经营性现金流入。注意对企业未来经营情况判断的准确性是影响收益法估值效果的重要因素，包括盈利预期、经营预期、市场环境预期等。同时，在折现率选择上也存在较大的不确定性，在以社会平均投资回报率及所在行业投资回报率作为参考时，应对所选择确定的社会平均投资回报率及行业投资回报率的科学性进行充分论证。

应用市场法的关键是选择经营情况相似的上市公司等可比企业。需要注意股权企业的可比对象如上市公司应尽可能多，选择对象时应从多方面进行考虑，包括行业、地域、所有制性质、经营指标、成长性、相关风险等。同时，比较指标应是最可能反映该类企业价值的经营指标，必要时要可选择多个指标进行加权平均，计算综合比较指标，以此估算股权价值。运用PB或PE倍数估值时，需要被评估对象与选择的标杆企业在业务范围、成长前景、经营规模、商业风险等方面具有相似性。

不良资产定价的难点

资产形态

不良资产在处置和估值时，其资产形态复杂多样，而且处于变化之中。例如，土地使用权中的土地按用途分，有商业用地、工业用地、住宅用地、综合用地、农业用地等，按性质分有集体土地、出让土地、划拨土地等。又如，不良贷款有设定抵（质）押物、担保、信用贷款等情形，其求偿权利和顺序是不同的。由于抵（质）押物和担保的存在，对金融不良资产的评估就可能转化为对抵（质）押物和担保的评估，而抵（质）押物可能是实物（如房屋、土地），也可能是实物资产以外的任何资产形态，而担保又涉及对提供担保方相关资产的评估。就其最基础形态——信贷资产的评估，是站在银行角度对回收率的风险估计；在有抵押的贷款上，抵押品的变现价值可能是这笔不良贷款的回收最大值；对担保贷款，评估的对象就成为担保方用于承担关联责任的任何可能的资产形态，可能是实物资产，也可能是其他非实物类资产，甚至是企业价值。因此，对金融不良资产估值时，首先要对估值对象资产的基本形态和变化形态有一个充分的认识，确定估值对象的范围。

资产瑕疵

不良资产区别于正常资产，是瑕疵资产。债权资产的价值评估往往转化为抵（质）押的评估，而抵（质）押物的产权往往存在难以确认、不完整和可执行性差等"缺陷"；抵债资产的产权可能更为复杂，如债务人将车辆抵债给债权人，但车辆的权证人可能是第三方。又如以划拨土地上建造的房产作为抵押物，划拨土地办理转让可能受限制，既涉及补交出让金事项，也存在土地被政府收回的可能。在其他资产交易中，出让方出具产权承诺可以在很大程度上弥补产权缺陷引起的资产价值不确定性缺陷，但在不良资产交易中，往往没有人会对此作出承诺，价值评估时必须考虑瑕疵因素。

价值类型

一般情况下，银行和金融机构处置不良资产都是要求在有限的期限内完成，评估的价值类型大都是市场价值以外的价值类型，即清算价值。但有序清算和快速清算之间的时间界限有时很难确定，可能因资产、市场、处置过程和要求而异。而将市场价值转化为市场价值以外价值类型时的定量化过程，是金融不良资产评估的难题。市场价值是公开的、可以模拟的、符合统计规律的，因而相对是确定的；非市场价值则是很少公开的、较少可比的，因而充满着不确定性。在使用评估公司出具的评估报告或价值分析报告时，必须注意其关于价值类型的选择。

处置方式

金融不良资产处置方式是多样且复杂。不仅有批发和零售之分，而且批发有银行向资产公司的批发，也包括资产公司向其他资产处置专业机构、投资人打包出售，还可能包括资产证券化过程中向特殊目的实体的出售。零售处置的方式更多，包括出售转股、重组、诉讼、和解等。因此，金融不良资产评估时需要考虑可供选择的处置方式及其对价值的影响。

银行向资产公司打包出售不良资产时，主要以资产包内资产的结构、数量和质量为基础。按抽样统计和市场比较的方式来推算整个资产包的变现价值。但是将资产包打开，对包内资产逐一评估作价时，采用的评估方法就是各种单项资产的评估或者是企业整体价值的评估。

处置定价中的互动与博弈

在现实的资产处置过程中，资产处置方式的选择与评估过程可能处于互动关系中，资产持有方先要了解资产价值，然后根据评估与分析的结果寻求合适的交易对象和处置方式；评估公司需要了解可能的处置方式，并考虑其对价值的影响。之后通过市场寻价、交易谈判等收集交易意向，最终确定估值与分析的结果。对企业的债务重组，其本质是债权人和债务人之间的博弈，结果取决于各方的力量、意愿和讨价还价能力。最终的定价事实上取决于双方的博弈行为和策略，对这类经济行为的估价，由于其影响因素更多、更复杂和更具体，不确定性也更大。

估值与分析资料取得困难

一方面，由于被处置资产的资产占有方与处置方处于对立的状态中，资产占有方极不情愿配合资产清查和提供资料等，或者所提供的资料可信度很低。在极端的情况下，甚至是进不了门、看不到实物，根本无法开展评估工作。另一方面，债权人与股东身份不同，小股东与大股东不同，债权人、小股权持有人不可能要求资产占有单位像控股股东那样要求资产占有单位配合评估工作。不良资产评估多半是"站在外面"的评估，很难完全履行评估程序和取得满意结果。在这种情形下，由于客观资料的限制，主观判断可能较多，因此，使用评估结论时一定要充分考虑取得资料不完备性的影响。

不良资产定价的要求

资产公司进行资产处置时，均需要聘请中介机构进行价值评估。对于不具备评估条件的资产，应明确其他替代方法，需要在处置方案中详细说明。对于因缺乏基础资料而难以准确把握真实价值的资产，应通过充分的信息披露、广泛的市场营销和合理的交易结构设计，利用公开市场手段，发掘资产的市场公允价值。未经公开竞价处置程序，不得采取协议转让方式向非国有受让人转让资产。

不良资产定价的趋势

估值模型

收集不良资产处置的历史数据，运用数据统计等方法，构建不良资产估值定价计量模型，应该是未来不良资产定价的趋势。比较典型的有神经网络模型与机器学习模型。

大数据与人工智能应用

随着不良资产市场的不断发展，不良资产相关的各类数据将形成巨大的数据流：资产公司交易数据，淘宝、京东等拍卖平台的交易数据，企业工商信息，银行资产状况，信用数据，税务数据，抵押资产状况，尽职调查情况，司法判决及执行状况等。可以运用网络搜索、采用爬虫技术等收集整理更多的债务人数据，运用大数据和人工智能技术，为债务人进行场景画像，解决不良资产评估中的信息不对称问题，形成更为科学合理的不良资产估值定价技术。

第13章　不良资产处置核心技术

艺术挑战技术，技术启发艺术。

——约翰·拉塞特

作为特殊的金融产品，不良资产投资有其特殊的核心技术或者专有技术，掌握这些技术是提升不良资产价值的关键。

不良资产组包

概念及适用范围

不良资产包

不良资产包指将某些特征相同或相近的债权、股权、物权等资产组合成一个项目，即不良资产包。一般采用招标、拍卖、竞价等方式公开向市场转让。组包的特征有地域、行业、风险分类、担保圈、共同控制人或担保人等。组包处置能发挥批量处置优势，降低处置成本，提高处置效率，实现快速处置资产。资产公司在政策性处置收尾阶段对大量的"散、小、差"资产，曾较多应用这一方法。商业银行为快速大规模处置不良资产，组包批量转让是重要方式。

适用范围

组包处置主要适用以下情况：一是单独处置成本高、效果差的"散、小、差"项目，如收回率极低的呆账贷款，债务人已破产或被工商行政管理部门吊销、注销营业执照，人民法院依法执行终结或中止的诉讼项目等。二是相互关联项目单独处置影响整体回收价值，如具有同一担保人或抵押物的不同债务企业，同一实际控制人所属企业的债务，被同一企业兼并的债务等。三是需要快速批量处置的资产。

不良资产包类型

不良资产包处置的关键是组包，组包的核心是将具有相同、相似或相互关联特征的资产组合起来。常用的组包方式有：

区域资产包

区域资产包指将某一区域的若干不良资产组成资产包。目前商业银行对外转让资产多选择这种方式，其特点是责任认定和组包容易，利于投资者尽职调查及处置。

行业资产包

行业资产包指将某一行业的不良资产组成资产包，其特点是有利于购买者估值，能吸引对这一行业有重组需求的投资者，营销亮点充足，有利于提升资产价值。

控制人资产包

控制人资产包指将某一集团所辖的或者某一实际控制人控制的若干债务企业或参股企业的不良资产组成资产包。这样有利于整体处置，避免分别处置中的利益冲突。

担保资产包

担保资产包指将某一担保人担保的若干债务企业的债权资产或者互相担保的担保圈资产组成资产包。分散处置很难准确估计担保人的偿债能力，而组包处置能较好地协调债权人与担保人关系。

抵（质）押物包

抵（质）押物包指将某一抵押物相关的若干债务企业的债权资产组成资产包。一般也有收购时定向将各金融机构相关的债权统一收购后进行处置，这样有利于从整体上解决债务问题，有利于投资者对抵押资产实施追加投资，提升资产价值。

不良资产包处置的关键

金额与户数匹配

资产包金额过大，投资者少，资产价值很难充分挖掘，特别是资产公司向二级市场转让资产包时需要充分考虑投资者需求。资产包户数影响投资者尽职调查安排，户数多需要较长时间和投入较多人力，采用抽样调查又影响对资产包价值的估计。因此需要充分开展市场调研，综合分析历史成交资产包情况，合理选择资产包金额和户数组合。

资产包底价

资产包定价不同于单户资产，需要着重考虑三个因素：一是资产估值方法的差异性。资产包内债务企业类型不同、资产分类有差异，因此价值评估时针对不同类型资产可能选择不同的方法，确定总体价值时需要考虑这些方法之间的差异，并进行调整。二是资产的关联性。对同一担保人、抵（质）押物或控制人的资产评估需要考虑偿债顺序及债权债务之间的关联，需要将担保人的担保能力在多个债权之间进行分配，或作出整体判断。三是估值的综合性。资产包定价需要综合来自三方面的估值信息，内部尽职调查作出估值意见、外部评估的结论、市场意向投资者的初步报价。与投资者就价格问题充分沟通和讨论是资产包能否成功转让的关键，商业银行在正式发包前，一般会召开与资产公司的沟通会并进行询价。

资产营销

资产包的营销要做好三个方面的工作：一是在充分市场调研基础上，摸清投资者状况，是中小投资者，还是专业投资机构，增强营销的针对性。二是挖掘资产包亮点，这是吸引投资者并获得较好转让价格的前提。一般投资者较感兴趣的亮点有：以房地产为抵押物的债权，特别是土地使用权对拟追加投资开发的投资者有巨大的吸引力；发展前景较好的区域如一线城市、开发区等；新兴行业或资源垄断性行业，能提供更多重组机会；特殊资产类别，如损失类资产，价格低、投资成本低、预期收益率高。三是交易渠道选择，是自己组织实施，还是通过营销会，或者通过交易所、拍卖行、网络平台等营销；不同渠道投资者构成不同，营销策略就要有针对性。

不良资产分类

商业银行不良资产是有分类的，包括次级类、可疑类或损失类，其目的是反映资产的风险状况。而资产处置机构收购不良资产后，需要从资产处置角度重新实施分类，分类时考虑的因素主要是资产处置价值及处置策略，如资产是否有经营价值，是否可以实施经营重组；是否属快速贬值的资产，需要快速处置；是否拥有控制权，是否有可以整合的资源。从资产处置角度一般将不良资产分为三类。

重组提升类资产

重组提升类资产指通过重组后企业正常经营现金流量可以偿还债权本息，或者债务企业拥有核心资源或资产，能通过转股或抵债实现更大价值，或者可以通过追加投资提升价值的资产。例如，主业有具备市场竞争力但陷入流动性困境无法偿还债务本息的债权，债务人及担保人为上市公司、拟上市公司或上市公司关联企业的债权，或质押资产为上市公司股票及上市公司关联企业股权的债权，拥有较佳地理位置以土地使用权、房产为抵（质）押物的债权等。

对重组提升类资产的处置策略就是经营或重组，用投资银行思维、实施经营重组策略。对符合国家产业发展导向、未来价值提升空间较大、需要进行重组整合的资产，可利用债权收购、债务重组、债转股、股权收购、资产整合、追加投资等多种手段，最大限度地开发和提升资产价值，以实现资产处置收益最大化。

择机处置类资产

择机处置类资产是指抵（质）押物价值贬损较快或存在灭失可能、债务人可能逃废债务的资产。例如，诉讼时效已过期但仍有一定偿债能力的债权；债务人有一定财产但财产价值易受影响；诉讼中已冻结现金或其他有效查封资产的非有效担保债权；有效保证人作为主要还款来源但担保人不配合的债权；有明确的受让方，收购后可直接转让的股权或物权资产等。

择机处置类资产的处置策略是保全资产，选择时机处置。通过催收、诉讼等手段维护债权，确保债权权利。对于一些价值周期性波动特征明显、立即处置不利于收益最大化的资产，可以先行搁置，在做好资产管理的同时，按照市场行情相机进行处置。这类资产多分布在与经济周期、产业周期、行业周期密切相关的领域，如煤炭、石油、矿产、房地产等。而对风险较大易贬损的资产需加快处置，保全价值。

低效回收类资产

低效回收类资产是指回收可能性极低，或金额小、分布散、回收难度大、回收成本可能大于预期回收额的资产。例如，破产清算完毕未偿付的非有效担保债权，诉讼执行终结未发现新的财产线索的未受偿债权，债务人已死亡或宣告死亡自然人的非有效担保债权，债务人及相关人没有任何财产线索的未受偿债权，需要与原权利人及相关方协调债权债务关系不落实的债权等。

低效回收类资产的处置策略是搁置或打包处置。鉴于该类资产占用资金或资本等经营资源较少，甚至为零，而一旦能够回收，相对可以获得较高收益。因此，对于价值极低的资产，在没有寻找到有利处置时机情况下，可以暂时搁置，以防止低价处置或随意处置引起负效应。在进行资产打包处置时，也可将其搭配处置，降低资产包的平均价格，有利于资产包的销售。

不良资产追加投资

概念与作用

不良资产追加投资

不良资产追加投资指为了提升收购不良资产的处置价值，通过重组促使收购不良资产对应的债务或股权企业脱离困境，对不良资产项目或对应企业追加资金的行为。一般包括对已收购的不良资产实施追加投资、重组问题机构和问题资产中涉及的追加投资等。

不良资产追加投资的作用

一是通过流动性支持辅助不良资产处置及并购重组。不良资产处置时，对于出现流动性危机的债务企业，如果能通过修改债务条款，重新设定抵质押条件，为债务企业提供追加投资，就可能帮助陷入困境的企业渡过难关。对问题机构实施重组时，可能需要为并购方或战略投资者提供并购融资或过桥贷款，从而促成资产重组项目。收购进入破产重整程序的债权项目，重整过程中也可能需要追加投资用于化解原有债务，推进重组实施。

二是追加投资是提升不良价值的重要手段。对未完工建设项目，通过追加投资可以实现项目完工，形成生产能力，正常经营后销售，可以产生现金流量，形成经营价值；房地产投资项目如烂尾楼，通过追加投资建成后，销售回笼现金，将大幅提升项目价值。

三是降低问题机构杠杆率。对由于杠杆率过高而陷入财务困境的问题机构追加股权投资，可以降低其资产负债率，恢复其信用能力，从而帮助其走出困境。

四是控制项目风险。对于并购重组项目，控制项目运作是成功的关键环节。资产公司若要控制拟实施重组或破产重整的项目，通过追加投资股权取得对拟并购企业的控制权，可以提高项目的成功率。

监管规定

一般投资者对不良资产追加投资不受监管约束，但为了防止资产公司脱离不良资产主业开展投资业务，监管部门对其开展追加投资业务制定了具体的规定。

追加投资的手段

资产公司开展追加投资可采取债权、股权及股加债组合手段，股权投资可直接用现金或其他资产投资，债权投资可通过商业银行委托贷款方式投放。

追加投资的条件

开展追加投资业务的基本条件是以不良资产及其对应的企业为载体，包括收购的不良资产或问题资产、对应的基础资产为存量不良资产或问题资产。

如果采用债权追加投资，除确保追加投资用于项目建设或企业生产经营，还应满足以下条件：对应企业存在资金缺口、流动性紧张或资金链断裂等情形；单个不良资产追加投资项目规模不超过规定的上限。

如采用股权追加投资，除确保投资用于控制项目风险和降低问题机构杠杆率，还应满足以下条件：相关股权投资应为阶段性股权投资，不得将阶段性股权投资转化为长期股权投资；单个股权投资项目的持股比例不得超过20%，同时不能成为被投资企业的第一大股东；针对所投资股权制定退出计划，在3~5年内实现退出，并按监管要求报备。

追加投资项目操作要点

项目选择

不良资产追加投资并不是一个单独的项目，而是在原有项目基础上的增加投资。选择项目时首先要符合监管要求，重点考虑以下因素：一是追加投资项目选择应以不良股权、债权、物权或问题企业为载体，如已有债转股企业增资时追加股权投资增加其资本实力、对债务企业未完成技术改造工程追加工程款、对房地产企业的烂尾楼项目实施改造等。二是股权投资项目大多情况是为了控制项目风险，获得股权、控制权和话语权。

增量分析

分析追加投资的收益与风险需引入增量概念，追加股权与债权的收益与风险均与原始投资一致，只是在分析时以增量作为分析的基础，分析增量投资带来的收益增加。但事实上，由于项目终结后的收益可能是统一的，无法分清哪一部分是增量创造的，因此在投资可行性分析时就需要对未投资前的收益进行预估，从而区分增量收益与项目原始投资收益。

不良资产实质性重组

实质性重组的基本概念

《金融资产管理公司资本管理办法（试行）》明确定义了实质性重组，指资产公司单独或者联合其他机构运用多种方式对问题机构的资金、资产、人才、技术、管理等要素进行重新配置，构建新的生产经营模式，帮助企业摆脱经营与财务困境，恢复生产经营能力和偿债能力，实现企业价值再造和提升。其核心要求是必须在实质上推进重组，而不仅仅是对问题机构提供直接或间接融资。一般来讲，实质性重组主要包括以下方式：

资产重组

资产重组主要包括产权重组和产业重组两种形式。产权重组，指以企业财产所有权为基础的权利的变动与重组，包括控股权变化、股权结构变更、实际控制人变化等。产业重组，指通过存量资产在不同产业部门之间的流动、重组或在相同产业部门间集中、重组，使产业结构得以调整优化，资本增值能力得以提高的行为；主要包括以资产并购重组为手段实施的产业整合，如在同一行业的横向整合及跨行业纵向产业链整合等。

债务重组

债务重组指以资产清偿债务、将债务转为资本、对债权债务相关要素进行重新安排等行为，包括以资抵债、债转股及修改债务条件。

人员重组

人员重组指对企业组织机构及其职能进行重新设置，对管理层人员进行调整等行为；包括对企业股东大会、董事会、管理层等职能的调整，以及对总经理、副总经理、财务总监等人员进行的调整，通过机构和人员的调整改变重组公司运营。

技术重组

技术重组指通过技术创新、引进更先进的技术或在原技术基础上改变生产工艺，提高企业的生产率、质量或差异化程度从而提高企业竞争地位的行为。

管理重组

管理重组指改变企业管理组织、管理责任及管理目标，从而重新确立企业管理架构的行为，主要是参与公司治理，实施新的业务战略、确立新的战略目标等，推进公司的可持续发展。

从监管要求看，资产重组可直接认定为实质性重组；债务重组的同时，如果还实施人员、技术或管理等任何一种重组，就可认定为实质性重组。

实质性重组的关键环节

研究判断行业趋势

实质性重组需要对重组对象所在行业有深入研究，能深刻认识并把握其资源和能力，判断其市场竞争状况及发展趋势，从而有效挖掘核心资源，通过实质性重组解决重组对象面临的困境。经济的周期波动会影响产业的周期性变化，对周期性行业的拟重组对象，在下行周期实施产权或产业重组，如减轻债务负担化解流动性危机，或剥离无效资产注入优质资产，当经济恢复增长时，企业就迎来新的发展机遇。对因结构性因素陷入危机的拟重组对象，需要充分利用其有价值的资源、较强的生产能力、较佳位置的土地资源或上市公司的壳资源，通过注入新的实质性的增长点，如通过新技术为其赋能，实现产业的重组或整合。运用实质性重组进行债权或股权投资前，首先要对拟投资问题企业或问题资产所涉及的行业进行充分调查研究，分析和预测行业发展趋势。投资熟悉的行业或领域是成功实施重组的前提。

审慎选择实质性重组项目

实质性重组业务的来源包括收购的不良资产、收购违约债券、参与上市公司资产重组等。一是以问题企业和问题资产的选择为基础。问题企业选择方面，选择基本面良好，特别是主营业务有竞争力的企业，即拟重组对象虽然是问题企业，但出现问题的原因是资本结构不健全、存在暂时性流动性困难，而企业基本面是好的，产品有市场，生产经营运作正常，公司治理良好，经过债务重组和资产重组，可以恢复正常运营。二是关注核心资源。重组能否成功的关键是能否在问题企业和问题资产中挖掘出核心资源。核心资源是指有市场前景、有核心竞争能力的资源，包括资产、产品、技术、品牌、人才、运营模式等。围绕核心资源开展实质性重组，剥离无效及低效资产，通过产业链的整合，提升核心资源的利用效率。

防范重组项目实施风险

实质性重组项目实施中主要面临以下风险：一是融资超过预期风险。陷入困境企业的重组过程中需要持续不断投入大量资金，实施过程中的资金需求可能会超出预期，因此需要有备选方案。二是股东及管理层的反重组风险。若企业因陷入债务或经营危机而被动重组，实施中可能需要对管理和人员进行重组，一般而言，他们会选择防御性策略，对重组行动持不欢迎或不合作态度，从而影响重组过程。三是信息不对称风险。重组之前，资产公司会通过各种渠道获取目标企业或目标资产的信息，但是很难对信息真实性作出判断和评估，受制于利益关系，企业也可能会隐蔽一些重要信息，从而加剧重组风险。四是监管和法律风险。重组需要调整债权债务、股权、物权、公司治理、内部管理等多方面的复杂关系，接受多方面的监管，如果协调不好，可能受监管规制制约或法律法规的限制导致重组失败。

研判重组项目的核心问题

分析拟重组对象存在的问题及原因是制定重组方案的基础。一是分析导致问题企业困境或形成问题资产的原因是周期性原因，还是结构性因素；是受外部环境影响，还是内部管理失衡。找准成因是制定重组措施的基础。同样是负债率过高，如果是周期性因素影响，债转股可能就是好的重组方案；如果是公司治理和经营决策问题，产权重组的同时需要改变董事会和管理层，实施管理重组；如果是内部管理混乱、经营效率低下因素，实施债务重组并辅以管理和人员重组才是解决问题之策。二是问题暴露是否充分。重组的最佳机会是问题充分暴露之时，隐藏的问题未充分暴露，如负债中的民间借贷、房地产中的产权争议瑕疵等，如在实施中才暴露，就会严重影响甚至阻碍重组进程。

设计综合性重组方案

实质性重组需要针对困境企业存在的问题，综合运作多种投资银行手段，设计一揽子解决方案。关键把握四个方面：一是控制权。重组陷入债务困境的企业，参与重组者需要一定程度的控制权。之所以需要控制权，是因为重组参与者或者主导者需要在协商谈判和决策时表达自己的意见，并能维护自己的权益。作为债权人需要获得重组过程中对企业有较强的控制权甚至控制整个公司。一般可通过债权转股权获得企业董事会的控制权，或者通过法律手段取得核心资产的控制和处分权，或者通过有效力的协议取得对项目实施过程的控制权，或者获得对重组方案的一票否决权。二是金融工具和手段的综合运用。解决实质性重组中复杂的债权债务关系和投资关系，需要运用债权和股权投资手段，综合运用银行信贷、基金、信托、特殊目的公司等金融工具，设计重组方案，用来平衡各方复杂的利益关系，达成共赢的方案。三是风险控制措施。重组项目中可能需要采取多样化的风险控制措施，除传统的抵押、质押、担保外，可能还需要期权类工具，如对赌协议、业绩承诺等，需要具体的控制措施，如惩罚条款、印章监管、人员安排等。四是退出路径设计。运用债权或股权实施的实质性重组项目退出方式有所不同，债权类项目依赖于债务企业的履约还款能力，如不能按期偿付，处理方法与一般债权类不良资产的处置类似，因此退出路径设计时需要考虑监控债务的企业的现金流量及大额资金划拨，需设计好违约时的诉讼路径，以及充足的抵质押物及有能力的担保人；股权类项目需考虑资产注入、收益分配标准及优先权安排，特别关注IPO或借壳上市计划，以及经营业绩不达预期时的惩罚措施。

不良资产重整

重整的概念及意义

法律规定

《中华人民共和国企业破产法》第二条规定："企业法人不能清偿到期债务，并且资产不足以清偿全部债务或者明显缺乏清偿能力的，依照本法规定清理债务。企业法人有前款规定情形，或者有明显丧失清偿能力的，可以依照本法规定进行重整。"第七条规定："债务人有本法第二条规定的情形，可以向人民法院提出重整、和解或者破产清算申请。债务人不能清偿到期债务，债权人可以向人民法院提出对债务人进行重整或者破产清算的申请。企业法人已解散但未清算或者未清算完毕，资产不足以清偿债务的，依法负有清算责任的人应当向人民法院申请破产清算。"按照法律规定，债权人和债务人均可提出破产重整申请。

破产重整的概念

破产程序中包含了重整、和解、清算三种处置债务的方式。重整，就是在法院的主持下，通过一定的方式和程序包括出售或剥离资产、债务重组、引入投资者等，让陷入困境的债务企业恢复正常经营的过程。和解，就是债权人与债务企业通过债务豁免、债务重组、债转股等方式减轻当前债务压力来恢复企业正常经营。清算，就是把企业资产负债按照法定程序和标准清盘。

不良资产重整

不良资产重整指不良资产权利人以债权人、融资者、投资者等角色参与债务企业破产重整程序，对已达到破产条件但又有维持价值和再生希望的债务企业，实施治理改造、经营整顿、资产重组、债务调整等措施，帮助债务人摆脱财务困境恢复正常经营能力的过程。

不良资产重整的意义

破产重整作为解决濒临破产企业债务问题的方式，在不良资产处置中实施有非常重要的意义：

一是降低重整运作的风险及成本。破产重整中的债务申报安排，可以较好地厘清企业的隐匿债务问题，有效控制重整的风险。《中华人民共和国企业破产法》规定，附利息的债权自破产申报受理时停止计算，重整期间对债务人的特定财产享有的担保权暂停行使，这非常有利于债务企业改善经营，并为重组创造条件。整个重整过程在法院的主持之下，并有专业的破产管理人参与，能大幅度降低债权人和债务人的协调成本。

二是提高沟通效率和成功率。重组过程中重整申请、债权申报、管理人指定、重整方案批准等均由法院主持并裁定，债权申报、重整方案的制定、表决、执行都有法定的时间要求，能大大促进重整进程，较高的司法强制力保障能提升重整的效率和成功率，因此破产重整比一般基于商业谈判的重组更有成功的保障。

三是能实现各方利益的最大化。对处于破产状态的债权而言，重整假定企业能够恢复正常经营，企业的营运价值能得以保留，如企业专有技术等无形资产可以继续发挥作用；作为债权人，重整比清算分配剩余财产能获得更为有利的清偿结果，提高受偿率；重组方可能获得重整后债务企业股权，参与债务企业经营，重整后可分享股权投资价值提升的收益。好的重整方案可促成多方共赢。

四是符合资产公司的使命。重整以企业复兴为目标，试图通过资产重组、债务调整等手段解决企业面临的财务困境，消除破产的原因，恢复正常的生产经营和运作，这正是资产公司通过救助问题企业，履行化解企业信用风险的使命。

破产重整的参与者及重整过程

破产重整不是结局，而是一个多方利益博弈过程的开始。

破产重整的参与者

破产重整的参与者主要有重整企业、债权人、股东、法院、管理人、投资者等。

（1）重整企业。作为债务人，是重整工作的核心，其配合是重整成功的重要因素。

（2）债权人。债权人是重整过程中利益调整的主体，往往是利益损失最大的群体，债权人利益协调是重整的关键点。

（3）股东。如果进入破产清算，股东权利将清零，因此在重整中原股东需要让渡部分权利给新的投资者作为回报，但重组实施者往往也是股东及其控制人。

（4）法院。法院在重整中发挥至关重要作用，包括同意申请重整，指定破产管理人，相关诉讼裁决、重整计划的批准，保障重整计划的实施等。

（5）破产管理人。破产管理人由法院指定，负责重整过程操作，监管破产企业日常运营，包括财务状况调查及报告、日常开支、内部事务管理、债权申报、管理处分财产、代表债务人诉讼、参加债务人会议、制定重整计划、监督重整计划实施等，管理人的协调和实施能力是重整有序推进的重要力量。

（6）投资者。重整成功需要注入新的资源，或业务或资产，这需要投资者的付出，投资者是重组后债务企业能否获得新生的核心。

破产重整过程

破产重整分为三个阶段，重整申请和裁定、重整计划的制定和批准、重整计划的执行。可细分为七个步骤，见图13.1。

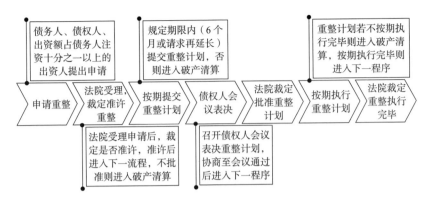

图 13.1　破产重整的步骤

（1）申请重整。符合法律规定重整条件时，债权人或债务人可申请对债务人进行重整；若债权人申请对债务人破产清算，在宣告破产前，债务人可提出重整，可以理解为对债务人"自救"机会。

（2）法院受理及裁定重整。法院审核后裁定债务人重整，进行公告后便进入重整期间，重整期间法院指定的管理人接管公司运营，这时债务可以对外借款，但此借款作为共益债务具有优先受偿权，其间的关键环节是债权申报及确认。破产重整中的债权分为重整债权和共益债权，重整债权按偿债顺序包括职工债权、税收债权、以破产企业特定财产提供担保的债权、普通债权；共益债权指重整过程中发生的费用和债务，其受偿权优先于重整债权。债权一般须在法院受理破产申请公告规定的期限内申报，经债权人会议核查，由法院裁定确认。

（3）重整计划的制定。重整计划是平衡各方利益、约束利害关系人行为、推进重整程序的核心，重整计划的内容一般包括债务人经营方案、债权分类及调整和受偿方案、重整计划执行和监督期限等。

（4）债权人会议表决。债权人分组对重整计划进行表决，如涉及权益调整需设立出资人组表决。

（5）法院裁定批准重整计划。表决通过的重整计划需经法院裁定批准，如两次债权人会议未通过重整计划，符合法定条件的法院可以在债务人及管理人申请后裁定批准。

（6）重整计划的执行。重整计划由债务人执行，管理人监督，如不能执行，法院受理利害关系人申请后可裁定终止执行，并宣告债务人破产。

（7）重整计划的终结。重整计划执行完成或未完成进入破产程序均标志着重整计划终结。

投资参与重整的方式

投资者可以运用债权或股权等手段，通过债权人、重整方、融资方、担保方、咨询顾问等多种角色参与破产重整。图13.2分析了资产公司参与破产重整的方式。

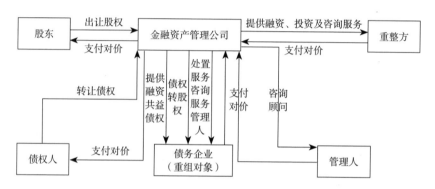

图 13.2　资产公司参与破产重整的方式

债权方式

债权方式指资产公司通过债权收购、代偿、融资、担保等方式参与重整，具体分述如下：

（1）债权收购。资产公司收购债务企业的金融或非金融不良资产，成为债权人。在重整前、重整期间或重整方案中均可实施债权收购，收购决策时需要关注债权额度、占总债权的比率、价格、重整计划表决、债权受偿比例、债权人之间沟通与配合等因素，进行综合考量。

（2）代偿。资产公司通过代债务人偿还获得债权，一般需要债权人和债务人的书面同意，同时需要对代偿后的追偿权作出安排。

（3）融资。资产公司可以选择向重整企业提供融资，重整企业用融资清理原有债务，一般需要重新设定担保方式，该债权属共益债权具有优先受偿权；也可以向重整方提供融资，可以重整企业的股权或资产作为担保，并由重整方提供额外担保。

（4）担保。重整时原债权债务需要由重整方提供保证担保，资产公司可以为重整方提供一般担保责任，在债权人无法获得预期受偿时承担补充担保责任，资产公司较高的信誉有助于提高重整计划的表决通过率。

股权方式

资产公司可以通过受让重整企业股权、参与增资、债转股、执行重整方质押股权等方式参与重整，具体分述如下：

（1）受让重整企业股权。破产重整方案中需要原出资人调减权益时，资产公司可以作为重整方通过转让方式受让重整企业股权；重组企业股权若为质押物，资产公司可通过参与司法拍卖获得股权。

（2）参与增资。增资是重整中引进重整方的重要方式，如上市公司重整中通过定向增发引入投资者，资产公司可以参与定增获得股权。

（3）债转股。资产公司通过已持有重整企业的债权，实施债权转为股权也是常用的方式。

（4）执行重整方质押股权。资产公司在向重整方融资时，以其获得的重整企业股权为质押，如重整方违约，可通过抵债或执行获得股权。

服务方式

资产公司也可以通过提供专业服务介入破产重整过程，主要包括：

（1）破产资产处置服务，资产公司可以发挥专业优势，购买并处置破产企业的不良资产，或受托处置破产企业需剥离的问题资产。

（2）担任破产管理人，一般破产管理人由律师事务所、会计师事务所等担任。从法律规定和监管规制看，并不排除资产公司担任破产管理人，因此资产公司依靠其重整、重组方面的专业优势，可以申请作为破产管理人服务破产重整。

（3）提供咨询顾问服务。资产公司为破产管理人提供债务企业资产剥离、资产处置、债务融资、重整方案设计等顾问服务，为重整方提供投资及融资方案、参与重整方式等咨询服务。

资产公司可以通过一种或多种方式介入破产重整，关键是有利于重组的推进，不能发生利益冲突。

不良资产重整的收益与风险

从不良资产投资角度看，不良资产重整项目的收益高，风险也大。

不良资产重整的收益

不良资产重整项目的收益主要体现在四个方面：

（1）股权增值。无论是受让股权还是债转股获得股权，由于企业处于破产重整状态，股权估值较低，如果重组成功，引入新的行业龙头、注入新的资产，股权价值将获得较大提升。

（2）利息或资金占用费。由于重整企业融资比较困难、信用风险较大，因此，即使是共益债权，也能获得较高的利息率回报；而对重整方进行融资，由于时间短，需要资金量大，重整方需要快速获得资金以确保重整成功，一般也能支付较高固定回报。

（3）低价收购债权的差价收入。如果收购债权时因债务人进入破产程序，债权收购的折扣较大，若重整方案中分配的债权受偿额大于收购成本，或重整实施债转股获得价值提升，则可获得差价收入。

（4）咨询顾问收入。

不良资产重整的风险

除债权、股权需承担的一般信用风险和市场风险外，不良资产重整还要承担其独有的风险：

（1）重整失败风险。重整参与者众多，利益关系复杂，协调沟通难度巨大，面临重整失败风险。重整是不可逆的，重整方案未获通过或重整计划无法实施即宣告实施重整失败，进入破产清算程序后，债权受偿价值很低，债权人存在受偿率较低的风险，而股权投资者可能承担价值清零的风险。

（2）交易风险。债务人由于财务或经营危机陷入破产重整，与这样信用状况较差的对手达成投融资交易面临较大风险。融资可能缺乏足够的担保品，股权投资可能无法获得相应的权利，法院的裁定可能并非按照法规等。

（3）信息不透明、不对称风险。出于利益考虑，重整各方可能对其他参与者选择性披露信息，导致信息更加私密、更加不平衡。如债务人可能隐藏其他债务或担保事项，在方案实施中才暴露，就会影响重组实施甚至导致重组失败。

（4）政策环境风险。重整中职工安置问题、税收问题、地方政府干预、债权人矛盾等事项均能增加重整过程的不确定性，影响重整的顺利实施。

不良资产重整的关键技术

破产重整项目选择

适宜重整的债务企业应具备如下特征：一是基本面良好，债务公司治理良好、主营业务符合顾客需要、具有可持续发展能力，导致破产重整的主要问题是财务危机或流动性困难。二是拥有核心资产，如企业拥有核心资产如生产能力、品牌、核心技术专利、关键性生产设备等，能有助于新进入的战略投资扩张产能、开拓市场、提升竞争力。三是拥有核心资源，如不可再生的矿产资源，上市公司的壳资源，核心城市的土地资源等。

介入途径选择

参与破产重整首先要确定投资目的是战略性投资还是财务性投资。战略性投资以获得超额回报为目标，需要在重整中获得并持有股权；财务性投资追求稳定的固定回报，以债权投资为主。因此，在选择介入途径时，要根据投资目的，充分考虑债权和股权投资的收益类型、成本与风险、债权与股权之间的转换等因素，选择合适的介入手段，如实施综合性重组，可能需要借助信托、基金等金融工具。

把握控制权

重整中需要协调和批准的事项较多，只有控制重整的关键环节及进程才能保障重整成功。需重点控制的关键环节有：一是制定重整方案。需要与管理人、债务企业、债权人、法院等多方沟通，使重整方案既能兼顾各方利益，又能保障重整参与主导者的意志。重整方案制定过程一般由管理人主导，管理人通常由律师事务所担任，参与重组的资产公司需要发挥自身在投资投行方面的专业优势，主动参与重整方案的制定，提出具有价值的意见和建议，并充分利用其以收购资产或受让股权获得的重整地位，引导投资方案的制定。二是债权人批准。债权的确认、重整方案的批准，均需债权人会议通过，特别是重整方案要在担保债权、职工债权、税款、普通债权、小额债权等分组中进行表决，法律规定出席会议的同一表决组的债权人过半数同意，并且其所代表的债权额占该组债权总额的三分之一以上，即为该组通过重整计划草案。因此，在收购债权时就需要考虑收购债权占债权总额的比例及在分组中的比例，以确保重组方案的表决通过率。三是股东或出资人表决。重整事项涉及股权变更事项，如债务转股本、增资等需要出资人组进行表决，所以股权投资要充分考虑原出资人与重组方的利益，获得或控制出资人表决权。

重整方案

重整方案制定是重整的核心技术，关键是调整重整参与方利益，以未来的共同利益预期促使各参与方作出新的投入或让步，最终达成妥协。重整方案本质上是各参与方利益的交换，包括现时经营状况与未来预期利益的交换、债权人与出资人的交换、重组方与债务企业的交换、新注入产业与旧资源的交换等。让债务人和出资人妥协的一个基本策略就是向他们表明，如果他们不同意利益交换，就会面临原债权或股权价值继续下跌的风险，从而引导他们接受新债务合约或转股等条件。对进入破产重整程序的上市公司而言，一旦股票终止上市并最终清算，股东及债权人的损失巨大，因此要以"保壳"这个共同利益为基础，促成债权人、股东及重组方作出让步，从而达成重组协议。

退出方式选择

重整中投资的债权或股权，在退出方式选择上需要考虑以下因素：一是对未来现金流量的预计。对债务人的债权融资需要考虑重整对象经营状况改善后产生的现金流，对重整方的融资还要考虑重整方经营现金流及再融资能力。二是担保品的变现能力。一般重整中提供的资产担保品可能比较差，变现能力不足，需要特别予以关注。三是资本市场状况及限制性条件。获得的上市公司股票可通过二级市场减持、大宗交易、协议转让等方式退出，需要考虑股票的流动性及限售期。如果是ST类股票，还要考虑重整后是否能达到恢复上市的条件。

【专栏13.1　超日破产重整和资产重组：控制权的重要权】[①]

超日困境

超日，即上海超日太阳能科技股份有限公司，是国内主要从事晶体硅太阳能电池片、太阳能电池组件的研发、生产和销售的高新技术企业。其股票于2010年11月18日在深圳证券交易所挂牌上市，代码002506。上市后的2011年、2012年、2013年分别亏损11.2亿元、17.5亿元、14.9亿元，自2014年5月28日起股票被暂停交易。超日2014年中报显示，截至2014年6月30日，超日资产35.8亿元，负债64.7亿元，所有者权益-28.9亿元，上半年亏损26.1亿元。

2012年4月20日，超日公司公开发行10亿元债券在深圳证券交易所挂牌交易。2014年3月宣布违约，成为中国资本市场公募债券违约第一案。

超日在快速高负债扩张的同时，迎来了光伏行业严重的产能过剩，形成巨额亏损、资不抵债、资金链断裂的困境。至2013年7月底，超日共收到79起诉讼，合计诉讼金额高达19亿元，公司资产被银行和法院查封与冻结，深陷诉讼泥潭，面临破产。

2014年4月3日，上海毅华金属材料有限公司以超日不能清偿到期债务，且资产不足以清偿全部债务、明显缺乏清偿能力为由，向上海市第一中级人民法院申请对超日进行重整。

[①] 本专栏由作者根据上市公司公告及相关公开报道整理。

问题重重

超日重组需要解决四大问题：一是债务问题，约60亿元债务，如果采用破产清算方式，债权清偿率估算为3.95%。二是财务重组，保证2014年净资产为正、利润为正，满足2015年恢复上市的基本要求。三是市场信誉恢复，包括在行业上下游产业链顾客的信誉，及在资本市场的信誉。四是持续经营，恢复正常经营，注入优质资产，实现可持续盈利模式。

破产重整

重整方案从三个方面入手破解难题，即债务处置、重组方引进和股权重组。一是债务处置。根据《中华人民共和国企业破产法》中的破产清偿顺序和相关规定，债务重整方案对于职工债权组、税款债权组全额受偿；有财产担保债权按照担保物评估价值优先并全额受偿，未能就担保物评估价值受偿的部分作为普通债权受偿；而普通债权20万元以下部分（含20万元）全额受偿，超过20万元部分按照20%的比例受偿。受偿的资金来源为转让股权、处置资产和借款。长城公司与上海久阳担保"11超日债"全额兑付。二是重组方引进。最终确定的不良资产的重组方由江苏协鑫、嘉兴长元、上海久阳等9方组成，其中江苏协鑫将成为未来上市公司的控股股东，负责生产经营并提供部分资金。江苏协鑫为协鑫集团境内投资平台，协鑫集团是中国最大的非国有电力控股企业、全球最大的光伏材料制造商、多晶硅材料供应商，是光伏行业全产业链布局的龙头，资产总额超过千亿元，具有雄厚的资金实力，有光伏行业的经验与资源积累，能够帮助超日摆脱财务困境、恢复正常运营。江苏协鑫承诺使超日2015年恢复上市，2015年、2016年实现净利润分别不低于6亿元、8亿元，并将以现金就未达到承诺部分进行补偿。而其他方则为财务投资者，主要提供资金支持。三是股权重组。超日将以现有总股本为基数，按照每10股转增约19.92股的比例实施资本公积转增股本，共计转增16.8亿股，合计总股本25.2亿股。该16.8亿股由全体出资人无偿让渡并由江苏协鑫等9位投资人有条件受让。投资人受让上述转增股份应支付的14.6亿元，以及超日通过出售境内外资产和借款等方式筹集不低于5亿元，这意味着所有股东整体无偿让渡66.7%股权。

控制权的重要性

债权大会召开前，经过长城公司与政府和监管部门及债权人沟通，估计有60%的债权人同意拟定的方案，很难达到2/3的比例。紧急情况下，长城公司收购7.47亿元非金融债权，债权会议通过比例为68.89%，其中长城公司所掌握的债权金额占全部同意债权金额的42.98%。

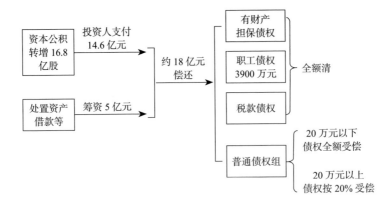

图 13.3　超日项目债权受偿情况

第14章　不良资产投资工具

工欲善其事，必先利其器。

——孔子《论语·卫灵公》

不良资产有债权、股权、实物等多种形态，因此债权、股权和实物类资产金融工具都可用于不良资产投资。本章重点阐述不良资产投资中其他常用工具：信托、基金、信贷资产收益权、夹层投资、过桥融资、特殊合约等。在不良资产投资中需要根据项目情况，有针对性地选择这些金融工具的组合。

不良资产信托

概念和功能

信托是委托人基于对受托人的信任，将其财产权委托给受托人，由受托人按委托人的意愿以自己的名义，为受益人的利益或特定目的，进行管理和处分的行为。信托作为一种特殊的财产管理制度安排，广泛应用于金融交易中。在不良资产处置领域，信托作为一种重要的工具，发挥重要功能。

财产转移

设立信托首先要将不良资产的财产权利转移到信托，因此对商业银行或资产处置机构而言，可以实现不良资产的权利和风险的全部转移，实现洁净出表。

风险隔离

信托财产要求独立性，不良资产信托项目与委托人、受托人和受益人的财产风险是相互隔离的，可以避免风险的传染。例如，在不良资产支持证券发行中，受托机构因承诺信托而取得的不良资产作为信托财产，是独立于发起机构、受托机构、贷款服务机构、资金保管机构及相关的中介机构，其收益归信托资产，且不受相关机构解散、撤销或破产的影响，从而实现风险的隔离。

多功能跨市场操作

信托工具可以运用贷款和投资等多种金融工具，投资实体企业和实物资产，既可在不良资产收购阶段使用，也能在不良资产处置阶段使用，是非常灵活的投资工具。信托工具可以对接货币市场、资本市场和实体企业，适应各种不同类型的投资者，是功能丰富的跨市场投资工具。

权利重构利于创设交易结构

信托制度中所有权与受益权可以分离，信托财产由受托人直接管理和支配，受益权利由法律和合同保障。以不良资产作为基础资产，通过信托架构可以重构收益与风险，重构所有权、控制权和受益权，因此可以灵活设计不良资产收购处置各参与方的权益要求，特别有利于复杂项目的重组或重整。

不良资产收购处置中信托工具的应用

目前，信托业务主要分为资金信托、服务信托和公益信托等，信托工具广泛应用于不良资产处置中。

不良资产信托计划

不良资产信托计划分为集合信托和单一信托。集合信托指由信托公司担任受托人，按照委托人的意愿，为受益人利益，将两个以上（含两个）委托人交付的资金进行集中管理、运用或处分的资金信托。单一信托指委托人只有一个的信托项目。不良资产项目中大多采用集合信托，可以筹集更多资金。

结构化信托

结构化信托指信托公司根据投资者不同的风险偏好对信托受益权进行分层配置，使具有不同风险承担能力和意愿的投资者通过投资不同层级的受益权来获取不同的收益，并承担相应风险的集合资金信托业务。结构化信托需要对不良资产包或项目的现金流动进行重组，设定优先权益和劣后权益，类似资产支持证券。

不良资产信托服务

在我国目前的不良资产支持证券和不良资产收益权转让业务中均选择信托模式，通过设立信托计划或特殊目的公司实现风险隔离。信托公司作为受托机构，提供不良资产信托服务：接受发行人委托，管理、运用与处分约定入池的不良资产；负责聘请法律、评级等中介机构出具意见；聘请评级机构对资产支持证券进行跟踪评价、委托商业银行担任资产保管机构；按法律规定披露不良资产支持证券相关信息。

事务信托

事务信托即开展不良资产收购处置过程中的事务代理，如代理催收、代理处置等。

不良资产基金

概念与分类

概念

目前市场上的不良资产投资基金主要是以不良资产为投资对象的私募投资基金，其基金管理人向特定的合格合伙人募集资金，寻找合适的不良资产作为投资标的，执行投资、实施投后管理，通过资产处置实现退出并将投资收益返还给投资人。

分类

从组织形成上看，不良资产基金有三种类型，公司制、契约制和合伙制。公司制指以有限责任公司或股份公司方式组织和运作的私募投资基金，其特点是法律形式完备，但设立程序复杂、运作成本高。契约制指当事人之间以专门的信托契约明确约定各自的权利和义务而设立的私募投资基金，类似于信托计划，但受监管限制。合伙制指根据合伙协议组成的私募投资基金，合伙制基金大多采用有限合伙形式，基金投资人以其认缴的出资为限对债务承担责任，普通合伙人通常担任基金管理人。由于设立方便、可以避免双重征税问题，以有限合伙形式设立私募投资基金是不良资产基金运作的主要方式。

从基金分级看，不良资产基金分为母基金和子基金。母基金，是一种专门投资于其他不良资产基金的基金。子基金，则是按业务、产品直接投资于不良资产的基金。资产公司均设立了投资于不良资产收购处置、并购重组、债转股类的母基金，并以此作为种子，扩大基金投资的规模。

运用基金处置不良资产的优点

扩大资金来源

不良资产处置需要大量长期的低成本资金，资产公司受资本监管限制，收购处置能力有限，通过基金方式可以吸收多元化、长期性、低成本的社会资金参与不良资产处置。

高效运作

基金运作方式可以按照不良资产项目运作的具体特点，针对机构、业务、项目的特殊需求，设计多方参与、多种金融工具融合、各方利益平衡的综合性解决方案，为项目注入各类资源，提升运作的效率与效益。

激励机制灵活

基金的设立比较简单，运作方式灵活，通过分层设计的利益分配机制能较好地调动参与各方的积极性，提升处置效率。

基金投资不良资产的模式

一般私募基金较多采用有限合伙制，比较常见的模式是一个一般合伙人作为基金管理者，出资份额为1%，承担无限责任；其他投资者为有限合伙人，合计出资份额为99%，承担其出资份额内的有限责任。比较典型的分配方式是基金管理者获得20%的收益，有限合伙人获得80%的收益，基金运作按出资额的1%至2%提取管理费用，用于基金日常运作。

不良资产基金一般也采用这种模式，主要是由资产公司等专业机构担任一般合伙人作为基金管理人，其他投资者作为有限合伙人。对于复杂的并购重组项目可以采用基金分层构架，满足不同投资者的收益和风险偏好，也可以采用双管理人结构，满足重组方和被重组企业不同的权利要求。这种复杂的交易结构设计能更好地适应并购重组或破产重整中利益关系复杂、重组方与被重组方都需要有控制权的情形，但必须平衡好各方的收益、风险与控制权的关系，确保项目的有效推进。

不良资产基金的投资领域

从不良资产基金投资的领域看，主要有债转股基金、产业并购基金、破产重整基金、纾困基金等。

债转股基金

债转股基金主要投资于市场化债转股项目，吸引银行理财等资金，一般由银行或资产公司与社会资本联合设立不良资产投资基金，投资债权转股项目，通过公开发行、企业回购、股权转让等方式退出。

产业并购基金

产业并购基金由资产公司作为一般合伙人设立基金管理公司，由产业资本作为有限合伙人，吸引社会资金参与，利用产业资本的行业优势，服务其行业并购，支持其做强做大，一般投资产业资本相关的产业链，通过与产业资本融合或整合方式退出。

破产重整基金

破产重整基金主要参与进入破产重整的程序的企业，重点是上市公司，通过收购破产债权、提供借款、支持重组方等方式介入破产重整。一般可设立多个基金，服务匹配投资者风险偏好与重整过程中的资金需求。

纾困基金

纾困基金主要参与上市公司股权质押融资出现的问题。股权质押是上市公司股东融资的重要方式，在股价波动的情况下，可能出现股权质押爆仓现象，为防止强制执行导致的市场连环风险传染，各地政府设立纾困基金，专门解决股权质押融资中的不良债权和不良股权。

不良资产基金的操作要点

投资者选择

不良资产基金的投资者主要包括一般合伙人和有限合伙人，一般合伙人作为基金发起人，承担基金管理者角色，需要专业经验、能力和市场影响力，一般由资产公司、地方资产公司、金融资产投资公司及知名投资机构承担。而有限合伙人需要提供资源、顾客和资金，可选择有并购需求的行业龙头企业、拥有资源和顾客优势的地方重点企业、拥有不良资产的金融机构等。由于不良资产项目风险较大，要按基金业协会的规定做好投资者筛选和风险教育。

投资标的

不良资产基金投资标的选择比较灵活，可选择收购资产公司对外转让的资产包，也可以收购金融机构转让的单项资产，还可以认购资产支持证券份额，参与债转股项目运作，参与破产企业重整，收购上市公司违约债券，参与上市公司并购等。

基金管理

在基金管理方面，不良资产基金管理人要发挥各方的优势，设计良好的组织架构，建立良好的风险管理体系，利用基金灵活的分配机制，借用外部处置机构及中介机构在市场调查、技术与产品研究、法律尽职调查等方面的专业能力，形成基金的核心能力和整合优势。

基金退出

不良资产基金投资要坚持"以退定投"原则，即在投资资产之前就设定投资退出的方式。不良资产基金项目退出的方式包括债权催收、资产重组、资产转让等，对债转股基金重点关注股权回购、上市、并购重组等退出方式。

不良资产收益权

背景与概念

为推动商业银行盘活存量资产，2013年，商业银行开始试点信贷资产流转业务试点，2015年中国银监会发布《关于银行信贷业信贷资产流转集中登记的通知》（银监办发〔2015〕108号），要求银行业金融机构开展信贷资产流转业务应实施集中登记。为进一步规范信贷资产收益权转让业务，2018年银监会发布《关于规范银行业金融机构信贷资产收益权转让业务的通知》（银监办发〔2016〕82号），将信贷资产转让业务的范围扩大到不良资产收益权的转让，并明确了报告产品、报备方法、交易登记、会计处理等方面的要求。之后又发布《信贷资产收益权转让业务规则（试行）》和《信贷资产收益权转让业务信息披露细则（试行）》，对信贷资产收益权转让的业务流程、风险控制和信息披露等进行了明确规定。

信贷资产收益权是以信贷资产为基础，通过合同约定创设的，由权利人在约定期间内取得就基础资产所产生的经济收益，包括本金、利息及其他约定款项的权利。信贷资产受益权是指以信贷资产为基础，法律规定的由权利人在约定期间内取得就基础资产所产生的经济收益的权利，如投资信贷资产的信托的受益份额。如果基础资产为不良信贷资产，就是不良资产收益权或受益权。

不良资产收益权的交易结构

在不良资产收购处置中，不良信贷资产收益权的交易结构一般采用信托计划模式，具体见图14.1。

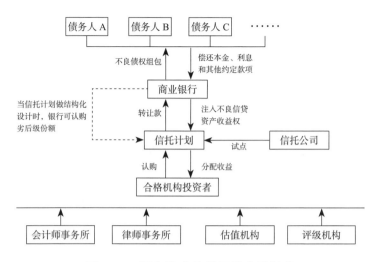

图 14.1　不良资产收益权的交易结构

　　选择拟转让收益权的不良信贷资产，由信托公司设立信托计划，将不良信贷资产的收益权转让给信托计划，获得转让款，由合格投资者认购信托计划份额，商业银行受托处置不良资产获得现金，向信托计划交付不良资产收益，信托公司按约定向投资者分配信托收益。如考虑结构化设计，可将信托计划进行分层，由投资者认购优先级，商业银行认购劣后级。

夹层投资

概念与特点

夹层投资的概念

　　夹层，最早用来指高收益债券与投资级债券之间的一个债券等级。夹层投资是在夹层概念基础上，演变的一种介于优先债权与股权之间的投融资方式。从企业或项目融资角度看是夹层融资；从投资者角度看是一种介于优先债权与普通股之间、兼有债权和股权特性的投资方式。夹层投资在权利结构层次方面，在优先级债权之后，在次级债权和普通股之前，常见的可转债、附有认股权证的次级债、可赎回优先股等均属于夹层投资。

夹层投资的特点

与一般的股权和债权投资比，夹层投资有如下特点：一是权利灵活，由于夹层投资可以针对企业或项目特点，利用股权和债权两方面的特点，设计股债结合的权利结构，具有较强的灵活性，广泛应用于风险项目投资、管理层收购、并购重组、问题资产重整等方面。二是期限灵活，相对银行流动性贷款而言，夹层基金的期限可与项目运作期限匹配，可长可短。三是有利于保持治理结构的相对稳定，在投资者行使转股权之前，不改变股权比例和治理结构，夹层投资者一般可能仅获得受限制的董事会席位，可参与会议获得知情权，可提供咨询建议，但往往没有决策的投票权。四是对投资者的多方面保护权，由于夹层投资者承担较高的风险，一般会要求在协议中设置若干保护条款，如强制还款、提前偿还、赎回、可转让、限制公司债务等条款，有利于保护投资者的权利。

夹层投资的收益与风险

夹层投资的收益

夹层投资的收益：一是债权收益，通常表现为利息或资金占用费；有固定利率，也有浮动利率，即在某一基准市场利率（如同期国债利率、Shibor）基础上的加成；债权收益的水平取决于附加的股权权利及风险状况，若附加的认股权或转股权价值较大，债权利率可能低于一般债权收益水平；相反，若附加的认股权或转股权价值较小或没有这类权利，债权利率水平会高于一般债权收益水平。二是股权分红，这取决于企业或项目的盈利能力及分红政策，不确定性较大。三是股权升值收益，也就是认股或转股后股权价值的增加，对于可转债及管理层收购等类项目，收益主要来自股权升值。

夹层投资的风险

夹层投资既承担债权的信用风险，又承担股权的市场风险，其风险主要表现为：一是违约风险，即融资企业或项目不能按约定偿还债务本息及履行相关约定条款的风险。二是企业或项目经营风险，主要指受顾客、技术、公司管理等因素影响，企业或项目经营状况不能达到投资者的预期，甚至经营失败的风险。三是市场风险，主要是由于金融市场、特别是资本市场的影响，企业或项目的股权价格低于投资者的预期产生资本升值不达标，甚至出现损失的风险。

不良资产夹层投资模式及操作要点

不良资产夹层基金的分层

不良资产夹层投资一般采用基金运作模式，对于特定的不良资产项目或不良资产包，设立一个夹层基金，将投资分三个层次：优先级投资，主要面向银行理财、保险资金等低风险偏好的投资者，获得固定收益，本金损失风险较低；夹层投资，主要面向信托等高净值有一定风险承受能力的投资者，获得高于优先级的利率水平，还可以分享部分浮动的收益，但收益的不确定性较大；劣后层投资，一般为资产公司等拥有专业经验的投资者，获得不确定的超额收益。

不良资产夹层投资操作要点

一是项目选择。在不良资产投资中，可选择有重组或重整价值的企业或项目进行投资，主要有：金融不良资产包；开发阶段陷入困境，不具备向银行申请贷款条件的房地产项目；矿产资源企业在获得矿产开采证之前，无法从银行取得贷款出现流动性困难时；违约债券重组；违约股权质押融资项目；行业龙头企业的并购重组项目等。

二是转股或认股条款。夹层投资中往往涉及债权转为股权的权利，或者附有认股权证。在转股条款方面，要关注转股的条件和转股的价格；在认股权证方面，要关注行权价格、回售、随销售、反稀释等条款；如设定有夹层投资者与控股股东或其他投资者有共同投资目标公司的权利，要关注其权利的约束条款及行权条件。

三是投资者保障条款。由于夹层投资大多未设定抵押或质押，所以需要约定事项保护投资者，常用的有提前偿还、强制还款、对外转让、参与治理、赎回、再融资、财务比率约束等条款。如提前偿还条款可约定不允许公司提前偿还债务，如要提前偿还必须支付溢价，主要防范再投资风险；强制还款可以约定公司资本净额低于某一约定数额就必须还款，可以防范信用风险；参与治理条款可约定夹层投资者在公司董事会安排观察员席位，对公司重大经营及投资活动具有知情权。

四是收益分配。夹层投资最大的优势在于对风险收益的匹配，因此需要对不良资产项目的收益水平及可能区间、现金流回流时间等进行分析测算，并以此为基础安排各分层的收益，可考虑基本回报率，或采取浮动收益，也可考虑是否封顶，是否加入期权因素。

五是明股实债。由于夹层投资兼具股权和债权的性质，在实务操作中会遇到明股实债问题，如约定回购条款的股权融资。根据中国基金业协会的定义，明股实债，是指投资不与被投资企业的经营业绩挂钩，不是根据投资收益或亏损进行分配，而是向投资者提供保本保收益承诺，根据约定定期向投资者支付固定收益，并在满足特定条件后由被投资企业赎回股权或者偿还本息的投资方式，常见形式包括回购、第三方收购、对赌、定期分红等。判断明股实债的核心要件不是其法律形式，而是其经济实质，是取得固定回报还是剩余收益，是否参与公司治理，是承担信用风险还是市场风险。

过桥融资

概念和特点

过桥融资的概念

过桥融资指在一个已确定的融资项目之前需要的短期的过渡性融资，一般实现融资后用融资的款项或股权份额抵偿。狭义的过桥融资仅指公司在公开发行、配股、增发或私募融资前为确保经营和融资活动顺利推进所进行的短期融资行为。期限通常在一年以内，一般由商业银行提供贷款、证券承销商或私募投资者提供资金，通常用公开发行的股票或私募投资的股权支付。广义的过桥融资还包括过桥贷款，即债务企业申请一笔新的银行贷款，已获审批通过但未发放之前，由第三方提供过桥资金归还债务企业现存的银行贷款，银行发放新贷款归还过桥资金。本部分内容仅讨论狭义的过桥融资。

过桥融资的特点

过桥融资区别于一般股权和债权融资：一是期限短，该融资期限一般为6个月，最长不超过2年。二是利率高，一般利率水平是中央银行基准利率或同期商业银行贷款利率的2~3倍，可以用固定利率，也可以用浮动利率，如同业拆借利率上加一定的基点，具体受市场利率和项目融资风险影响。三是可以用股权或股票支付，常见的方式是融资企业给投资者一种股权或股票的选择权，投资者有权选择将融资企业的债务按约定的时间及价格等条件转成股权或股票。

不良资产项目过桥融资的方式

在实务操作中，商业银行可以发放贷款，因此直接向债务企业进行过桥融资。在不良资产并购重组及破产重组项目中，资产处置机构需要向债务企业或重组方提供过桥融资，过桥融资的方式很多，重点介绍信托方式和基金方式。

信托方式

信托方式指资产处置机构通过信托公司，用信托贷款的方式向融资方提供资金，双方依据信托合同规定融资中的权利和义务，约定收益取得方式、风险控制措施和退出方式等。

基金方式

基金方式指通过设立基金，资产处置机构担任一般合伙人和基金管理人，向社会投资者募集资金，通过有限合伙基金向债务人或重整方提供融资，并要求以债务人或重整方拟获得的一部分股权作为对价支付，或者拥有一定价格购买一定份额股权的优先权。

不良资产过桥融资的操作要点

做足尽职调查

过桥融资兼有债权和股权两种性质，因此在尽职调查时既要按债权的要求分析企业信用状况，又要按股权的要求预测企业的经营发展前景，需要更全面更详尽地掌握企业及所在行业的状况及竞争趋势。

关注还款来源

过桥融资首先是服务于企业再融资的，因此需重点关注再融资的来源是否可靠，企业上市、增发、配股等再融资方案的可行性及相关法律文件的完备性，是否得到中国证监会的核准，企业公司治理是否完善，企业管理层的信誉及能力，企业上市及再融资后的资金使用安排。

研究平衡收益模式

过桥贷款既可设定债权的固定收益，又可以设定股权的价差收益，需要在两种收益之间达到平衡。

严格风险控制措施

能否提供有形和无形资产作为抵押品是融资的关键问题，由于过桥融资往往没有抵（质）押品，或者是较难设定登记的抵（质）押品，如尚未发行的股票，因此，需要设计严密的风险控制措施，对融资企业进行控制，如董事会的观察席位、对重大经营及财务事项的否决权、违约后的退出权利等。

对赌协议

由于不良资产交易的复杂性，在综合运用各种金融工具的同时，还需要设计一些用于控制不良资产交易过程的特殊条款，常用的方法是对赌协议。

对赌协议的概念

对赌协议也称估值调整协议，指投资方与融资方在达成协议时，双方对于未来不确定情况的一种约定。如果约定的条件出现，投资方可以行使一种估值调整协议权利；如果约定的条件不出现，融资方则行使一种权利。对赌协议实质是一种期权，在不良资产并购重组或破产重整项目中经常采用，对赌的主要内容是拟重组上市公司未来业绩、复牌价格及时间，包括估值调整、业绩补偿条款与股权回购等条款。

不良资产并购中运用对赌协议的操作要点

合理确定对赌对象

常用的对赌对象，包括利润、销售收入、利润率等财务指标，技术改造、专利权取得或高新技术企业认定等生产指标，引进战略投资者，锁定管理层，上市或恢复上市等。

科学选择对赌工具

常用的对赌工具包括股权调整、货币补偿、股权回购、新股认购权及价格、可转换优先股和可转换债、投资人的利润分配优先权和公司清算时的剩余财产分配优先权、公司治理席位、对投资方或者目标公司实际控制人投票权给予特别优待或限制、反稀释条款等。

审慎确定对赌估值

对赌协议中对并购对象或债转股企业设定的业绩目标要符合实际并相对可控，可设置必要的兜底条款或免责条款。同时，要明确业绩目标确认的程序和要求，明确审计机构及会计准则。

设定合理的退出安排

不良资产并购和债转股项目的关键环节是退出，因此要设计好回购、上市及退出的条件，确保项目的按期退出。

防范对赌协议的风险

对赌协议是风险较高的工具，包括诸多的商业风险和法律风险，在使用时首先要保证对赌协议的合法性和有效性。

第 15 章　不良资产投资策略

傻瓜会说："不要把你的鸡蛋全放在一个篮子里。"但是，智者会说："把你的鸡蛋全放在一个篮子里，同时切记看好那个篮子。"

——维纳什·迪克西特，
巴里·奈尔伯夫《策略思维》

投资策略是在某一领域投资时需要把握的方向性或模式性的问题，投资策略可通过投资产品的类别选择来定义，如特殊机遇策略、房地产策略等。本章将投资策略定义为不良资产投资中资产配置和资产选择的方式或方法及其组合。

不良资产投资与其他投资一样，需要作出两类决策：一是资产配置，即资金如何在债权、股权、实物等大类不良资产上进行分配，还包括资产在区域、期限、收益、风险等方面的配置，如黑石集团将其资产比较均衡地配置在私募股权投资、房地产、对冲基金和信贷四大类资产上。二是资产选择，即在确定大类资产配置后如何选择特定资产。投资策略就是确定资产配置和资产选择的方式和方法的一种组合，它是确定投资方向或投资组合的依据和原则，包括按一定标准对资产进行分类、对资产的收益与风险进行权衡。

制定投资策略需考虑的因素

顾客需求

不同投资者风险偏好有差异，对投资回报要求不同，就需要不同的投资策略。例如，主权基金投资期限长、资金量大，一般希望配置以房地产抵押为主的可以长期持有的资产；捐赠基金，如美国高校的投资基金，追求高收益的长期投资，配置较高比例的另类资产；对冲基金偏好高风险资产，投资策略较激进，如桥水基金在金融危机发生后大量买入不良资产，待市场趋稳、价值恢复后出售；并购基金追求高收益，投资策略上专注于高风险市场，如橡树资本不良资产业务主要投资高收益债券和可转换债券，占据美国高收益债券近1/3的市场份额。

资金成本

资金成本或者投资者要求的回报率是影响投资策略的重要因素。资金成本高，投资策略就必须激进，需投资能够提供高额回报的重整或重组项目，更多选择价值更容易挖掘的单个项目。例如，一些不良资产基金融资时给投资者的承诺回报率达15%以上，其选择项目的内部回报率要求达20%以上，只能选择可以融合或整合资源的单个项目。资金成本低，投资策略就可以稳健，就可以选择投资资产包，经过分类整理后再分包转让，收益率低一点也可以处置。例如，资产公司的平均资金成本约为6%，其重点是不良资产批发业务。外资基金由于资金成本更低，投资策略上更加重视长期的具有内在价值的项目。

投资期限

商业周期一般8~10年完成从衰退到扩张，金融危机大约10年一次，如1998年发生亚洲金融危机，2008年发生国际金融危机，有些产业、行业周期可能时间更长。如果专注周期性机遇，就需要较长的投资周期。如果投资期限短，投资策略就需要考虑变现性较强的资产，如以房地产作为抵押品的债权，或者以上市公司股票质押的债权等；而像保险资产管理公司由于资金保本要求高、期限长，因此投资策略相对稳健，一般投资风险较小且有固定收益回报的产品，如不良资产支持证券的优先级。

专业能力

机构投资者制定策略还需要考虑自身的资源和能力。例如，黑石集团从收购处置美国储贷危机中第一汽车旅馆公司特许经营权起步，建立起特许酒店经营的核心能力，之后将这一能力拓展到与房地产领域相关的不良资产收购处置中，并逐步扩张到房地产领域的夹层债权投资、资产重组、债权及股权投资、抵押贷款收购，并设立房地产特殊机遇投资基金，在全球拓展业务，如2019年在英国伦敦投资公寓，投资额达46亿英镑，这仍是其酒店经营核心能力的拓展。

逆周期策略

基本策略

根据不良资产的逆周期特征，最佳选择就是逆周期策略，即下行周期收购，上行周期处置。在经济衰退期或者下行期收购、储存、整理不良资产，在经济扩张或者上行期处置资产、回收价值。这一策略对不良资产、问题机构和问题实体企业均适用。

对不良资产的策略是"不良时收购、重组后处置"。在经济下行阶段，收购金融企业及非金融企业不良资产，减少金融企业不良资产，减轻实体企业流动性困境，化解金融和信用风险。对收购的不良资产，等待价值修复的同时，通过重组、债转股和破产清算等多种投资银行手段处置，提升资产价值，在经济上行时转让出售，回收资产价值。

对问题金融机构的策略是"出险时救助，修复后退出"。收购或托管经济金融下行期出现问题金融机构，对其进行资产清理、注资、重整、重组等一系列综合措施对其进行救助，在救助完成，问题金融机构业务经营恢复正常后转让股权退出。

对问题实体企业的策略是"困境时重整、盘活后退出"。债务企业受经济下行影响，销售下滑、现金流减少、净值下降，无法按期偿还贷款本息，若实施债转股、债务重组、资产重组等方式处置，可较快改善资产负债结构，在为实体企业注入流动性的同时，化解其经营风险。在债务企业通过重组、治理改善等举措运营效率提升后，在经济恢复上行后退出。

具体策略

规模策略

规模策略指在经济下行期依靠扩大不良资产收购管理的规模，储备不良资产资源，取得低成本的竞争优势。如资产公司在经济下行周期通过增加负债、增加不良资产收购总量。

扩大规模的基本方式就是通过杠杆融资扩大资产收购规模，提高投资回报率。如KKR[1]在不良资产领域，先实施杠杆收购策略，后从事杠杆信贷策略，投资包括杠杆信贷、高收益债、夹层融资等业务。其基本做法是交易结构中10%~20%为股权融资，80%~90%为债务融资。通过杠杆收购加管理层收购模式从事并购业务，一般订立比较严格的还款条件，管理层债务压力巨大，改善管理、提升绩效、回收现金流的动力充足，效果也比较好。截至2017年末，KKR杠杆信贷策略共管理资金248亿美元。

平衡策略

平衡策略指在判断经济处于衰退周期，资产价格被严重低估时，快速加大对各类不良债权、股权及物权的投资额度，实施全面投资，依靠大数法则和规模取胜的策略。当判断经济处于扩张周期，资产价格出现泡沫时，则快速出清已持有并经过整理和重整的不良资产，回收资产价值，储备资金，准备投资下一周期。

平滑策略

平衡策略看似完美，但准确判断经济周期波动确非易事，因此就需要对平衡投资策略进行修正，采用平滑策略，即在明确经济处于下行周期，资产价格下跌时，逐步加大投资不良资产的额度，对不良资产实施分类和整理，等待经济周期的反转，如经济开始上行，逐步出让持有的不良资产，回收资产价值。这一策略的收益可能低于平衡策略，但却较好地规避了判断复杂周期波动拐点的巨大风险。

控制型策略

控制型策略主要从有利于重整或重组实施角度考虑，在破产重整或其他重组中，通过收购债权或股权及签订协议等措施对困境企业实施控制，取得项目的控制权或主导权，其收购或重组更多采用长期性投资。

---

[1]　KKR 是 Kohlberg Kravis Roberts & Co.L.P. 的缩写，即科尔伯格·克拉维斯公司。

非控制型策略

非控制型策略适宜于一般的投资，对收购或重组的债权或股权经过分类、整理后直接对外转让或出售，不寻求控制企业，更多是短期性、财务性投资，阶段性持有股权。

实施逆周期策略的关键

逆周期策略是一个理想的不良资产投资策略，其实施的难点在于如何判断宏观经济运行的周期波动，通常用GDP增长率的波动来衡量。但影响GDP变动的因素较多，除了周期性因素外，还有结构性因素、外部因素、技术革命、人口因素等，这些因素对经济增长的影响是单向的或者复杂的。例如，2013年以来中国经济的下行是增长速度换挡期、结构调整阵痛期和前期刺激政策消化期"三期叠加"作用的结果，很难说是单纯的周期性经济下行。与判断周期相关，还有一个周期转变的拐点问题，下行周期收购，上行周期处置，关键是要找到周期转变的时间节点，虽然有很多模型，但要准确预测和把握还是非常困难的。例如，阿波罗和橡树资本均坚持逆向投资，在2000年互联网泡沫、2007年次贷危机、2011年欧洲债务危机三次周期性危机中，均在经济下行周期阶段增加不良资产业务配置，实现了业务的快速增长，获得了非常高的回报。

专注策略

专注策略强调专注于不良资产市场的某一领域或某一细分市场，而不是收购处置的规模。

专注策略的类型

专注细分市场策略

不良资产市场，或者更广义地说另类资产市场，也可以区分为很多细分市场，如房地产市场、困境信贷市场、特殊机遇投资、高收益债等，作为投资策略，可以选择一个或几个市场，专注于这个细分领域，培养核心能力。例如，浙江银谷投资公司专注于融资租赁不良资产市场。国际著名的另类投资机构在不良资产投资中通过设立专门基金的方式，专注于细分市场领域，具体见表15.1。

表 15.1　　　　　　　　国际著名机构另类投资市场细分情况

另类投资机构	不良资产基金	细分市场
黑石集团	战术机遇私募股权、特殊机遇房地产、困境信贷、能源特殊机遇信贷投资	房地产市场 信贷市场
橡树资本	困境信贷、房地产机会投资、欧洲机会投资、能源机会投资、特殊机遇投资、新兴市场机会投资	房地产市场 信贷市场
KKR	房地产特殊机遇投资	房地产市场
阿波罗	特殊机遇信贷投资	信贷市场
凯雷	特殊机遇信贷投资、困境信贷投资	信贷市场
战神	高收益债	债券市场

专注行业策略

与关注市场细分领域不同，专注于熟悉的行业，综合运用多种手段在这个行业深耕，也是不良资产投资的一项策略。例如，凯雷投资集团专注于投资最熟悉的行业，包括航空、防务与政府服务、消费与零售、能源与电力、金融服务、医药保健、工业、基础设施、房地产、科技与商业服务、电信与传媒以及交通运输等。如果公司规模小，也可以只专注于更少的行业，甚至只专注一个行业。

专注能力策略

该策略指在不良资产投资中专注于公司或团队的核心能力，围绕核心能力拓展业务。例如，橡树资本的核心能力是信用分析，特别是对高收益债券的违约概率及违约损失率有深入的研究，积累了丰富的经验，因此专注于信用市场，专门从事固定收益业务。其投资中债权占比较高，股权投资通常作为债权投资的附属品。不良债权基金的数量和规模在其封闭基金中比重最高，而不良债权投资中也特别强调以房地产作为抵押物的项目。再如，融创公司坚持在房地产领域实施并购重组，其通过并购获得项目的比例远高于通过招投标取得的项目。构建核心能力专注于核心能力是资产公司的取胜之道。例如，美国贝莱德公司的核心能力是以阿拉丁系统为标志的风险管理能力及投资分析能力，KKR的核心能力是杠杆并购，博龙资本的核心能力是不良贷款及"投资+管理"。

专注长期策略

专注长期策略指对投资标的设定较长的持有期，一般为10年以上。例如凯雷集团2015年设立30亿美元基金，期限20年，专注于投资基本面持续优秀，但3~5年内无法上市退出的优质资产。

专注策略的实施

专注策略的实施需要一个持续的过程，需要在实施中发现问题、不断更新和调整。

以点带面

以点带面即从某一市场的某一领域出发，逐步向该市场的其他领域拓展。例如，橡树资本在房地产市场的策略，开始是房地产机遇投资策略，即直接收购房地产资产，或者收购拥有大量房地产资产、被市场低估且发展前景良好的房地产企业；2012年拓展至房地产信贷策略，即投资商业地产抵押支持证券，提供商业及住宅按揭贷款、夹层贷款和商业信贷；2016年又建立房地产收益策略，投资具有长期增值潜力的高质量房地产，以稳定风险调整后收益。

战略定力

市场在不断地变化，不良资产市场不仅受基础市场的制约，也受自身市场供求及竞争结构的直接影响。实施专注策略需要在变化的市场中坚守已确定的方向和措施，这需要强大的战略定力。

核心能力

规模扩张策略需要较强的管理能力，特殊机遇投资需要发现和识别独特投资机会的能力，逆周期策略需要把握经济周期波动的能力，专注行业策略需要积累所投资行业的知识和经验。

平台策略

平台策略的概念

不良资产投资的平台策略指基于平台战略，通过搭建平台连接两个以上的不良资产市场参与者，为他们提供信息、交易等互动交流机制，并从中盈利的投资策略。不良资产平台一般是将不良资产收购处置价值链的某个关键环节整合出来，构建可以不断演化生长的"生态圈"。例如，阿里拍卖金融资产频道将资产处置机构如商业银行的不良资产项目信息在互联网公开发布，利用淘宝网巨量的客户流量，开展营销，促成交易，其实质是将不良资产营销展示及交易环节构建为平台。

平台策略类型

平台策略主要有以下几种类型：交易平台、信息平台和综合平台。

交易平台

交易平台指围绕不良资产交易的某些环节搭建的平台，如黑石集团收购GSO资本公司，建立了目前全球规模最大的另类信贷平台，产品包括夹层基金、不良资产基金、多策略信贷对冲基金、贷款抵押证券等，主要业务向需要流动性或资产负债表需要重组的企业提供融资服务，收购陷入困境的企业资产和因市场错配被错误定价的正常债权。

信息平台

信息平台主要指提供不良资产及其相关企业信息，为投资者尽职调查服务的平台，如搜赖网就是专注于构建提供信息平台。

综合平台

综合平台指提供信息、交易、服务等多方面功能的综合性平台，如阿里的资产频道，提供不良资产信息展示、营销、交易、中介服务等多种综合性不良资产服务。

平台策略实施的要点

一是有能力累积巨大规模的用户，如阿里、京东凭借已有顾客优势介入不良资产市场。二是提供给用户的服务黏性强，如不良资产信息发布方面，由于阿里流量大，客户多，资源丰富，价格较低，能吸引客户多次重复交易，目前四大资产公司及大多数地方资产公司均成为阿里资产频道的常驻客户，经常发布资产处置信息。三是能实现互惠互利、合作共赢。

特殊机遇策略

特殊机遇策略的概念

特殊机遇策略指专注于寻找市场出现的特殊机会或事件进行投资的策略。特殊机会一般指流动性严重短缺、导致资产价格严重背离价值、具有较大升值空间的特殊机会；特殊事件主要指违约债券、资本市场的重大事件、某公司的重大不利状况等严重影响资产价格的事实或事件。

特殊机遇策略的种类

不良资产的特殊机遇策略主要有两类，交易策略和对冲策略。

交易策略

交易策略指以参与不良资产相关产品的交易获得收益为目的的策略。一般可采用购入策略，即买入价值严重低估的资产，通过持有、重组、重整等待价值恢复后再转让获得收益。也可以对资产价格严重背离价值的资产，通过期权方式投资，如预期价格下跌，买入看跌期权或卖出看涨期权。

对冲策略

对冲策略指通过金融衍生品交易对冲不良资产投资者不愿意承担的那一部分风险。如外资用美元投资人民币计价的不良资产，可通过远期外汇合同、外汇期权交易等套期保值工具对冲汇率变动的风险。

实施特殊机遇投资的关键

一是长期高度关注细分市场，只有掌握市场的趋势及动态，才能在出现机遇时快速作出判断。房地产并购市场、违约债券市场、股票市场、破产重整市场是特殊机遇较多的市场。二是坚持价值投资理念，特殊机遇投资者只有做好价值分析，才能把握价格低于价值的机会，也才能坚持持有和重整，等待价值恢复。

融合策略

融合策略的概念

融合策略指在整个大类资产配置中，将不良资产或另类资产作为与股票、债券、现金资产并列的一类资产进行配置的策略。这一策略综合性强，将不良资产投资融入整个资产配置之中，能提高资产配置的收益水平。

融合策略的种类

美林时钟

这是基于宏观经济周期的投资策略，其基本做法是，依据基本经济数据的分析，将资产、行业轮动、债券收益率曲线等与经济周期相关联的四个阶段联系起来，根据经济周期的阶段特性来配置资产。与逆周期策略不同的是，逆周期策略将资产集中在不良资产领域，而美林时钟是基于周期波动配置所有资产类别。

全天候策略

这是桥水基金采用的策略，其特点是不对未来作出预测，对各个资产类别平均分配风险，因此无论是经济增长或衰退，基金组合不会受到某一风险因子的影响而表现不佳，而总有资产类别会获得出色的表现，基金的平均收益能超越市场平均水平。

保险策略

保险策略指将一部分资金投资于无风险资产，从而保险资产组合获得最低的回报，剩余资产则投资于风险资产，并附着市场的变动调整无风险资产与风险资产的比例，调整风险资产中不良资产或另类资产的比例。

行业融合策略

行业融合策略指在某一领域，如房地产、基本建设投资、能源等领域，在配置优质资产的同时配置不良资产，通过优质资产来整合不良资产，提升不良资产效能。这是不少行业领导者设立并购基金的基本策略。

第16章 不良资产市场监管

魔高一尺，道高一丈。

——格言

不良资产市场监管是一个正在不断完善的监管领域，随着不良资产市场的开放，不良资产监管将逐步走向统一。

对不良资产市场的监管主要有四个方面：机构监管、行为监管、信息披露监管和外资参与监管。机构监管是对机构准入、业务范围、资本充足性、高管资格等方面的监管，主要包括对资产公司、地方资产公司、金融资产投资公司等市场主体的监管；行为监管是对不良资产交易如转让过程中参与各方行为的规定，如通过禁止相关知情人参与防止内幕交易等；信息披露监管对不良资产交易过程中应披露信息提出要求，如不良资产证券化中的信息披露规范；外资参与监管主要是对外资参与的不良资产市场的方式及交易使用外汇等的监管。为了阅读的方便，本章将机构监管中的资产公司监管、地方资产公司监管、金融资产投资公司监管的内容分别单独叙述。

资产公司监管

对资产公司的监管包括机构准入、资本监管和业务监管。

机构准入

资产公司的设立须经国务院批准，由人民银行向资产公司及其分支机构颁发经营许可证。中国银监会设立后，由中国银监会实施监管。资产公司在成立时设立的办事处，完成股份制设立后改为分公司，资产公司没有再设立新的分公司。资产公司控股的银行、证券、保险等其他金融机构则按分业监管原则由接受相关监管机构监管。

资本监管

历史沿革

政策性时期，资产公司资本由财政划拨，不良资产对口接收，资金来源主要是人民银行再贷款及专项金融债券，不需要资本监管。商业化转型期，资本监管的重点是控制资本金投资的比例。随着资产公司基于不良资产业务，构建起包括银行、证券、保险、信托、租赁等在内的多元化业务平台，事实上成为金融控股集团后，就需要实施资本监管。2011年，中国银监会印发《金融资产管理公司并表监管指引（试行）》，将资产公司视为金融控股集团，采用定性和定量两种方法实施并表监管。定性监管主要是针对集团的公司治理、内部控制、风险管理等因素进行审查和评价。定量监管主要是针对集团的资本充足性和杠杆率，以及大额风险、流动性风险、重大内部交易等状况进行识别、计量、监测和分析，进而在并表基础上对集团的风险状况进行量化评价。2012年，中国银监会出台《金融资产管理公司非现场监管报表指标体系（试行）》，明确资产公司母公司资本充足率不低于12.5%，母公司杠杆率和集团合并财务杠杆率不低于6%。2014年，《金融资产管理公司监管办法》发布，强化对金融集团的特有风险监管要求，明确由中国银监会负责集团母公司和集团层面监管，要求资产公司将集团层级控制在三级以内，并提出集团资本监管的三个层次要求。2016年，中国银监会修订《金融资产管理公司非现场监管报表指标体系》，在充分借鉴银行资本监管最新制度基础上，结合资产公司业务特点，提出建立起多层次的资本充足要求，涵盖了集团各层级附属机构。2017年《金融资产管理公司资本管理办法》发布，借鉴《巴塞尔协议Ⅲ》和《商业银行资本管理办法（试行）》，结合资产公司集团监管要求，构建了集团资本监管的框架。

监管内容

一是构建"三大支柱"。第一支柱资本要求，在资本监管上将资产公司资本监管分为母公司和集团两个口径，母公司核心一级资本充足率、一级资本充足率和资本充足率分别不得低于9%、10%和12.5%；集团强调合格资本、最低资本和超额资本，并将集团附属非金融机构纳入资本计量。第二支柱监督检查，明确附加资本要求和内部资本充足性评估要求，根据资本充足状况将资产公司分为三类，采取不同的监管措施，对杠杆率或集团财务杠杆率不达标的资产公司也提出了特别的监管措施。第三支柱是信息披露，规定资产公司应当通过公共渠道，向投资者和社会公众披露相关信息的内容和频率。

二是实施集团监管。在经营不良资产业务的母公司层面，采用类似商业银行的资本监管模式。在集团层面，分三个层次实施金融控股集团混业资本监管，第一层次即单一机构监管，母公司、金融子公司需遵照各自分业监管机构的单一资本监管要求；第二层次即同业并表监管，即银行业子公司、证券业子公司、保险业子公司应当分别满足相关监管机构的资本监管或偿付能力的并表监管要求；第三层次是集团补充资本监管，将集团母公司、金融子公司和非金融子公司分别在并表的基础上计量资本进行加总，剔除重复计量和重复扣除后的集团资本也要符合监管要求，即集团超额资本不得低于零。集团超额资本是集团合格资本净额与集团最低资本要求的差额。

三明确杠杆率计量方法。一方面，从总量上规定了最低杠杆率，母公司杠杆率不得低于6%，集团财务杠杆率不得低于8%。另一方面，从结构上限制衍生品、交易资产、表外项目和表外管理资产，将衍生产品资产、证券融资交易资产、表外项目、集团表外管理资产等计入杠杆率计算公式的分母，限制资产公司盲目扩大这类业务。

四是差异化的资产风险权重。对各类资产的信用风险设置了差异化的风险权重，引导资产公司将业务的重点放在不良资产主业。资产公司不良资产相关业务风险权重见表16.1。

表 16.1　　　　　　　　　　资产公司不良资产相关业务风险权重

单位：%

项目	权重
6　对一般企（事）业单位和个人债权	
6.1　收购金融不良资产形成的债权	
6.1.1　批量收购金融不良资产形成的债权	50

续表

项目	权重
6.1.2　其他形式收购金融不良资产形成的债权	75
6.2　收购非金融不良资产形成的债权	100
6.3　其他对一般企（事）业和个人单位的债权	150
7　股权投资	
7.1　对金融机构的股权投资（未扣除部分）	250
7.2　因政策性原因形成的对工商企业的股权投资	100
7.3　围绕不良资产开展的追加投资	150
7.4　市场化债转股	150
7.5　对工商企业的其他股权投资（未扣除部分）	400
7.6　对有控制权但未并表的工商企业的股权投资	800

五是实施分类管理。依据资本充足水平将资产公司分为三类，对不同类别的公司实施不同监管措施，详见表16.2。

表 16.2　　　　　　　　资产公司监管分类及监管措施表

类别	资本充足率要求	监管措施
第一类	满足集团超额资本、资本充足率、一级资本充足率和核心一级资本充足率最低资本要求和附加资本要求	支持稳健发展，监管主要是预警，防止资本充足率水平快速下降。措施包括原因分析、制定计划和提高风险控制能力
第二类	满足四个层次最低资本要求，但未达到附加资本要求	上述措施之外，采取高管审慎性会谈、印发监管意见、限期达标计划、排查附属公司资本、提高监管频率、强化风险缓释措施、限制分红、限制高管激励、限制股权投资、限制资本支出、控制风险资本增长等
第三类	四个层次有任意一项的最低资本要求没有达标	上述措施外，采取要求大幅降低风险资产规模、停办全部高风险业务、限制或禁止新设机构开办新业务、对非普通股的资本工具进行减记或转为普通股、调整高管或限制其权利、实施接管或促成机构重组

若不能达到最低资本要求，将被视为严重违规和重大风险事件，中国银保监会将采取严厉的监管措施，甚至直至撤销机构。对资产公司的资本监管实行"分类管理、分类施策"的模式有利于增强资本监管的针对性、有效性和可操作性，资本充足水平与监管力度反向操作的设计，形成了激励相容的监管机制，提高了资本监管的精准性和有效性。

【小贴士】 金融资产管理公司监管法规 ↘

1.《金融资产管理公司条例》(国务院令第297号)

2.《关于金融资产管理公司监管工作有关问题的通知》(银发〔2000〕302号)

3.《关于加强资产管理公司监管工作的意见》(银监发〔2005〕10号)

4.《中国银监会关于印发〈金融资产管理公司并表监管指引(试行)〉的通知》(银监发〔2011〕20号)

5.《金融资产管理公司监管办法》(银监发〔2014〕41号)

6.《中国银监会关于印发〈金融资产管理公司资本管理办法(试行)〉的通知》(银监发〔2017〕56号)

业务监管

业务范围

1999年四家资产公司成立后，依据《金融资产管理公司条例》的规定，资产公司在其收购的国有银行不良贷款范围内，管理和处置收购国有银行的不良资产，主要业务为：追偿债务；对所收购的不良贷款形成的资产进行租赁或者以其他形式转让、重组；债权转股权，并对企业阶段性持股；资产管理范围内公司的上市推荐及债券、股票承销；相关的融资及咨询评估等。

2004年，随着资产公司政策性资产处置目标接近实现的情况，财政部发文明确资产公司可以开展商业化收购不良资产、追加投资、委托代理三项新增业务，商业化收购不良资产的范围是境内金融机构不良资产。2012年，《金融企业不良资产批量转让管理办法》规定，只有资产公司和省级地方资产公司可以从事金融企业不良资产批量收购业务，必须坚持依法合规、公开透明、竞争择优、价值最大化原则，严格按照监管规定的批量转让范围、程序及管理规定操作。

2010年信达公司改制后，批准试点非金融不良资产收购处置业务。2015年7月，《金融资产管理公司非金融机构不良资产业务管理办法》发布，允许资产公司开展非金融机构不良资产业务。目前，资产公司的业务范围主要依据原中国银监会在四家资产公司改制时作出的批复，主要包括金融及非金融机构不良资产收购、债转股、破产管理等10项业务，以及原中国银监会批准的其他业务。

不良资产业务监管要求

一是商业银行必须真实反映不良资产。商业银行要严格按标准进行贷款风险分类，不能通过调整分类、重组贷款、过桥贷款、虚假盘活、以贷收贷等方式掩盖不良贷款。

【小贴士】　金融资产管理公司不良资产业务监管法规

1.《关于呆账贷款剥离有关问题的通知》（银办发〔2000〕89号）

2.《关于剥离不良贷款相应的表内应收利息处置问题的通知》（银发〔2000〕145号）

3.《金融资产管理公司委托处置不良资产指导意见》（银发〔2001〕197号）

4.《关于金融资产管理公司资产处置和财务管理有关问题的通知》（财金〔2001〕193号）

5.《关于加强金融资产管理公司资产处置和财务管理有关问题的通知》（财金〔2002〕6号）

6.《关于印发〈金融资产管理公司有关业务风险管理办法〉的通知》（财金〔2004〕40号）

7.《金融资产管理公司资产处置管理办法（修订）》（财金〔2004〕41号，财金〔2008〕85号）

8.《金融资产管理公司资产处置公告管理办法》（财金〔2005〕47号，财金〔2008〕87号）

9.《关于金融资产管理公司接收商业银行不良资产风险提示的通知》（银监通〔2005〕23号）

10.《不良金融资产处置尽职指引》（银监发〔2005〕72号）

11.《关于进一步规范金融资产管理公司不良债权转让有关问题的通知》（财金〔2005〕74号）

12.《关于金融资产管理公司债权资产打包转让有关问题的通知》（财金〔2005〕12号）

13.《关于金融资产管理公司进一步做好不良资产处置和财务管理有关问题的通知》（财金〔2006〕76号）

14.《金融企业国有资产转让管理办法》（财政部令　第54号）

15.《关于贯彻落实〈金融企业国有资产转让管理办法〉有关事项的通知》（财金〔2009〕178号）

16.《关于商业银行向社会投资者转让贷款债权法律效力有关问题的批复》（银监办发〔2009〕24号）

17.《金融企业非上市国有产权交易规则》（财金〔2011〕118号）

18.《金融企业不良资产批量转让管理办法》（财金〔2012〕6号）

19.《关于进一步明确金融企业国有股持有关问题的通知》（财金〔2013〕78号）

20.《关于规范金融资产管理公司不良资产收购业务的通知》（银监办发〔2016〕56号）

21.《关于规范银行业金融机构信贷资产收益权转让业务的通知》（银监办发〔2016〕82号）

二是金融不良资产批量交易必须真实转让。金融不良资产必须坚持真实、整体和洁净转让原则，资产公司只能够收购商业银行认定的不良资产，且交易必须实现资产风险的完全转移，实现洁净交易。

三是依法合规处置不良资产。不良资产处置必须坚持效益优先、严控风险、竞争择优和公开、公平、公正的原则，规范不良资产处置的审批、实施、管理、授权、检查等流程。

四是审慎尽职处置不良资产。银行业金融机构和资产公司处置不良金融资产过程中，在资产处置前期调查、资产处置方式选择、资产定价、资产处置方案制定、审核审批和执行等各项活动中要严格按照尽职指引的要求，努力实现处置净回收现值最大化。

五是非金融不良资产收购必须坚持真实、有效和洁净原则，禁止以收购不良资产为名义为企业或项目提供融资。资产公司应围绕问题机构和问题资产，开展金融机构和非金融机构不良资产收购、追加投资、受托管理和处置，市场化债转股，违约债券、信托和资管计划风险化解，问题机构救助，并购重组和托管清算，以及咨询顾问等业务。必须坚持问题机构和问题资产的标准，推进实质性重组业务，不能变相融资。

投资业务监管要求

资产公司投资业务的监管要求可划分为四个不同的阶段。

政策性时期，资产公司通过资本金项下划转、不良资产处置获取股权，通过托管重组问题金融机构持有甚至控股部分金融机构，这是资产公司投资业务的起始。2004年，财政部对资产公司投资业务进行了规范，限定投资业务的范围为追加投资，即资产公司运用现金资本金对其管理的政策性和商业化收购不良贷款的抵债实物资产追加必要的投资；并规定了明确的持有期，政策性收购不良资产投资不得超过处置目标责任的最后期限，商业化收购不良资产的投资期限不得超过3年；规定投资业务的规模，即投资余额不得超过现金资本金的2/3。

2007年，资产公司进入转型过渡期，财政部专门制定了资产公司商业化转型过渡期股权投资的监管规定，股权投资必须实行分类管理，股权投资分为长期股权投资和阶段性股权投资，开展投资业务需获财政部批准，若涉及营业范围及行业准入，还需相关监管部门核准。以战略转型为目的的为长期投资，以提升不良资产处置回收价值或为取得财务收益为目的的为阶段性投资，对阶段性投资要制定退出计划。规定除债转股外的股权投资全部纳入资本金投资管理，实行比例控制，即长期股权投资和资本金划转股权投资余额不得超过资本金或账面所有者权益的70%。

2010年，资产公司进入商业化转型阶段，财政部发出通知，加强资产公司股权投资管理，规范股权投资行为。严禁资产公司通过阶段性股权投资项目进行长期股权投资。2015年，在《金融资产管理公司开展非金融机构不良资产业务管理办法》中，明确资产公司可以收购非金融机构不良资产，包括股权类不良资产；可以通过投资方式开展这项业务，处置手段上可选择债权转股权和追加投资；追加投资项目的总规模不得超过项目总投资额的10%或资产收购价格的20%孰低者。

2017年以来，为鼓励资产公司以服务实体经济和回归主业，中国银监会在监管中将资产公司投资业务划分为不良资产投资和其他投资业务。不良资产投资业务包括不良资产追加投资、重组问题机构和问题资产中涉及的追加投资、处置不良资产时获取的股权、债权转股权及国务院银行业监督管理机构规定或认可的其他与不良资产相关的投资业务。其他投资业务是指

【小贴士】　资产公司投资业务监管法规

1.《关于印发金融资产管理公司有关业务风险管理办法的通知》（财金〔2004〕40号）

2.《关于进一步规范金融资产管理公司商业化转型过渡期间股权投资有关问题的通知》（财金〔2007〕143号）

3.《关于进一步规范金融资产管理公司股权投资有关问题的通知》（财金函〔2010〕113号）

4.《关于规范金融资产管理公司投资信托和理财产品的通知》（银监发〔2011〕92号）

5.《关于进一步明确国有金融企业直接股权投资有关资产管理问题的通知》（财金〔2014〕31号）

根据相关规定，资产公司开展的与不良资产无关的投资业务，包括财务性股权投资、为进行流动性管理而开展的投资。财务性股权投资主要强调投资金融机构，即是指资产公司为获取财务收益，不以控制为目的，运用自有资金对金融机构进行的股权类投资。为进行流动性管理而开展的投资的产品包括国债、中央银行票据、金融债券、银行存款、大额存单、同业存单、同业拆出、公募债券型投资基金及国务院银行业监督管理机构认可的其他资产。

不良资产证券化业务

目前，不良资产证券化业务监管适用信贷资产证券化的制度框架，中国银保监会负责发起机构、信托公司设立特殊目的实体的业务资格审批和发行证券化产品的审批。《关于信贷资产证券化备案登记工作流程的通知》（银监办便函〔2014〕1092号）发布后，取得证券化业务资格的银行业金融机构，只需要在发行前备案登记。中央银行负责证券化产品的发行和交易监管，依法行使审批权。

【小贴士】 不良资产证券化业务主要法规

1.《金融机构信贷资产证券化试点监督管理办法》（中国银监会令 2005年第3号）

2.《关于进一步加强信贷资产证券化业务管理工作的通知》（银监办发〔2008〕23号）

3.《关于进一步扩大信贷资产证券化试点有关事项的通知》（银发〔2012〕127号）

4.《关于进一步规范信贷资产证券化发起机构风险自留行为的公告》（中国人民银行、中国银监会公告〔2013〕21号）

5.《关于信贷资产证券化备案登记工作流程的通知》（银监办便函〔2014〕1092号）

6.《关于信贷资产支持证券发行管理有关事宜的通知》（中国人民银行公告〔2015〕第7号）

7.《不良贷款资产支持证券信息披露指引（试行）》（中国银行间市场交易商协会公告〔2016〕10号）

地方资产公司监管

机构准入

2012年1月，《金融企业不良资产批量转让管理办法》（财金〔2012〕6号）发布，允许各省可设立或授权一家参与商业银行不良资产批量转让的地方资产公司。2013年11月，中国银监会明确了地方资产公司的准入条件：注册资本最低10亿元人民币，且为实缴资本；有具备任职专业知识和业务工作经验的董事、高级管理人员及适宜从事金融企业不良资产批量收购处置业务的专业团队；有健全的公司治理架构，完善的内部控制制度和风险管理制度；如原有机构授权承担地方资产公司相关职能，则需经营业绩良好，最近三个会计年度连续盈利，以及资质信用良好，近三年内无违法违规和其他不良记录。2016年10月，中国银监会调整了地方资产管理公司有关政策，允许各省（市、区）增设一家地方资产公司。

业务监管

2012年1月，《金融企业不良资产批量转让管理办法》规定，地方资产公司可以作为收购批量金融资产的主体，购入的不良资产只能采取债务重组方式处置，不得对外转让。2016年10月，中国银监会调整地方资产管理公司有关政策，允许地方资产公司以债务重组、对外转让等方式处置不良资产，对外转让的受让主体不受地域限制，地方资产公司被纳入可实施债转股的机构，可以从事债转股业务。

监管办法

按照中国银保监会的规定，地方资产管理公司由各地省政府制定监管办法。目前，山东省、江西省政府制定了试行的监管办法，统一的监管办法正在征求意见中。监管办法对地方资产管理公司的公司治理、风险管控、业务范围、资本监管等均作出了规定。在资本监管方面，目前对地方资产公司只有最低资本金10亿元的要求，江西省的监管办法提出12.5%的资本充足率要求，但未明确具体的计算方法和风险权重。监管机构方面，地方资产公司由省政府金融办（局）实施监管。由于资产公司和地方资产公司事实上分别由中国银保监会和地方政府实施监管，容易造成监管标准不一、相互脱节的问题。

金融资产投资公司监管

银行业监督管理机构及其派出机构通过非现场监管和现场检查等方式对金融资产投资公司及其分支机构（附属机构）实施监管，包括机构监管和业务监管。

机构准入

2016年9月，国务院发布《关于市场化银行债权转股权的指导意见》，允许商业银行通过所属机构或者设立机构开展市场化债转股。2018年6月，中国银保监会发布《金融资产投资公司管理办法（试行）》，明确设立金融资产投资公司必须首先符合章程、治理、内控等一般条件，同时还需符合以下特别条件：一是注册资本要求，最低限额为100亿元人民币或等值自由兑换货币，为一次性实缴货币资本；二是股东资格，一般应由境内注册成立的商业银行作为主要股东发起设立；对商业银行和其他境内外法人机构作为金融资产投资公司股东分别明确了具体的公司治理、财务状况和监管指标等要求；三是人员资格，有符合任职资格条件的董事、高级管理人员和熟悉业务的合格从业人员。

【小贴士】 地方资产公司监管法规

1.《金融企业不良资产批量转让管理办法》（财金〔2012〕6号）

2.《关于地方资产管理公司开展金融企业不良资产批量收购处置业务资质认可条件有关问题的通知》（银监发〔2013〕45号）

3.《关于适当调整地方资产管理公司有关政策的函》（银监办便函〔2016〕1738号）

业务范围及监管要求

金融资产投资公司的经营范围包括：

（1）以债转股为目的收购银行对企业的债权，将债权转为股权并对股权进行管理；

（2）对于未能转股的债权进行重组、转让和处置；

（3）以债转股为目的投资企业股权，由企业将股权投资资金全部用于偿还现有债权；

（4）依法依规面向合格投资者募集资金，发行私募资产管理产品支持实施债转股；

（5）发行金融债券；

（6）通过债券回购、同业拆借、同业借款等方式融入资金；

（7）对自营资金和募集资金进行必要的投资管理，自营资金可以开展存放同业、拆放同业、购买国债或其他固定收益类证券等业务，募集资金使用应当符合资金募集约定用途；

（8）与债转股业务相关的财务顾问和咨询业务；

（9）经国务院银行业监督管理机构批准的其他业务。

按照规定，与债转股相关的前四项业务为金融资产投资公司的主营业务。金融资产投资公司全年主营业务占比或者主营业务收入占比原则上不应低于总业务或者总收入的50%。

市场化债转股监管要求

债权范围

市场化转股债权标的以商业银行对企业发放贷款形成的债权为主，适当考虑其他类型银行债权和非银行金融机构债权，包括但不限于财务公司贷款债权、委托贷款债权、融资租赁债权、经营性债权等，但不包括民间借贷形成的债权。转股债权资产质量类别由债权银行、企业和转股机构自主协商确定，包括正常类、关注类和不良类债权。

洁净转让、真实出售

金融资产投资公司收购银行债权应当严格遵守洁净转让、真实出售的原则，实现资产和风险的真实完全转移。主要体现在三个方面：一是不得接受收益承诺。收购银行债权不得接受债权出让方银行及其关联机构出具的本金保障和固定收益承诺，不得实施利益输送，不得协助银行掩盖风险和规避监管要求。二是不能有合同外约定。不得与银行在转让合同等正式法律文件之外签订或达成任何协议或约定，影响资产和风险真实完全转移，改变交易结构、风险承担主体及相关权益转移过程等。三是不得提供融资和承担义务。收购银行债权，不得由该债权出让方银行使用资本金、自营资金、理财资金或其他表外资金提供任何形式的直接或间接融资，不得由该债权出让方银行以任何方式承担显性或者隐性回购义务。

市场化定价

通过评估或估值程序审慎评估债权质量和风险，坚持市场化定价，银行债权评估或估值可以由金融资产投资公司会同银行对企业进行尽职调查后确定，也可以由独立第三方实施。银行债权转让可以采取招标、拍卖等公开方式，也可在评估或估值基础上自主协商确定公允价格，允许金融资产投资公司折价收购银行债权。

严控关联交易

金融资产投资公司应当建立严格的关联交易管理制度，关联交易应当遵循商业原则，以市场价格为基础，按照不优于非关联方同类交易的条件进行，防止利益输送，防范掩盖风险、规避监管和监管套利。金融资产投资公司重大关联交易应当经董事会批准，并进行充分披露。重大关联交易是指金融资产投资公司与一个关联方之间单笔交易使用的自营资金总额占金融资产投资公司净资产5%以上的交易。重大关联交易应当自批准之日起10个工作日内报告监事会，同时报告国务院银行业监督管理机构及其派出机构。上市商业银行控股或参股的金融资产投资公司，与该上市商业银行及其关联方的关联交易，应当符合证券监管有关规定。

严格信息披露

金融资产投资公司及其分支机构（附属机构）应当按规定向国务院银行业监督管理机构及其派出机构报送监管信息，主要包括：

（1）业务经营和风险管理制度；

（2）组织架构及主要管理人员信息；

（3）财务会计报表、监管统计报表；

（4）信息披露材料；

（5）重大事项报告；

（6）国务院银行业监督管理机构及其派出机构认为必要的其他信息。

资本监管

若商业银行作为金融资产投资公司的控股股东，需要实施并表监管。计算资产风险权重时，因市场化债转股持有的上市公司股权的风险权重为250%，持有非上市公司股权的风险权重为400%。

【小贴士】 债转股监管政策法规

1. 《关于实施债权转股权若干问题的意见》（国经贸产业〔1999〕727号）

2. 《关于进一步做好国有企业债权转股权工作的意见》（国办发〔2003〕8号）

3. 《关于推进和规范国有企业债权转股权工作的意见》（国办发〔2004〕94号）

4. 《关于建立金融资产管理公司债转股股权资产处置回收考核责任制的通知》（财金〔2005〕78号）

5. 《关于积极稳妥降低企业杠杆率的意见》（国发〔2016〕54号）

6. 《关于市场化银行债权转股权的指导意见》（国发〔2016〕54号附件）

7. 《关于落实降低企业杠杆率税收支持政策的通知》（财税〔2016〕125号）

8. 《市场化银行债权转股权专项债券发行指引》（发改办财金〔2016〕2735号）

9. 《关于发挥政府出资产业投资基金引导作用推进市场化银行债权转股权相关工作的通知》（发改办财金〔2017〕1238号）

10. 《关于市场化银行债权转股权实施中有关具体政策问题的通知》（发改财金〔2018〕152号）

11. 《金融资产投资公司管理办法（试行）》（银保监会令〔2018〕4号）

12. 《关于市场化债转股股权风险权重的通知》（银保监发〔2018〕41号）

行为监管

行为监管方面，目前还没有统一的监管要求，但在各类处置文件中均有表达，主要体现在对投资不良资产的限制性要求、关联交易等方面。

投资不良资产的限制

不得对外转让的规定

除向政府或其主管部门、出资人及其指定机构、资产公司转让外，资产公司不得对外转让债务人或担保人为国家机关或涉及国家安全及敏感信息等项目。

对利益相关者的禁入限制

资产公司不得向以下人员转让不良资产：国家公务员、金融监管机构工作人员、政法干警、资产公司工作人员、国有企业债务人管理层以及参与资产处置工作的律师、会计师、评估师等中介机构人员等关联人。也就是说这些人员禁止投资不良资产。

关联交易监管

关联交易的概念及原则

关联交易指关联方之间发生的可能导致资产、资金、服务等资源或义务转移的行为。关联方一般分为内部关系方和外部关联方，内部关联方包括集团母公司、附属法人机构及特殊目的实体等其他附属经济组织，不包括政策性债转股企业。外部关联方包括关联的自然人、法人或其他组织，自然人主要指与集团母公司及附属法人机构相关的自然人股东、实际控制人、高级管理层等对集团有重大影响的自然人；法人或其他组织主要包括能控制，或共同控制，或对公司施加重大影响的非自然人。

从交易内容看，关联交易可以资产、资金、中间业务及其他方式为基础。从重要程度看，数额较大及可能对关联方经营与财务状况产生重大影响的称为重大关联交易，其他则称一般关联交易。关联交易应当遵循合规、诚信、公允的原则，符合商业、行业和市场惯例，以不优于对非关联方同类交易的条件进行。

不良资产的关联交易

不良资产的关联交易要区分不良资产的来源，实行区别对待。集团母公司从外部收购的不良资产，一般应自行处置或按照市场价格对外转让。如确有必要转让给集团内部机构时，仍应坚持不良资产处置的"公平、公正、公开"的原则，通过协议方式处置时，转让价格不得低于市场公允价格。集团内部形成的不良资产，一般应自行处置或按照市场价格对外转让，不得转让给内部关联方。确有必要转让给集团母公司时，应提交集团董事会审批，并向银行业监管机构报告。集团内部转让不良资产，买入方应当保持资产分类的连续性，不得通过内部交易调整分类，掩盖不良资产。

信息披露监管

信息披露要求不良资产卖方向潜在购买人提供资产相关的信息，以解决不良资产市场的信息不对称问题，增加交易的透明度，体现"公开、公平、公正"的原则。

金融企业批量资产转让的信息披露

根据《金融企业不良资产批量转让管理办法》的规定，信息披露包括三个方面：一是买方尽职调查时，向买方披露资产权属、资产分类相关的文件、档案及相关电子信息数据。二是在法律允许的范围内披露资产转让的有关信息，披露参与不良资产转让关联方的相关信息。三是在约定的时间与受让资产公司在全国或省级有影响的报纸上发布债权转让通知暨债务催收公告。

资产公司资产处置信息披露

《金融资产管理公司资产处置公告管理办法》（财金〔2008〕87号）规定了资产处置信息披露的原则内容及方式。

信息披露的原则

为增强资产处置透明度，接受社会公众监督、防范道德风险，资产公司资产处置公告应遵守有关法律法规，公告信息应面向社会，确保及时、有效、真实、完整。

信息披露的内容

资产处置公告的内容包括：资产状态描述，包括资产的名称、种类、所在地、标的金额、数量、涉及的抵押、担保及其他情况等；资产处置的意思表示；提请对资产处置项目征询或异议的意思表示，征询或异议的有效期限；对交易对象资格和交易条件的要求；联系人及联系方式；对排斥、阻挠征询或异议的举报方式；公告发布的日期及有效期限；其他事项。

信息披露的方式要求

不良资产处置公告的方式主要有网站和报纸，一般处置标的账面价值1000万元以下只需在公司网站公告即可，1000万元以上的需要在网站和报纸同时进行公告。其中1000万~5000万元在资产所在地的地市级（含）以上公开发行的经济或综合类报纸进行公告，5000万元以上的项目在资产所在地的省级（含）以上公开发行的经济或综合类报纸进行公告。

信息披露的时间要求

资产公司应按资产处置标的的大小，在资产处置前按规定的时间刊登公告，具体见表16.3。

表 16.3 资产处置公告的时间要求

资产处置标的	公告时间要求
1000 万元以下	资产处置审核机构审核日至少 7 个工作日前
1000 万 ~ 5000 万元	资产处置审核机构审核日至少 10 个工作日前
5000 万 ~ 10000 万元	资产处置审核机构审核日至少 15 个工作日前
10000 万元以上	资产处置审核机构审核日至少 20 个工作日前

资产处置信息披露的其他规定

符合国家规定不宜公开转让的项目可不公告；资产处置方案增加项目需要在审核日前至少5日刊登补充公告；资产处置公告需作为方案的附件提交处置审核机构。

证券化产品披露要求

《不良贷款资产支持证券信息披露指引（试行）》规范了不良贷款证券化产品的披露要求，包括披露责任、披露内容、披露渠道等方面，具体体现在三个环节。

发行环节信息披露

发行环节需要披露信托公告、发行说明书、评级报告、募集办法和承销团成员名单等文件。重点是发行说明书，需要披露的信息主要有：资产支持证券产品方面的信息，包括基本信息、风险揭示及风险披露、参与机构信息、交易结构信息等；基础资产相关信息，包括筛选标准、总体信息、资产分布、价值评估信息、预计回收信息、中介机构意见等。

存续期定期信息披露

受托机构一般每半年发布报告，主要内容包括信托账户核算情况、本息兑付情况、资产池表现情况、信用增进情况等。信用评级机构还要在7月末前披露上年度跟踪评级报告。

存续期重大事项信息披露

对发生可能对不良贷款资产支持证券投资资产有实质性影响的临时性重大事件，需要在事发后三个工作日内披露。这些重大事件主要有影响本息兑付的事项，参与机构发生影响不良资产支持证券投资价值的违法、违规或违约事项，参与机构变更或经营发生变化对投资者利益造成严重不利影响的事项，信用评级的不利变化，参与机构及基础资产发生可能影响正常收益分配的法律纠纷等。

外资参与监管

外资参与的原则要求

中国不良资产市场一直是对外资开放的，外资参与中国市场不良资产重组与处置的原则有：一是有利于经济结构调整。通过吸收外资参与盘活不良资产，要有利于引进先进管理经验、资金和技术，对企业进行技术改造，支持实体经济发展。二是符合产业政策要求。要符合国家对外商投资企业产业政策允许投资的范围，以及关于控股权方面的规定。

参与范围与方式

外资参与不良资产重组与处置的范围包括资产公司拥有的股权、债权及实物资产。参与的方式包括受让资产公司拥有的或重组后的非上市公司股权和债权，通过协议转让、招标、拍卖等方式受让的实物资产，资产公司以其拥有的股权和实物资产作价出资，在原企业基础上与外资组建外商投资企业。

外资参与不良资产处置的相关制度规定

批准制

外资参与重组与处置的资产若属于《外商投资产业指导目录》限制的范围，应征得主管部门同意。资产公司与外资合作设立外商投资企业应向商务部申请批准。资产公司对外出售或转让不良资产，交易方案经主管部门批准后，还应在15个工作日内就外汇收支及汇总事项报国家外汇管理局批准。

备案登记制

受让资产公司不良资产的外国投资者或其代理人，应在交易完成后15个工作日内向资产所在地外汇分局或国家外汇局指定的分局办理不良资产出售或转让备案登记手续。

核准制

外国投资人或其代理人汇出不良资产收益，应到资产所在地外汇分局或国家外汇局指定的分局办理核准手续。

股权验资询证制

在备案登记时，接受股权投资的企业应当遵守国家相关法规，按外汇管理规定办理股权验资询证手续。

规模控制

对外转让不良资产形成的对外负债纳入统一的企业外债管理，实行规模控制。外债总规模超出规模限额时，将不受理备案登记申请。

其他规定

利用外资处置不良资产中含有第三方担保的，资产公司应通知担保人，在备案登记时要注明担保的具体情况。如备案资产灭失，投资者及代理人应在所有权灭失后15个工作日内到备案外汇分局办理相关的注销手续。

跨境银行不良资产转让试点

2017年，国家外汇局下发《关于深圳分局开展辖区内银行不良资产跨境转让试点业务有关事项的批复》（汇复〔2017〕24号），授权深圳分局以逐笔审核方式开展银行不良资产跨境转让试点。2018年试点到期后，国家外汇局下发《关于深圳分局银行不良资产跨境转让试点续期有关事项的批复》（汇复〔2018〕14号），同意取消试点期限，并对政策进行了调整，主要有以下四个方面：一是实行备案制，在真实交易基础上，对辖内机构提出的银行不良资产跨境转让业务实行逐笔事前备案。二是自由选择币种，业务限定为境内银行不良资产对外转让，转让对价流入的币种可以自由选择。三是享受额度豁免，对跨境转让形成的融资，不占用申请机构自身的融资额度。四是允许代理，业务申请人按照现行外汇管理规定代境内实际债务人办理外债签约及变更登记，开立外债专用账户，并办理相关汇总手续。

【小贴士】 外资参与不良资产市场的相关法规

1. 《金融资产管理公司吸收外资参与资产重组与处置的暂行规定》（外贸〔2001〕6号）

2. 《关于外商投资企业和外国企业从事金融资产处置业务有关税收问题的通知》（国税发〔2003〕3号）

3. 《关于金融资产管理公司利用外资处置不良资产有关外汇管理问题的通知》（汇发〔2004〕119号）

4. 《关于金融资产管理公司对外转让不良债权有关外债管理问题的通知》（发改外资〔2004〕2368号）

5. 《关于加强外商投资处置不良资产审批管理的通知》（商资字〔2005〕37号）

6. 《关于规范境内金融机构对外转让不良债权备案管理的通知》（发改外资〔2007〕254号）

7. 《关于推进企业发行外债备案登记制管理改革的通知》（发改外资〔2015〕2044号）

8. 《关于做好对外转让债权外债管理改革有关工作的通知》（发改外资〔2016〕1712号）

参考文献

［1］兹维·博迪，罗伯特·莫顿. 金融学［M］. 欧阳颖等译. 北京：中国人民大学出版社，2000.

［2］滋维·博迪. 投资学（第十版）［M］. 汪昌云，张永骥译. 北京：机械工业出版社，2017.

［3］弗兰克·法博齐. 债券市场：分析与策略（第九版）［M］. 路蒙佳译. 北京：中国人民大学出版社，2016.

［4］沈晓明等. 金融资产管理公司理论与实务［M］. 北京：中国金融出版社，2014.

［5］胡建忠，姜宝军. 解读金融资产管理公司［M］. 北京：中国金融出版社，2019.

［6］美国联邦存款保险公司. 危机管理——1980—1994年联邦存款保险公司和重组信托公司的经验［M］. 北京：中国金融出版社，2004.

［7］周小川. 重建与再生——化解银行不良资产的国际经验［M］. 北京：中国金融出版社，1999.

［8］杨凯生. 资产公司不良资产处置实务［M］. 北京：中国金融出版社，2004.

［9］杨凯生. 银行改革攻坚：热点·难点·重点［M］. 北京：中信出版社，2015.

［10］梅兴保. 金融资产管理公司的改革转型与发展［M］. 北京：经济科学出版社，2009.

［11］陈志武. 金融的逻辑［M］. 北京：国际文化出版公司，2009.

［12］贺显南. 投资学原理及应用［M］. 北京：机械工业出版社，2020.

［13］巴曙松，陈华良，王超等. 中国资产管理行业发展报告［M］. 北京：中国人民大学出版社，2013.

［14］郑万春. 金融不良资产处置关键技术探究［M］. 北京：中国金融出版社，2008.

［15］胡建忠. 不良资产经营处置方法探究——基于价值重估和分类管理的视角［M］. 北京：中国金融出版社，2011.

［16］彭文生. 渐行渐近的金融周期［M］. 北京：中信出版集团，2017.

［17］张士学. 转型时期的特殊金融安排——中国金融资产管理公司运行实践的新制度经济学分析［M］. 北京：经济科学出版社，2007.

［18］瑞·达利欧. 债务危机［M］. 北京：中信出版集团，2019.

［19］霍华德·马克斯. 周期［M］. 北京：中信出版集团，2019.

［20］沈联涛. 十年轮回：从亚洲到全球金融危机［M］. 上海：上海远东出版社，2009.

［21］王海军，张海亮. 不良资产处置与管理［M］. 北京：中国金融出版社，2017.

［22］马丁·惠特曼，费尔南多·迪茨：不良资产投资：理论与方法［M］. 上海：上海财经大学出版社，2017.

［23］黄志凌. 价值提升与价值止损［M］. 西安：陕西人民出版社，2005.

［24］威廉·米勒. 金融资产评估［M］. 胡静林等译. 北京：经济科学出版社，2001.

［25］中国资产评估协会. 金融不良资产评估指导意见（试行）讲解［M］. 北京：经济科学出版社，2005.

［26］程凤朝. 金融不良资产评估［M］. 北京：中国人民大学出版社，2003.

［27］乔安妮等. 21世纪金融监管［M］. 张晓朴译. 北京：中信出版社，2016.

［28］李扬. “金融服务实质经济”辩［J］. 经济研究，2017（6）.

［29］周小川. 金融危机中关于救助问题的争论［J］. 金融研究，2012（9）.

［30］孙国峰. 中央银行的逆周期调节作用与资产管理公司在宏观审慎管理框架中的角色［J］. 新金融评论，2014（6）.

［31］张杰. 国有银行不良资产为什么特殊［J］. 金融评论，2015（6）.

［32］乔治阿克洛夫. 柠檬市场：质量的不确定性和市场机制［J］. 经济导刊，2001（6）.

［33］高然. 金融经济周期理论研究述评［J］. 齐鲁学刊，2017（2）.

［34］刘元春，张晓斌. 金融加速器理论研究［J］. 中国金融，2018（6）.

［35］朱珠，张博. 中国金融周期波动与不良资产管理行业的发展［J］. 税务与管理，2019（6）.

［36］周小川. 关于债转股的几个问题［J］. 经济社会体制比较，1996（6）.

［37］王国刚. 市场化债转股的特点、难点和操作选择［J］. 金融研究，2018（2）.

［38］刘国辉. 债转股的国际经验及启示［J］. 金融纵横，2016（8）.

［39］叶文辉. 市场化债转股：国内外实践、存在问题及对策研究［J］. 国际金融，2017（8）.

［40］王莹莹. 美国政府救助AIG案例对中国实施"债转股"的启示［J］. 中国经济报告，2017（7）.

［41］洪艳蓉. 不良资产证券化的制度原理与中国实践检讨［J］. 证券法苑，2019（1）.

［42］高蓓，张明. 不良资产处置与不良资产证券化：国际经验及中国前景［J］. 国际经济评论，2018（1）.

［43］胡建忠. 不良资产分类研究［J］. 山东社会科学，2009（2）.

［44］朱健. 商业银行不良资产批量处置方法研究［J］. 北京财贸职业学院学报，2010（9）.

［45］姜晨. 金融资产管理公司投资破产重整法律实践研究［Z］. http://m.zichanjie.com/article/875328.html.

［46］周琰. 不良资产网络处置研究［J］. 海南金融，2018（8）.

［47］陈阳. 互联网不良资产处置模式［J］. 中国金融，2017（2）.

［48］苏世松. 解析不良资产处置的互联网模式［J］. 银行家，2016（2）.

［49］张瑜. 资产配置理论的演进［J］. 金融博览，2017（10）.

［50］魏丽莹. 国际另类投资机构不良资产投资经验研究［J］. 时代金融，2018（11）.

［51］李扬. 适应金融发展需要重塑监管框架［J］. 金融评论，2010（6）.

［52］肖远企. 银行业监管制度框架的构建［J］. 中国金融，2018（16）.

［53］王刚. 地方资产管理公司监管框架［J］. 中国金融，2017（15）.

［54］姜宝军. 新时代不良资产的新特征［N］. 金融时报，2018-03-26.

［55］姜宝军. 充分发挥不良资产市场防范化解金融风险的独特功能［N］. 金融时报，2018-08-13.

［56］姜宝军. 不良资产市场的六大趋势［J］. 清华金融评论，2018（10）.

［57］姜宝军. 银保监会出"新规"：AIC将与AMC共同处置不良资产［J］. 中国经济周刊，2018（28）.

［58］姜宝军. 金融资产暂行办法的新变化及对商业银行的影响［N］. 金融时报，2019-05-20.

［59］姜宝军. 金融资产管理公司高质量发展面临的挑战及对策［N］. 金融时报，2020-02-10.

［60］胡建忠，姜宝军. 金融资产管理公司发展趋势［J］. 中国金融，2015（9）.

后　记

2000年3月6日，从"好银行"到"坏银行"，梦想开启了一段新的人生历程。然而资产处置的艰辛完全颠覆了之前的想象，在办公室看看文件、算算账、开开会的舒适生活变成了另外一种场景：到户调查时铁门紧闭，只闻院内狗叫声；被六十多名"老职工"围困在办公室，楼道也挤满了人；被三位推着自行车的壮汉围堵在法院门口的街道上，要求中止法院的依法拍卖；每到季末就念叨三个字"现金流"……

我在资产处置前线先后从事资产收购、处置、管理、资金财务、投资投行等工作9年，处置中使用最多的手段还是"三打"——打包、打折、打官司，也参与了一些并购重组项目，如上市公司"陕长岭"项目的破产重整、陕西汽车的商业化债转股，但与印象中的"大投行"相去甚远。

2009年4月7日，我从西安到北京，开始了一个新征程，目标只有一个，参与公司的股改工作。开始设想只是2~3年的事，不曾想这是一个马拉松项目，从去到2016年12月11日挂牌，用了近8年的时间。转型改制工作包括方案制定、财务重组、审计评估、方案报批、战略投资者协调、监管核准、工商注册等多个阶段，政策要求高、程序严格、情况复杂、综合性强，对我来说，是一个很好的学习成长机会。前一阵子清理文件，大概数了数，核心词汇竟然是"汇报"，各类大大小小的汇报材料竟有几百份。

由于改制工作由战略发展部牵头，战略发展部的工作需要从全局和整体来分析问题，需要研究集团发展的环境变化及应对策略，因此，我培养了自己从更广阔的视角看问题的思维方式。其间居然还成为编辑，创办了公司第一份期刊，编辑资产处置案例，参与公司博士后工作站管理，成为博士后导师。这份工作带来的副产品是，我终于发现学习思考战略问题才是自己最感兴趣的事。

公司挂牌，我实现了来北京的"初心"。之后用了一年多时间整理自己编制规划过程中学习思考战略的心得体会，2017年10月《战略思维》由企业管理出版社出版，算是一个阶段性的小结。2018年，中国银保监会对资产公司未来发展提出了新的监管要求，回归本源、回归主业。我觉得自己应该回归已经有些陌生的不良资产领域，对从事了近20年的行业进行梳理和总结。

重新上路，首先梳理最基本概念，什么是不良资产？思考的结果就是发表于《金融时报》的《新时代不良资产的新特征》。随着思考的深入，一个明确的思路就是，不良资产市场在未来中国经济转型中将发挥更大的作用，不能局限于从资产公司这一机构视角来看问题，应该从更大的视角，也就是将不良资产市场作为一个整体放在金融市场中去观察，运用金融功能观理论框架研究不良资产市场的独特金融功能。基本的结论是不良资产市场作为金融市场重要的组成部分，具有逆周期调节、错配纠正、风险处置、信息发现、治理改善等独特金融功能。后以《充分发挥不良资产市场防范化解金融风险的独特功能》为题发表于《金融时报》。从市场角度，不良资产市场有多大，未来发展的趋势如何？我在《不良资产市场的六大趋势》一文中进行了分析，该文发表于《清华金融评论》。而金融资产投资公司的设立正是这一市场竞争不断深化的体现，《金融资产投资公司将给不良资产市场带来怎样冲击》应景而做，发表于《中国经济周刊》。

这些思考比较零散，也不系统，我觉得需要一个整体的框架来分析不良资产市场，研究这个市场的供给与需求、市场参与者、市场产品与技术、投资策略与市场监管；需要一本教科书，一本更基础、更系统的书，为初来此行的同仁建立一个知识体系框架，即便是行业内的专业人士，也可以通过这个框架梳理自己的知识、技能和经验。经过近两年的努力，我终于写作完成了《不良资产投资：分析与策略》一书。本书是否达到了上述目标，需要广大读者来加以评判，对本书的框架及内容提出批评与修正意见，以便不断补充完善。书中关于不良资产收购处置政策法规及监管方面的叙述，根据公开的文件、文献和网络资料及作者的理解整理，不代表监管机构及本人所在单位的意见，仅供参考。为增加读者的真实感，本书案例根据已披露的报告、公开的报道及网络资料分析整理编写，并选择了易于读者阅读的表达方式，可能与案例的真实状况有差异，这仅是便于读者学习的一个范例。由于相关资料收集时间跨度较大，需要的数据和资料较多，书中只标注部分数据和资料的来源，请作者和读者见谅。如有不妥，请告知，争取能在再版（如有）时更正。

构建不良资产投资分析框架及其理论和技术，是一项艰巨的任务，需要更多的人参与这项工作。我已在知乎建立"不良资产投资"专栏，在今日头条设立"不良资产投资"栏目，与各位交流沟通，根据需要还会探索新的交流方式和渠道，欢迎各位读者参与。下一步，我将做更深入的市场调研，向各位高手讨教，并力争将不良资产投资作为一门专业的金融课程来推广，希望有兴趣的大学及培训学院共同参与，让更多的人参与这个市场，更好地发挥不良资产市场在经济结构调整和金融风险化解中的作用。在资产公司二十多年的职业生涯中，我得到诸多领导、老师、同事和朋友的指导和帮助，在此表示衷心的感谢。这本书的内容实际上来自整个从业者的贡献，我只是一个编撰者。中国金融出版社的亓霞编辑以其专业的精神和精湛的编辑艺术，提出诸多非常有价值的修改建议，纠正了我写作过程中的不少错误，付出了辛勤的劳动，在此表示诚挚的感谢！

我期待您的批评和意见，对你们的意见和建议我将第一时间回复。我的邮箱是：nanshan001@163.com。